Das Auer Sprachbuch 2

Didaktischer Kommentar

Autorinnen und Autor:

Julia Greisel
Katrin Hübner
Eva Nagai
Stephanie Wunder-Storf

Ruth Dolenc-Petz
Edeltraud Röbe
Heinrich Röbe

Ernst Klett Verlag GmbH
Stuttgart · Leipzig · Dortmund

Inhalt

1 Gesamtkonzeption

Die *Auer* Sprach- und Lesebuchreihe hat sich der verantwortungsvollen Aufgabe gestellt, den schriftsprachlichen Bildungsprozess und Kompetenzerwerb der Grundschulkinder solide grundzulegen. Das Lehrwerk beantwortet den Bildungsauftrag der Grundschule mit einer kind- und sachgemäßen Aufgabenkultur. Diese bezieht ihre pädagogische und didaktische Qualität aus einem Lern-und Leistungsverständnis, das Eigenaktivität, Selbstständigkeit, Selbstbeanspruchung und Aufgabenbewusstsein herausfordert.

Die ausgewählten Lerninhalte knüpfen eng an die Erfahrungs- und Erlebniswelt der Schülerinnen und Schüler an und nehmen ihre aktuellen Bedürfnisse ernst. Das Lehrwerk öffnet dem Kind im Medium von geschriebener und gesprochener Sprache Zugänge zu Natur, Kultur, Zivilisation, Medien und gesellschaftlicher Wirklichkeit.

Die im Lehrwerk angebotenen Lern- und Arbeitsweisen lassen die Schülerinnen und Schüler unverzichtbare Lernstrategien erwerben, Selbstständigkeit entwickeln, Lernwege kreativ erproben, Probleme entdecken und kooperatives Lernen einüben. Die Aufgabenkultur will die Lehrpersonen darin bestärken, dass sie die Lernenden darin unterstützen, sich fachliche Kompetenzen anzueignen und ihre Lernfreude, Neugier und Anstrengungsbereitschaft zu steigern.

1.1 Sprachbildung mit dem *Auer* Sprachbuch 2

Die schriftsprachlichen Lernthemen erwachsen aus der Mündlichkeit kindlicher Sprachhandlungssituationen. Diese eröffnen den Kindern die Möglichkeit, ihre Alltagssprache und -kommunikation zu erweitern und zu differenzieren. Dies ist für die Versprachlichung ihres Weltwissens von besonderer Bedeutung. Eine neue Erfahrung ist demgegenüber, dass Sprache verstärkt zum Gegenstand ihres Nachdenkens und Forschens werden kann. Dabei sollen auch spezielle Sprachforscheraufgaben zu eigenaktivem Untersuchen sprachlicher Phänomene anregen. Die Lupe verweist auf diese Aufgabenstellungen.
Die gewonnenen Einsichten werden über sprachliche Formulierungen festgehalten und über Fachbegriffe gefestigt. So gelingt ein Transfer in neue Zusammenhänge und Anwendungsbereiche.
Verschiedene Muttersprachen und Dialekte der Schülerinnen und Schüler werden als Bereicherung gesehen. Sie sind Grundlage für die Wertschätzung kultureller Vielfalt und für gemeinsames Lernen.

Arbeit mit den Wortarten-Symbolen
Die Wortarten werden über „Beweise" kognitiv erarbeitet und mit den Symbolen nach Maria Montessori gekennzeichnet. Diese dienen als optischer Anker und werden bei der Übung und Vertiefung durchgängig verwendet:
Ein roter Kreis steht für das Verb, ein schwarzes Dreieck für das Nomen, ein kleines hellblaues Dreieck für den Artikel und ein blaues Dreieck für das Adjektiv.

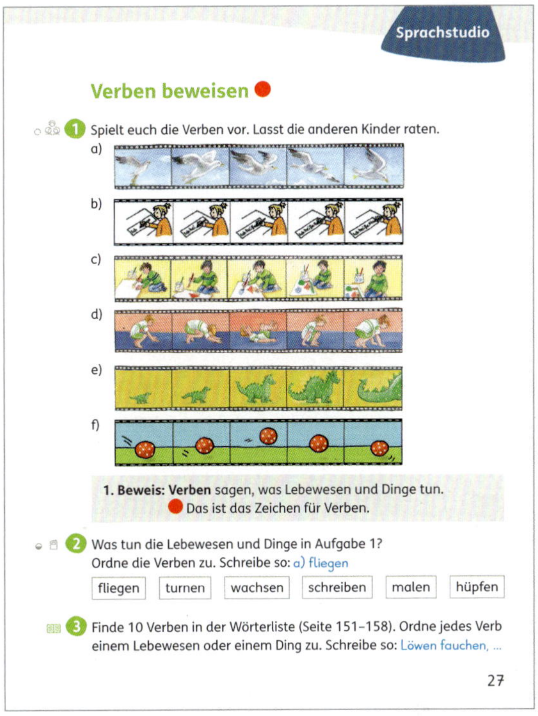
Sprachstudio

Verben beweisen

1 Spielt euch die Verben vor. Lasst die anderen Kinder raten.
a)
b)
c)
d)
e)
f)

1. Beweis: Verben sagen, was Lebewesen und Dinge tun.
Das ist das Zeichen für Verben.

2 Was tun die Lebewesen und Dinge in Aufgabe 1?
Ordne die Verben zu. Schreibe so: a) fliegen

fliegen | turnen | wachsen | schreiben | malen | hüpfen

3 Finde 10 Verben in der Wörterliste (Seite 151–158). Ordne jedes Verb einem Lebewesen oder einem Ding zu. Schreibe so: Löwen fauchen, ...

27

Ich-Du-Wir-Methode
Sprachliches Lernen im Unterricht ist dadurch gekennzeichnet, dass es permanent mit anderen stattfindet: Das nebensitzende Partnerkind, die bunt zusammengesetzte Tischgruppe, das Forum der Klasse – das ganze soziale Arrangement – bildet einen vielschichtigen Resonanzraum, der in den Aufgabenformaten genutzt wird.
In der sogenannten *Ich-Du-Wir-Methode*, einem Teilkonzept des dialogischen Lernens, werden Aufgaben, Probleme oder Rätsel so gestellt:

- Zunächst denkt sich das Kind selbst in eine Aufgabe ein, sucht selbst nach einer Antwort („So mache ich das!"), ohne diese bereits in der Klasse zu „veröffentlichen".
- Es tauscht sich mit seinem Partnerkind oder seiner Tischgruppe aus und erfährt dabei andere oder gleiche Zugriffsweisen auf ein Lernthema („Wie machst du/wie macht ihr es?")
- Erst in einem dritten Schritt geht es um Verständigung, wie „WIR" üblicherweise das Problem lösen. („Das machen wir ab!")

Diese Aufgaben-Sozial-Struktur tritt in den Kapiteln immer wieder auf. Sie soll dabei helfen, die Heterogenität in Grundschulklassen positiv herauszufordern und sie als bereichernd erfahren lassen. Außerdem kann sie die Funktion einer formativen Lernunterstützung gewinnen, indem sie den Denkstand des einzelnen Kindes, seine Lernweise wie seine Lernklippen gelten lässt, Lerngespräche initiiert, kognitive Anstrengung stimuliert, respektvollen Umgang miteinander üben lässt. Diese Symbole verweisen auf kooperative Lernformen:

Partnerarbeit

Gruppenarbeit

Gruppengespräch

1.2 Medienbildung mit dem *Auer* Sprachbuch 2

Ein kritisch-reflektierter Umgang mit digitalen Medien soll von Grundschulkindern erlernt werden, ohne dass Primärerfahrungen zurückgedrängt werden. Das *Auer* Sprachbuch 2 nimmt das Spannungsfeld zwischen analogem und digitalem Lernen auf.

MK Dieses Zeichen verweist auf Aufgabentypen, die Vielfalt der Lernmedien, mit der sich Kinder lernend auseinandersetzen sollen: Print- und Hörmedien, Fototechnik, Computer und Internet.

Den Kindern wird auch ein altersadäquater und verantworteter Zugang ins Internet eröffnet, indem der Erwerb digitaler Kompetenz zum expliziten Lernthema wird.

Methoden

Im Internet recherchieren

Ben möchte wissen, wie alt Pinguine werden. Er tippt die Suchwörter **Pinguine** und **Alter** in die Kindersuchmaschine ein.

Dann klickt er mit der linken Maustaste auf [FINN fragen].

Er wählt einen Vorschlag aus und klickt ihn an.

Dein Suchergebnis zum Thema: Pinguine Alter

Webseiten | Bilder

Pinguine werden etwa 20 Jahre alt. ...

So suchst du richtig im Internet
- Nutze eine Kindersuchseite: www.fragfinn.de, www.blinde-kuh.de, www.helles-koepfchen.de, www.Klexikon.de, www.Grundschulwiki.de, ...
- Überlege genau, wonach du suchen möchtest.
- Gib möglichst wenige, aber passende Suchwörter ein.
- Das erste Suchergebnis ist nicht immer das Beste.
- Sieh auf mehreren Seiten nach.

42

1.3 Differenzierung mit dem *Auer* Sprachbuch 2

Die Lernaufgaben nutzen die Heterogenität der Klasse, indem sie an die individuellen Voraussetzungen anknüpfen, Aufgaben unterschiedlichen Schwierigkeitsgrades ausweisen und soziales, kooperatives Lernen in die Aufgabenformate einbeziehen.

Sprachstudio

Wortstamm

1 Schreibe die Sätze mit den passenden Wörtern. Markiere den Wortstamm.

Abfahrt | fahren | gefährlich | fahre | fährt

Heute ___ wir mit dem Rad.
Bei der ___ ist es noch dunkel.
Das ist ziemlich ___.
Ben ___ voraus.
Ich ___ ihm langsam nach.

2 Welches Wort gehört nicht in die Zeile? Schreibe die richtigen Wörter auf. Markiere den Wortstamm. Schreibe so: fahren, ...

fahren	vorfahren	Fahne	Einfahrt	fahrbar
Pfeife	Pfeil	pfeifen	pfeift	Pfeifer
Zeit	Zeiger	anzeigen	zeigen	vorzeigen
reich	Reichtum	reisen	erreichen	gereicht
spielen	Spieler	Spiel	Spitze	vorspielen

3 Bilde mit dem Wortstamm die passenden Wörter. Schreibe.

Der Käfer ___ mit seinen ___.
Wohin ___ diese freche ___?
Zu meinen ___ bin ich immer ___.
So schnell kann dieser ___ ___.

fühl | flieg | freund | lauf

77

Die Schwierigkeitsgrade der Aufgaben sind im Lehrwerk wie folgt gekennzeichnet:

○ leicht ◒ mittel ● schwer

Diese Kennzeichnung unterstützt die Selbsteinschätzung der Kinder. Zusatzaufgaben zur quantitativen Differenzierung sind mit diesem Symbol versehen: ❀

1.4 Inklusion mit dem *Auer* Sprachbuch 2

Inklusion steht für die Selbstverständlichkeit, dass eine Vielfalt von Kindern mit unterschiedlichsten Fähigkeiten, Begabungen, Stärken, Schwächen und Beeinträchtigungen in einer Klasse zusammen lernt und miteinander lebt.

Eine inklusive Unterrichtsarbeit verbindet die pädagogische und die didaktische Dimension. Will und soll nicht jedes Kind geradezu auch im Lernen mittendrin dabei sein, wenn alle zu Bildern erzählen, sich Geschichten ausdenken, wenn alle lernen, Sätze zu verschriften und sie zu untersuchen, ...

Dieses Verlangen nach gemeinsamen Lernthemen, nach Austausch von sprachlichen Erfahrungen und

Entdeckungen beantworten die Inklusionsmaterialien, die sich in Form editierbarer Kopiervorlagen auf dem Digitalen Unterrichtsassistenten (DUA) befinden. Sie „begleiten“ gleichsam das *Auer* Sprachbuch 2 und folgen der thematischen Gliederung des Schulbuchs, verwenden viele seiner Illustrationen und modellieren die gleichen Lernthemen mit dem Ziel, das Lernen der Klasse in einer gemeinsamen Basis gründen zu lassen. Die Elementarisierung der unverzichtbaren Lernthemen ermöglicht zielerreichendes Lernen. In diesem didaktischen Verständnis von Inklusion geht es um genau diese Elementarisierung: Diese meint nicht lediglich eine Minderung des Schwierigkeitsgrades, sondern das Angebot anderer Zugangsweisen und Arbeitsmodalitäten. Die Inklusionsmaterialien folgen der Überzeugung: Alles Lernen kann einfacher sein, im Sinne von „elementar gestaltet werden“, ohne deshalb simpel oder trivial werden zu müssen.

Die editierbaren Inklusionsmaterialien (DUA) ermöglichen jedem Kind Lernfortschritte. Jedes Kind zeigt sich uns im Lernen als ein besonderes Kind, manches vielleicht als besonders besonderes Kind: Es braucht zusätzliche Zeit, zusätzliche Hilfe, eine vereinfachte Aufgabe, eine besondere Herausforderung seines Lern- und Leistungseifers oder eine Ermutigung, eine Idee umzusetzen.
Obwohl die Streubreite von Inklusionsklassen noch erheblicher ist als in einer „Normal“-Klasse und wir die Kinder nie „ganz“ kennen können, wissen wir dennoch, was wir jedem Kind schuldig sind, nämlich:
Es braucht Erfolgserlebnisse und Könnenserfahrungen als Grundlage für erneute Anstrengung, für Lern- und Leistungsfreude, für das Erleben von Selbstwert und die Steigerung seines Selbstbewusstseins.

Deshalb haben wir die Aufgaben so gestaltet, dass

- den schwachen und langsam lernenden Kindern Lernfortschritte möglich sind,
- die Kinder ihren Lernfortschritt in der Klassengemeinschaft erleben und erfahren,
- die Kinder in gemeinsamen Lernthemen und Lernerlebnissen miteinander verbunden sind sich darüber austauschen,
- Inklusion in kultureller Bildung gründet.

1.5 Über Lernen nachdenken und sprechen mit dem *Auer* Sprachbuch 2

Das Lehrwerk folgt einem selbstreflexiven Lern- und Leistungsbegriff, indem es seine Anforderungen in Augenhöhe der Kinder verständlich formuliert und Haltepunkte einbringt, in denen die Kinder lernen können, mit anderen über Lernen zu sprechen, wertschätzend Rückmeldung zu geben und sich selbst herausfordernde Ziele zu setzen. Es finden sich im Lernwerk durchgängig Aufgaben, die diese Ziele vielfältig realisieren helfen.

Eine besondere Form der Dokumentation individuellen Leistungserlebens ist die Arbeit mit einem Lerntagebuch. Darin dokumentieren die Kinder ihre individuelle Leistungsentwicklung und ihr subjektives Leistungserleben.

Mit diesem Symbol wird auf Lerntagebucheinträge hingewiesen.

Sprachstudio

Wortfamilien

1 Hier sind die Wortfamilien **reisen** und **fahren**. Schreibe die Wörter auf. Markiere den Wortstamm: reis / Reis, fahr / Fahr.
Schreibe so: reisen, ...

reisen reist Reisende Reise Abreise verreisen

Vorfahrt fahren Fahrt abfahren fahrbar fahre

Wörter mit dem gleichen Wortstamm gehören zu einer **Wortfamilie.**
reisen, abreisen, Reise ...

2 Schreibe die Wörter nach drei Wortfamilien geordnet auf.
Markiere in jedem Wort den Wortstamm: spiel / Spiel, rutsch / Rutsch, mal / Mal. Schreibe so: spielen, ...

malen spielen anmalen rutschen ausrutschen ausmalen abmalen Spiel rutschig Maler Anspiel Rutsche zuspielen gemalt gespielt gerutscht Spieler

3 Schreibe die Sätze mit den passenden Wörtern aus der Wortfamilie **spielen** auf. Markiere den Wortstamm.

Fußball ist ein tolles ____.
Hannah hat heute sehr gut ____.
Emil ist ein toller ____.
Ich ____ sehr gern Handball.
____ du in meinem Team mit?

Denke an die Wortfamilie.

spiel

75

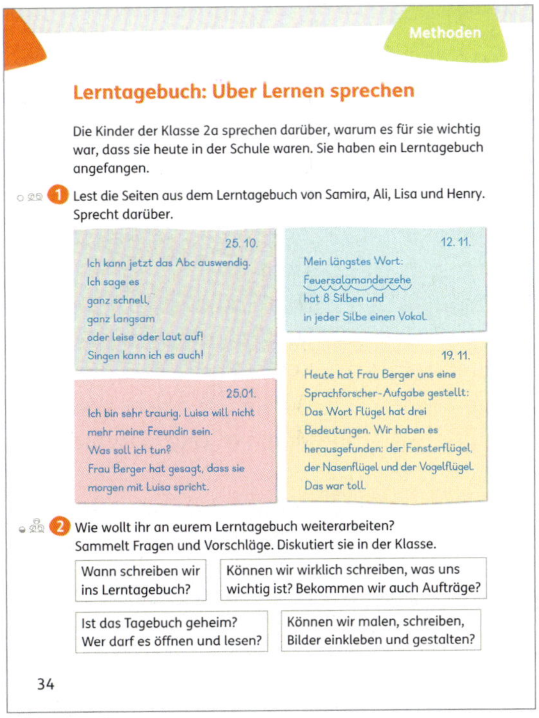
Methoden

Lerntagebuch: Über Lernen sprechen

Die Kinder der Klasse 2a sprechen darüber, warum es für sie wichtig war, dass sie heute in der Schule waren. Sie haben ein Lerntagebuch angefangen.

1 Lest die Seiten aus dem Lerntagebuch von Samira, Ali, Lisa und Henry. Sprecht darüber.

25. 10.
Ich kann jetzt das Abc auswendig.
Ich sage es
ganz schnell,
ganz langsam
oder leise oder laut auf!
Singen kann ich es auch!

12. 11.
Mein längstes Wort:
Feuersalamanderzehe
hat 8 Silben und
in jeder Silbe einen Vokal.

25.01.
Ich bin sehr traurig. Luisa will nicht
mehr meine Freundin sein.
Was soll ich tun?
Frau Berger hat gesagt, dass sie
morgen mit Luisa spricht.

19. 11.
Heute hat Frau Berger uns eine
Sprachforscher-Aufgabe gestellt:
Das Wort Flügel hat drei
Bedeutungen. Wir haben es
herausgefunden: der Fensterflügel,
der Nasenflügel und der Vogelflügel.
Das war toll.

2 Wie wollt ihr an eurem Lerntagebuch weiterarbeiten?
Sammelt Fragen und Vorschläge. Diskutiert sie in der Klasse.

Wann schreiben wir ins Lerntagebuch?

Können wir wirklich schreiben, was uns wichtig ist? Bekommen wir auch Aufträge?

Ist das Tagebuch geheim? Wer darf es öffnen und lesen?

Können wir malen, schreiben, Bilder einkleben und gestalten?

34

2 Das *Auer* Sprachbuch 2: Gliederung

Das *Auer* Sprachbuch 2 umfasst zwölf Kapitel zu je acht Seiten. Diese verbinden die vier Kompetenzbereiche *Sprechen und Zuhören, Lesen – mit Texten und Medien umgehen, Schreiben sowie Sprache und Sprachgebrauch untersuchen* im Sinne eines integrativen Deutschunterrichts. Wichtigstes Kriterium bei der Auswahl der Kapitelthemen ist die Bedeutsamkeit der Inhalte für die Lebenswirklichkeit der Kinder. Es wurde auf eine Mischung alltags- und realitätsbezogener bzw. fantastischer Themenbereiche Wert gelegt:

Inhalt

2

Kapitel 1	Das zweite Schuljahr beginnt
Kapitel 2	Ich und meine Familie
Kapitel 3	Einfach fantastisch
Kapitel 4	Ungeheure Abenteuer
Kapitel 5	Das will ich wissen
Kapitel 6	Zusammen Sachen machen
Kapitel 7	Tiere
Kapitel 8	Dies und das mit Spiel und Spaß
Kapitel 9	So fern und doch so nah
Kapitel 10	Kunterbunte Gefühle
Kapitel 11	Wir Kinder dieser Welt
Kapitel 12	Märchen und Geschichten

2.1 Sprachhandlungssituation als Kapiteleinstieg

Die erste Doppelseite in jedem Themenkapitel führt in eine Sprachhandlungssituation ein, die das Lernthema initiiert, die Schülerinnen und Schüler aktiviert, zum Sprechen und entdeckenden Lernen anregt, offen ist für verschiedene Lösungen und Lösungswege. Es wurde darauf geachtet, dass die Aufgaben realitätsbezogen und über den Unterricht hinaus bedeutungsvoll sind. Über einen Verweis in der Fußzeile wird kenntlich gemacht, zu welcher Seite im Übungsheft die entsprechende Seite im Arbeitsheft passt.

So fern und doch so nah

Die Zeitreise mit der Zeitmaschine

1. Zwei Kinder gehen auf Zeitreise. Gebt den Kindern im Comic Namen und wandert mit ihnen mit. Erzählt.

70

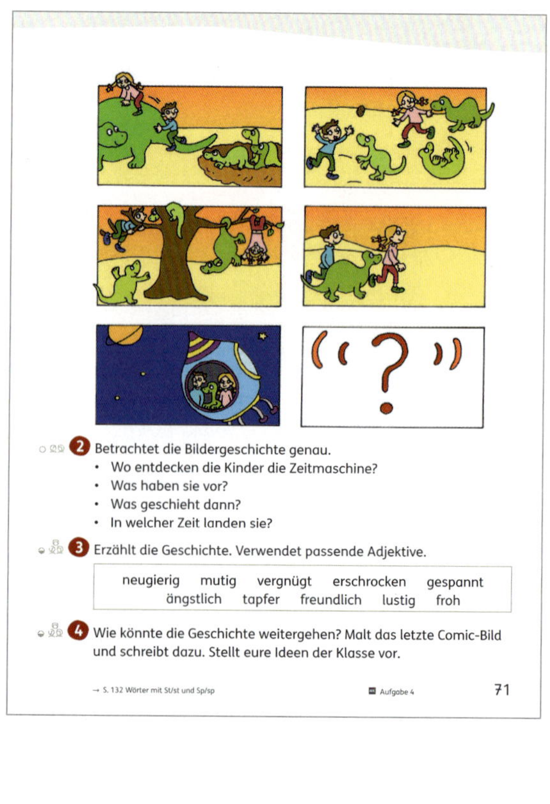

2. Betrachtet die Bildergeschichte genau.
   - Wo entdecken die Kinder die Zeitmaschine?
   - Was haben sie vor?
   - Was geschieht dann?
   - In welcher Zeit landen sie?
3. Erzählt die Geschichte. Verwendet passende Adjektive.

   neugierig mutig vergnügt erschrocken gespannt
   ängstlich tapfer freundlich lustig froh

4. Wie könnte die Geschichte weitergehen? Malt das letzte Comic-Bild und schreibt dazu. Stellt eure Ideen der Klasse vor.

→ S. 132 Wörter mit St/st und Sp/sp

Aufgabe 4

71

2.2 Schreibstudio

Das Schreibstudio umfasst jeweils zwei Seiten pro Kapitel. Im Schreibstudio werden Lerninhalte aus den Kompetenzbereichen *Sprechen und Zuhören* sowie *Schreiben* behandelt.
Hier vergegenwärtigen sich die Schülerinnen und Schüler, dass Texte unterschiedliche Absichten verwirklichen und dementsprechend unterschiedlich aufgebaut sind. Planen, Schreiben und Überarbeiten der Texte greifen ineinander. Wichtige Lerninhalte sind in einem Merkkasten zusammengefasst, der farblich gekennzeichnet ist.

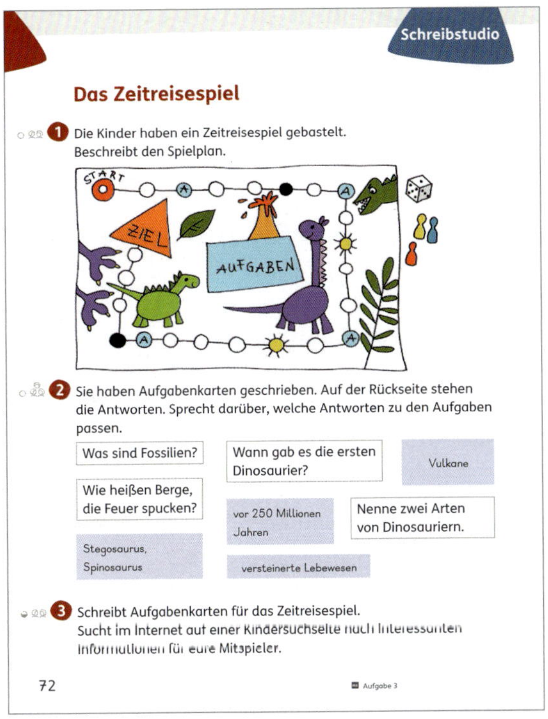
Schreibstudio

Das Zeitreisespiel

1 Die Kinder haben ein Zeitreisespiel gebastelt. Beschreibt den Spielplan.

2 Sie haben Aufgabenkarten geschrieben. Auf der Rückseite stehen die Antworten. Sprecht darüber, welche Antworten zu den Aufgaben passen.

Was sind Fossilien?
Wann gab es die ersten Dinosaurier?
Vulkane
Wie heißen Berge, die Feuer spucken?
vor 250 Millionen Jahren
Nenne zwei Arten von Dinosauriern.
Stegosaurus, Spinosaurus
versteinerte Lebewesen

3 Schreibt Aufgabenkarten für das Zeitreisespiel. Sucht im Internet auf einer Kindersuchseite nach interessanten Informationen für eure Mitspieler.

72 Aufgabe 3

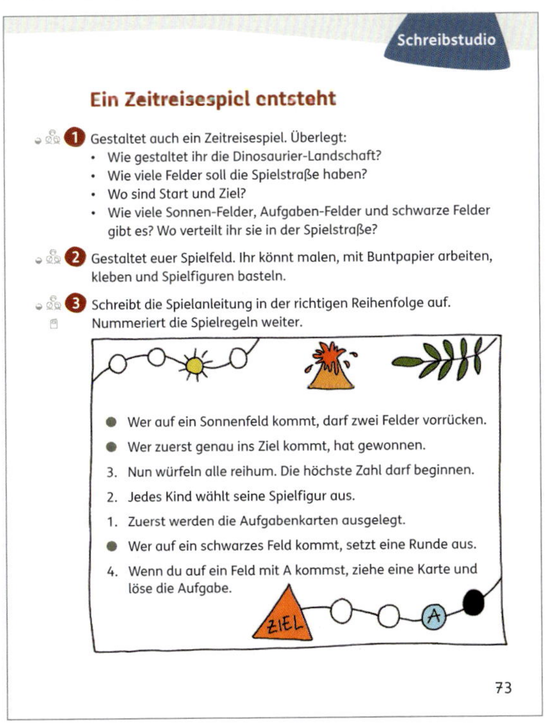
Schreibstudio

Ein Zeitreisespiel entsteht

1 Gestaltet auch ein Zeitreisespiel. Überlegt:
- Wie gestaltet ihr die Dinosaurier-Landschaft?
- Wie viele Felder soll die Spielstraße haben?
- Wo sind Start und Ziel?
- Wie viele Sonnen-Felder, Aufgaben-Felder und schwarze Felder gibt es? Wo verteilt ihr sie in der Spielstraße?

2 Gestaltet euer Spielfeld. Ihr könnt malen, mit Buntpapier arbeiten, kleben und Spielfiguren basteln.

3 Schreibt die Spielanleitung in der richtigen Reihenfolge auf. Nummeriert die Spielregeln weiter.

- Wer auf ein Sonnenfeld kommt, darf zwei Felder vorrücken.
- Wer zuerst genau ins Ziel kommt, hat gewonnen.
3. Nun würfeln alle reihum. Die höchste Zahl darf beginnen.
2. Jedes Kind wählt seine Spielfigur aus.
1. Zuerst werden die Aufgabenkarten ausgelegt.
- Wer auf ein schwarzes Feld kommt, setzt eine Runde aus.
4. Wenn du auf ein Feld mit A kommst, ziehe eine Karte und löse die Aufgabe.

73

2.3 Methoden

In jedem Kapitel wird eine Methodenseite angeboten. Die Methodenseiten führen aus den Lernbereichen *Sprechen und Zuhören*, *Schreiben* oder *Sprachgebrauch und Sprache untersuchen und reflektieren* jeweils eine Kompetenz ein, welche in den anderen Kapiteln vertieft und transferiert wird. Die Methodenseiten sind farblich gekennzeichnet.

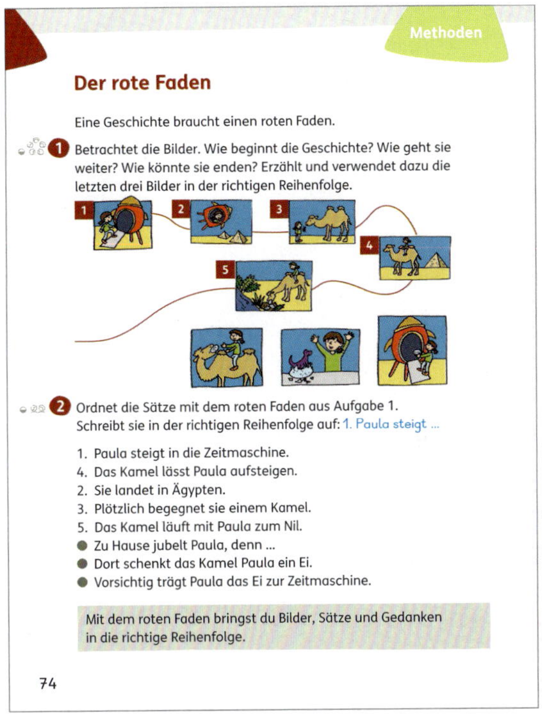
Methoden

Der rote Faden

Eine Geschichte braucht einen roten Faden.

1 Betrachtet die Bilder. Wie beginnt die Geschichte? Wie geht sie weiter? Wie könnte sie enden? Erzählt und verwendet dazu die letzten drei Bilder in der richtigen Reihenfolge.

2 Ordnet die Sätze mit dem roten Faden aus Aufgabe 1. Schreibt sie in der richtigen Reihenfolge auf: 1. Paula steigt ...

1. Paula steigt in die Zeitmaschine.
4. Das Kamel lässt Paula aufsteigen.
2. Sie landet in Ägypten.
3. Plötzlich begegnet sie einem Kamel.
5. Das Kamel läuft mit Paula zum Nil.
- Zu Hause jubelt Paula, denn ...
- Dort schenkt das Kamel Paula ein Ei.
- Vorsichtig trägt Paula das Ei zur Zeitmaschine.

Mit dem roten Faden bringst du Bilder, Sätze und Gedanken in die richtige Reihenfolge.

74

Folgende Methoden werden eingeführt:

Kapitel 1	Freundliche Rückmeldung
Kapitel 2	Partnerarbeit
Kapitel 3	Stichwörter sammeln
Kapitel 4	Lerntagebuch: Über Lernen sprechen
Kapitel 5	Im Internet recherchieren
Kapitel 6	Gruppenarbeit
Kapitel 7	Eine Geschichte planen
Kapitel 8	Schreibkonferenz
Kapitel 9	Der rote Faden
Kapitel 10	Ein Leporello herstellen
Kapitel 11	Ein Plakat präsentieren
Kapitel 12	Rollenspiel

2.4 Sprachstudio

Pro Themenkapitel umfasst das Sprachstudio jeweils drei Seiten. Auf diesen Seiten werden Lerninhalte aus dem Kompetenzbereich *Sprache und Sprachgebrauch untersuchen und reflektieren* thematisiert. Es werden sprachliche Phänomene untersucht und reflektiert, die zum Experimentieren mit Sprache und deren Erfassen von Verwendung und Funktion herausfordern.

Wichtige Lerninhalte sind in einem Merkkasten zusammengefasst, der farblich hervorgehoben ist

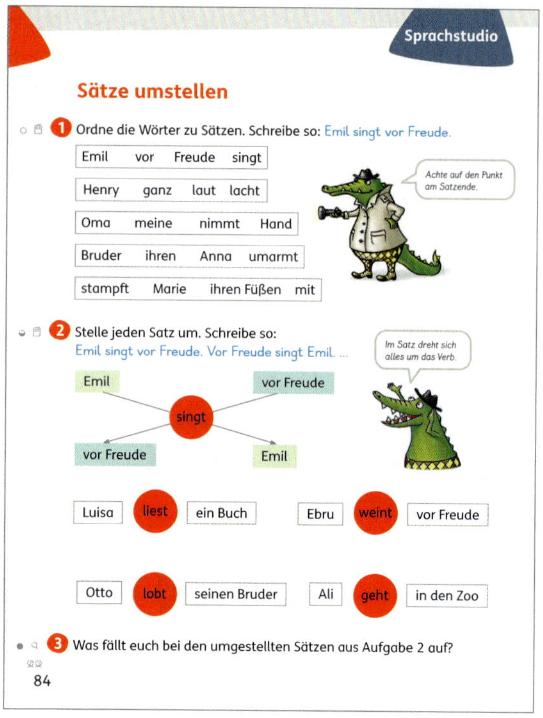
Sprachstudio

Sätze umstellen

1 Ordne die Wörter zu Sätzen. Schreibe so: Emil singt vor Freude.

Emil vor Freude singt

Henry ganz laut lacht

Oma meine nimmt Hand

Bruder ihren Anna umarmt

stampft Marie ihren Füßen mit

2 Stelle jeden Satz um. Schreibe so:
Emil singt vor Freude. Vor Freude singt Emil. ...

Emil – singt – vor Freude; vor Freude – Emil

Luisa liest ein Buch | Ebru weint vor Freude

Otto lobt seinen Bruder | Ali geht in den Zoo

3 Was fällt euch bei den umgestellten Sätzen aus Aufgabe 2 auf?

84

In den verwendeten Piktogrammen spiegelt sich die methodisch-didaktische Zielsetzung der Aufgabenstellungen wider:

- deutlich sprechen
- in Silben sprechen, schwingen
- Großschreibung
- Wort verlängern
- ableiten
- Merkwörter
- Wortbausteine
- langer und kurzer Vokal

2.5 Richtig schreiben

Lerninhalte, die Rechtschreibstrategien vermitteln, sind mit Piktogrammen gekennzeichnet: „deutlich sprechen“, „in Silben sprechen“, „Groß oder klein?“, „langer oder kurzer Vokal“, „verwandte Wörter“, „verlängern“, „Wortbausteine“ und „Merkwort“.
Wichtige orthographische Einsichten sind in einem Merkkasten formuliert, der farblich hervorgehoben ist.

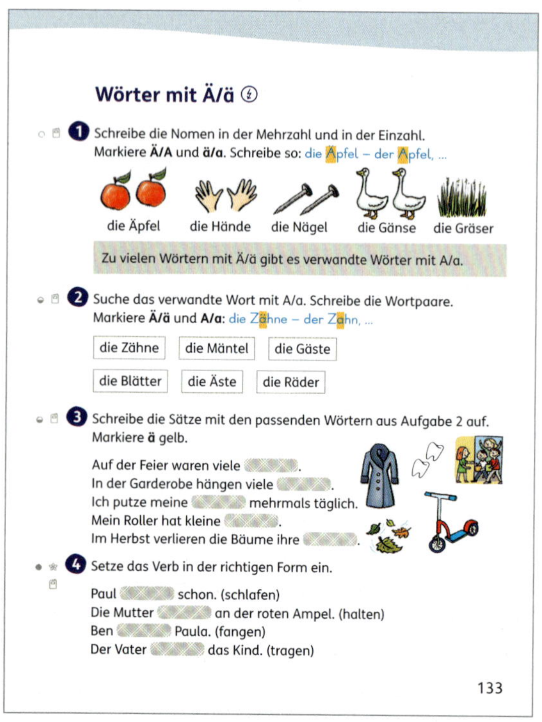
Wörter mit Ä/ä

1 Schreibe die Nomen in der Mehrzahl und in der Einzahl.
Markiere **Ä/A** und **ä/a**. Schreibe so: die Äpfel – der Apfel, ...

die Äpfel, die Hände, die Nägel, die Gänse, die Gräser

Zu vielen Wörtern mit Ä/ä gibt es verwandte Wörter mit A/a.

2 Suche das verwandte Wort mit A/a. Schreibe die Wortpaare.
Markiere **Ä/ä** und **A/a**: die Zähne – der Zahn, ...

die Zähne | die Mäntel | die Gäste
die Blätter | die Äste | die Räder

3 Schreibe die Sätze mit den passenden Wörtern aus Aufgabe 2 auf.
Markiere **ä** gelb.

Auf der Feier waren viele ______.
In der Garderobe hängen viele ______.
Ich putze meine ______ mehrmals täglich.
Mein Roller hat kleine ______.
Im Herbst verlieren die Bäume ihre ______.

4 Setze das Verb in der richtigen Form ein.

Paul ______ schon. (schlafen)
Die Mutter ______ an der roten Ampel. (halten)
Ben ______ Paula. (fangen)
Der Vater ______ das Kind. (tragen)

133

2.6 Methoden: Richtig schreiben

In jedem *Richtig schreiben*-Kapitel gibt es eine Methodenseite. Die Methodenseiten sind farblich gekennzeichnet.

Folgende Methoden werden thematisiert:

- Umgang mit der Wörterliste
- Sätze abschreiben
- Wörter abschreiben
- Merkwörter üben
- Mit der Übungskartei arbeiten
- Rechtschreibgespräche

Methoden

Rechtschreibgespräche

1. Zuerst forscht jeder für sich:
- Sieh dir das Wort genau an und überlege: Welche Stellen im Wort sind für dich schwierig?
- Markiere deine Lupenstellen.

2. Jetzt arbeiten beide gemeinsam:
- Markiert Lupenstellen im Wort.
- Sage dem anderen, was schwierig ist.

- Gebt euch Tipps.

- Schreibt das Wort auf.
- Findet einen Satz zum Wort.

Das Kätzchen ist süß.

141

2.7 Üben und Können

Die *Üben und Können*-Seiten bilden jeweils den Abschluss eines *Richtig schreiben*-Teils und können zur Vertiefung und zur Diagnostik über das bereits erworbene Wissen eingesetzt werden. Sie enthalten Aufgaben zu den Lerninhalten des entsprechenden *Richtig schreiben*-Teils.

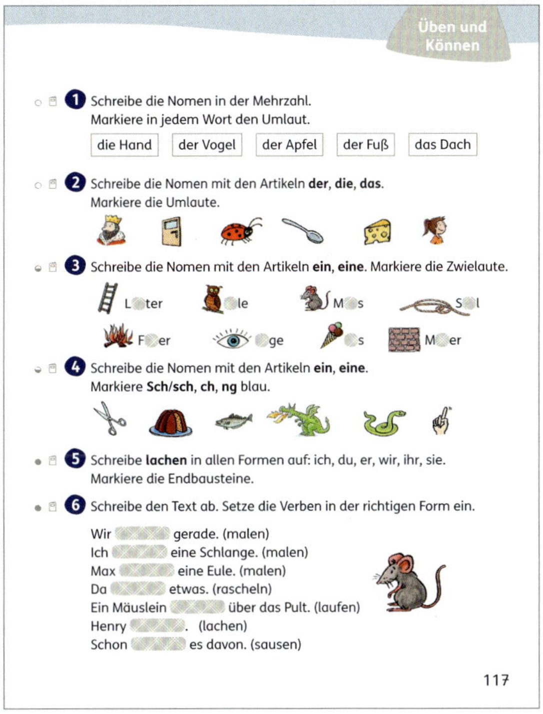
Üben und Können

1 Schreibe die Nomen in der Mehrzahl.
Markiere in jedem Wort den Umlaut.
die Hand | der Vogel | der Apfel | der Fuß | das Dach

2 Schreibe die Nomen mit den Artikeln **der, die, das**.
Markiere die Umlaute.

3 Schreibe die Nomen mit den Artikeln **ein, eine**. Markiere die Zwielaute.
L ter | le | M s | S l
F er | ge | s | M er

4 Schreibe die Nomen mit den Artikeln **ein, eine**.
Markiere **Sch/sch, ch, ng** blau.

5 Schreibe **lachen** in allen Formen auf: ich, du, er, wir, ihr, sie.
Markiere die Endbausteine.

6 Schreibe den Text ab. Setze die Verben in der richtigen Form ein.
Wir ___ gerade. (malen)
Ich ___ eine Schlange. (malen)
Max ___ eine Eule. (malen)
Da ___ etwas. (rascheln)
Ein Mäuslein ___ über das Pult. (laufen)
Henry ___. (lachen)
Schon ___ es davon. (sausen)

117

3 Das *Auer* Sprachbuch 2: Arbeitsheft

Das Arbeitsheft zum *Auer* Sprachbuch gibt es in Vereinfachter Ausgangsschrift und in Schulausgangsschrift. Im Arbeitsheft werden die Lernthemen aus dem Sprachbuch geübt und vertieft.

3.1 Übungsseiten zu den Themenkapiteln

Zu jedem Themenkapitel gibt es eine Übungsseite zum Schreibstudio und zwei Übungsseiten zum Sprachstudio. Passend zu den Schulbuchseiten halten die Übungsseiten Aufgaben zum Üben, Anwenden und Weiterführen der Lerninhalte bereit. Über einen Verweis in der Fußzeile wird kenntlich gemacht, zu welcher Seite im Sprachbuch die entsprechende Seite im Arbeitsheft passt.

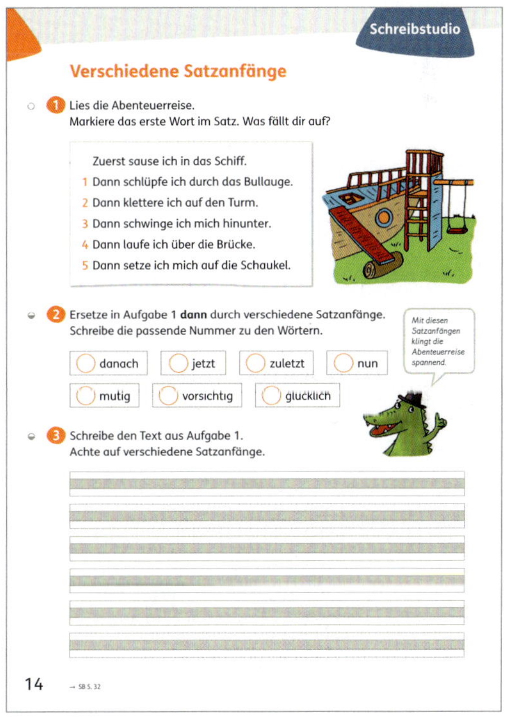
Schreibstudio

Verschiedene Satzanfänge

1 Lies die Abenteuerreise.
Markiere das erste Wort im Satz. Was fällt dir auf?

Zuerst sause ich in das Schiff.
1 Dann schlüpfe ich durch das Bullauge.
2 Dann klettere ich auf den Turm.
3 Dann schwinge ich mich hinunter.
4 Dann laufe ich über die Brücke.
5 Dann setze ich mich auf die Schaukel.

2 Ersetze in Aufgabe 1 **dann** durch verschiedene Satzanfänge.
Schreibe die passende Nummer zu den Wörtern.
danach | jetzt | zuletzt | nun
mutig | vorsichtig | glücklich

Mit diesen Satzanfängen klingt die Abenteuerreise spannend.

3 Schreibe den Text aus Aufgabe 1.
Achte auf verschiedene Satzanfänge.

14 → SB S. 32

Auf den Übungsseiten zum Sprachstudio präzisiert Krok gemeinsam mit Flipp und Flo als Sprachprofi das Lernthema und erinnert die Kinder noch einmal an die wesentlichen Einsichten, die sie für die Bearbeitung der Aufgaben benötigen.
Lösungsbeispiele bei den Aufgabenstellungen ermöglichen eine selbstständige Aufgabenbearbeitung. Alle Aufgaben sind wiederum den Schwierigkeitsgraden leicht, mittel, schwer zugeordnet.
Jedes zweite Kapitel schließt mit einer *Üben und Können*-Seite. Auf dieser Seite können die Schülerinnen und Schüler ihren Lernfortschritt im Lernbereich *Sprache und Sprachgebrauch untersuchen und reflektieren* überprüfen.

3.2 Übungsseiten zu Richtig schreiben

Auch auf den Übungsseiten zu *Richtig schreiben* exponiert Krok gemeinsam mit Flipp und Flo das Lernthema und erinnert noch einmal an die bereits gewonnenen Einsichten, die in den Merkkästen im Sprachbuch fixiert sind.

Zu jeder Seite *Richtig schreiben* im Schulbuch gibt es im Arbeitsheft eine Seite zum Üben und Vertiefen.

Lösungsbeispiele bei den Aufgabenstellungen ermöglichen eine selbstständige Bearbeitung der Aufgaben. Alle Aufgaben sind den Schwierigkeitsgraden *leicht* ○, *mittel* ◒, *schwer* ● zugeordnet.

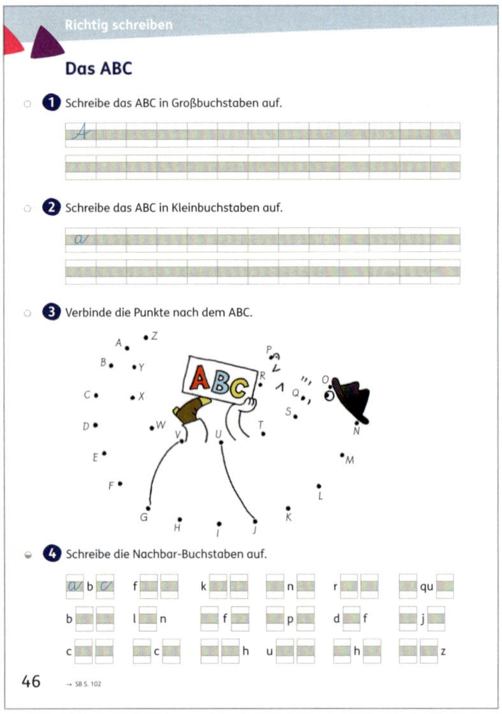

Richtig schreiben

Das ABC

○ 1 Schreibe das ABC in Großbuchstaben auf.

○ 2 Schreibe das ABC in Kleinbuchstaben auf.

○ 3 Verbinde die Punkte nach dem ABC.

◒ 4 Schreibe die Nachbar-Buchstaben auf.

a b c | f | k | n | r | qu
b | l n | f | p | d f | j
c | c | h | u | h | z

46 → SB S. 102

Jeder *Richtig-schreiben*-Teil schließt mit einer Üben und Können-Seite. Auf dieser Seite können die Schülerinnen und Schüler ihren Lernfortschritt im Lernbereich *Richtig schreiben* überprüfen.

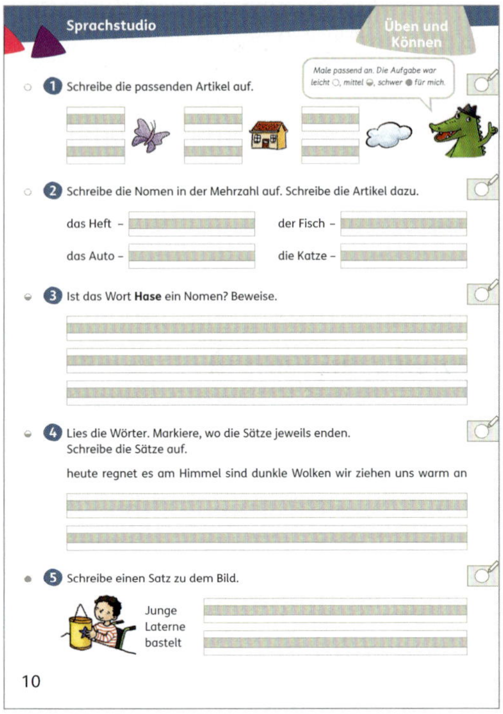

Sprachstudio — Üben und Können

Male passend an. Die Aufgabe war leicht ○, mittel ◒, schwer ● für mich.

○ 1 Schreibe die passenden Artikel auf.

○ 2 Schreibe die Nomen in der Mehrzahl auf. Schreibe die Artikel dazu.

das Heft – | der Fisch –
das Auto – | die Katze –

◒ 3 Ist das Wort **Hase** ein Nomen? Beweise.

◒ 4 Lies die Wörter. Markiere, wo die Sätze jeweils enden. Schreibe die Sätze auf.

heute regnet es am Himmel sind dunkle Wolken wir ziehen uns warm an

● 5 Schreibe einen Satz zu dem Bild.

Junge
Laterne
bastelt

10

3.3 Wörterliste

Am Ende des Arbeitsheftes ist die Wörterliste aus dem Schulbuch aus organisatorischen Gründen nochmals abgedruckt, damit die Aufgaben ohne Schulbuch bearbeitet werden können.

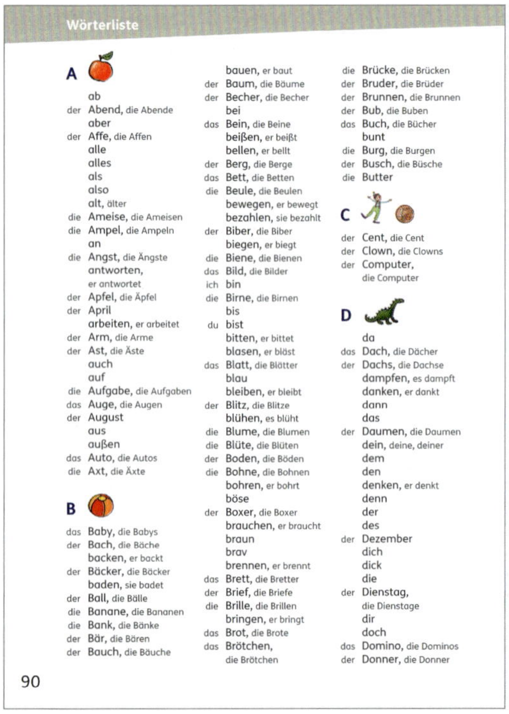

Wörterliste

A

ab
der Abend, die Abende
aber
der Affe, die Affen
alle
alles
als
also
alt, älter
die Ameise, die Ameisen
die Ampel, die Ampeln
an
die Angst, die Ängste
antworten, er antwortet
der Apfel, die Äpfel
der April
arbeiten, er arbeitet
der Arm, die Arme
der Ast, die Äste
auch
auf
die Aufgabe, die Aufgaben
das Auge, die Augen
der August
aus
außen
das Auto, die Autos
die Axt, die Äxte

B

das Baby, die Babys
der Bach, die Bäche
backen, er backt
der Bäcker, die Bäcker
baden, sie badet
der Ball, die Bälle
die Banane, die Bananen
die Bank, die Bänke
der Bär, die Bären
der Bauch, die Bäuche
bauen, er baut
der Baum, die Bäume
der Becher, die Becher
bei
das Bein, die Beine
beißen, er beißt
bellen, er bellt
der Berg, die Berge
das Bett, die Betten
die Beule, die Beulen
bewegen, er bewegt
bezahlen, sie bezahlt
der Biber, die Biber
biegen, er biegt
die Biene, die Bienen
das Bild, die Bilder
ich bin
die Birne, die Birnen
bis
du bist
bitten, er bittet
blasen, er bläst
das Blatt, die Blätter
blau
bleiben, er bleibt
der Blitz, die Blitze
blühen, es blüht
die Blume, die Blumen
die Blüte, die Blüten
der Boden, die Böden
die Bohne, die Bohnen
bohren, er bohrt
böse
der Boxer, die Boxer
brauchen, er braucht
braun
brav
brennen, er brennt
das Brett, die Bretter
der Brief, die Briefe
die Brille, die Brillen
bringen, er bringt
das Brot, die Brote
das Brötchen, die Brötchen
die Brücke, die Brücken
der Bruder, die Brüder
der Brunnen, die Brunnen
der Bub, die Buben
das Buch, die Bücher
bunt
die Burg, die Burgen
der Busch, die Büsche
die Butter

C

der Cent, die Cent
der Clown, die Clowns
der Computer, die Computer

D

da
das Dach, die Dächer
der Dachs, die Dachse
dampfen, es dampft
danken, er dankt
dann
das
der Daumen, die Daumen
dein, deine, deiner
dem
den
denken, er denkt
denn
der
des
der Dezember
dich
dick
die
der Dienstag, die Dienstage
dir
doch
das Domino, die Dominos
der Donner, die Donner

90

4 Weitere Werkteile

- **Digitaler Unterrichtsassistent**

Der Digitale Unterrichtsassistent (DUA) erleichtert die Unterrichtsvorbereitung, indem er *das Auer Sprachbuch 2* in digitaler Form mit dazugehörigen passgenauen Zusatzmaterialien, wie Arbeitsheftseiten, editierbaren Kopiervorlagen im Word-Format, Erklärfilmen, aber auch Lehrerhinweisen anbietet.
Zudem enthält der DUA ausgewählte Kopiervorlagen zur Inklusion.
Der DUA kann auch im Unterricht mit den Schülerinnen und Schülern am Whiteboard angewendet werden.

- **Auer Sprachbuch 2 eBook**

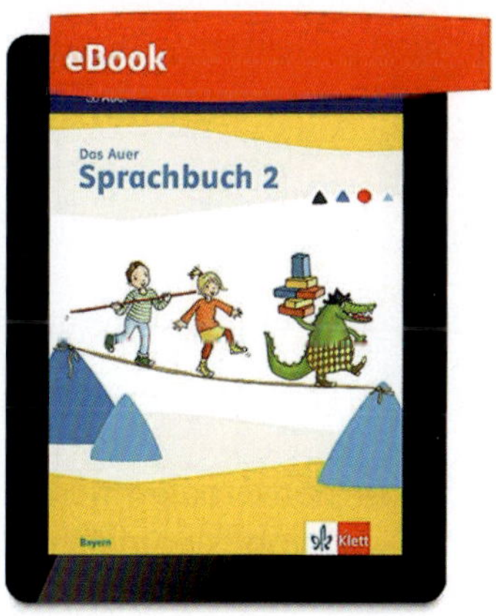

Eine Alternative oder Ergänzung zum gedruckten Schulbuch bietet das *Auer Sprachbuch 2* eBook. Es enthält das *Auer Sprachbuch 2* als blätterbares Buch sowie zahlreiche Extras, zum Beispiel interaktive Übungen. Zu ausgewählten Methoden werden zudem Erklärfilme angeboten. So besteht die Möglichkeit, komplett digital zu arbeiten.

- **Auer Lesebuch 2 (mit Audio-CD)**

Das *Auer* Lesebuch 2 und das *Auer* Sprachbuch 2 folgen den gleichen Themen und ergänzen sich wechselseitig. Besonderer Wert wird auch auf die Vermittlung von Lesestrategien und die basale Leseförderung gelegt. Entscheidend für die Arbeit mit dem Lesebuch ist, dass die damit verbundenen geistigen Operationen altersgemäß und sinnstiftend erworben werden.

Seite 6

Kompetenzen/Lernziele

- Begrüßungsrituale kennenlernen und erproben
- Vorbereitung eigener Beiträge
- Notizen als Strukturierungshilfe für das freie Erzählen verwenden

Vorbereitung und Material

- KV 1: Impulskarten
- KV 2: Wir begrüßen uns

Das zweite Schuljahr beginnt

Treffpunkt Schule

1 Wie begrüßen sich die Kinder und die Erwachsenen auf dem Bild? Lies nach. Wer spricht Dialekt? Wer spricht eine andere Sprache?

2 Spielt, wie ihr einen Freund, eine Freundin oder einen Erwachsenen begrüßt.

3 Auf wen hast du dich besonders gefreut? Schreibe auf, was du erzählen willst.

6

→ S. 102 Das ABC
→ S. 103 Ordnen nach dem ABC

Aufgabe 2

Allgemeine Hinweise

In den dargestellten Dialogen lernen die Kinder verschiedene Begrüßungen kennen. Ausgehend von den eigenen Erfahrungen sollen diese Situationen reflektiert, erweitert und erprobt werden. Dazu gehört auch die nonverbale Kommunikation.

Einstieg

- Unterichtsgespräch: *Wie begrüßen wir uns? Wie kann man sich noch begrüßen?*
- Bildimpuls: Begrüßungssituationen betrachten, ohne die Sprechblasen zu lesen: *Wie könnten sich die Personen auf dem Bild begrüßen?*
- Rollenspiel: Kinder begegnen sich mit und ohne Begrüßung: *Wie fühlst du dich in der Situation? Wie wirkt die Situation auf dich als Beobachter?*

Hinweise zu den Aufgaben

- Aufg. 1: Lesen der Grußformeln, Erkennen von Dialekten und anderen Sprachen
- Aufg. 2: Üben von Grußformeln, Formulieren eigener Begrüßungen (evtl. im Dialekt und in anderen Sprachen)
- Aufg. 3: Stichpunktartige Notation auf Kärtchen, welche als Unterstützung beim Erzählen dienen

Differenzierung

Sprachförderung

- Sammeln von Begrüßungsformeln, auch in verschiedenen Sprachen und Dialekten
- Wortspeicher mit den Begrüßungsformeln anlegen, im Klassenzimmer aushängen

Fördern

- Aufg. 3: Hilfestellung mit Impulskarten (KV 1)

Fordern

- Aufg. 2: Einbezug der nonverbalen Kommunikation (Mimik und Gestik), Thematisierung ihrer Wirkung auf das Gegenüber

Ideen für die Weiterarbeit

- Aufschreiben, wie man einen Freund/eine Freundin/einen Erwachsenen/etc. begrüßt (KV 2)
- Begrüßungslied/-spruch einüben

Gesprächsregeln

1 Warum freut ihr euch auf das neue Schuljahr? Erzählt.

2 Welches Bild gehört zu welcher Gesprächsregel? Zeichne und schreibe die Regeln auf.

A Ich melde mich, wenn ich etwas sagen möchte.
B Ich spreche laut und deutlich.
C Ich schaue den Sprecher an.
D Ich höre aufmerksam zu.

3 Welche Regel ist für dich noch schwer? Erkläre.

4 Was wünschst du dir für das neue Schuljahr? Schreibe drei Sätze in dein Lerntagebuch. Markiere, ob die Aufgabe für dich leicht ○, mittel ◒ oder schwer ● war.

5 Was kannst du tun, damit diese Wünsche in Erfüllung gehen?

7

Kompetenzen/Lernziele

- Gesprächsregeln beachten
- Eigenes Verhalten reflektieren
- Eigene Wünsche artikulieren

Vorbereitung und Material

- Vorbereitende Hausaufgabe: *Worauf freust du dich im neuen Schuljahr?*

Allgemeine Hinweise

Die Thematik „Neues Schuljahr" bietet einen Gesprächsanlass, durch den die Kinder bereits bekannte Gesprächsregeln wiederholen und reflektieren können. Das Gespräch konzentriert sich dabei auf das Positive *(Worauf freust du dich? Was wünschst du dir?)*.

Einstieg

- Aufschreiben/malen und präsentieren: *Auf was freust du dich im neuen Schuljahr?* (auch als vorbereitende Hausaufgabe möglich)

Hinweise zu den Aufgaben

- Aufg. 1: Lesen der Sprechblasen, Anknüpfen an eigene Erfahrungen, Formulieren von Erwartungen an das neue Schuljahr
- Aufg. 2: Zuordnen und Begründen von Gesprächsregeln
- Aufg. 3: Reflektieren des eigenen Verhaltens und Artikulieren von Herausforderungen
- Aufg. 4: Verschriften eigener Wünsche für das neue Schuljahr, ggf. Präsentation
- Aufg. 5: Sammeln von Ideen in Kleingruppen, evtl. kurze Notation auf Satzstreifen, Austausch im Plenum im Anschluss

Differenzierung

Sprachförderung

- Satzanfänge zur einfacheren Gesprächsteilnahme: *Ich freue mich auf ..., Ich wünsche mir ..., Das möchte ich lernen ...*

Fördern

- Aufg. 1: Wortspeicher mit Aktivitäten in der Schule (turnen, lesen, rechnen, malen, ...)
- Aufg. 2: Zuordnen von Bild und Gesprächsregel

Ideen für die Weiterarbeit

- Erstellung eines Plakats zu den Gesprächsregeln und Aushang im Klassenzimmer
- Erstellung eines Klassenplakats mit Wünschen und Erwartungen an das neue Schuljahr

Seite 8

Kompetenzen/Lernziele
- Sätze zu Bildern schreiben
- Sätze erweitern und konkretisieren
- Eigene Bilderreihen planen und dazu Sätze schreiben

Vorbereitung und Material
- KV 3: Bilder und Sätze wachsen
- KV 4: Bilder wachsen – Sätze wachsen

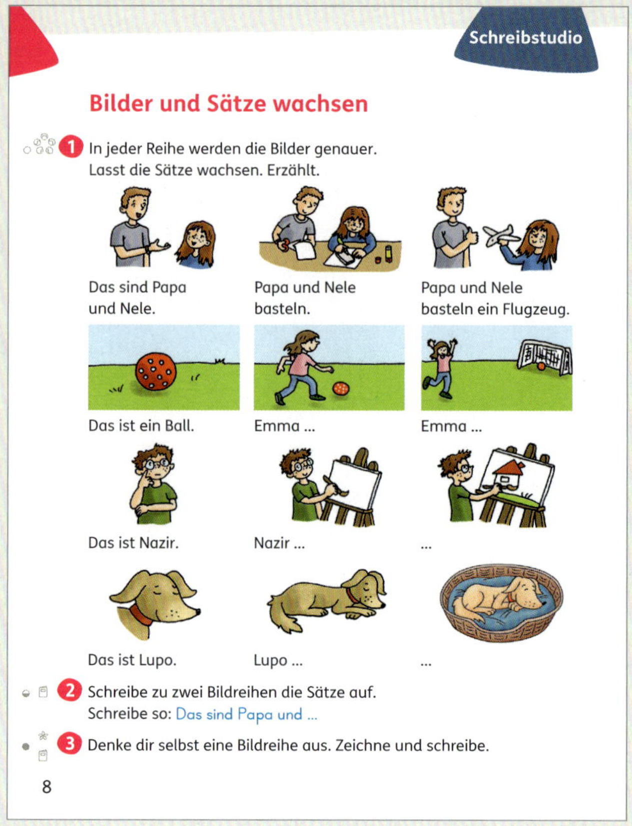
Schreibstudio

Bilder und Sätze wachsen

1 In jeder Reihe werden die Bilder genauer.
Lasst die Sätze wachsen. Erzählt.

Das sind Papa und Nele. | Papa und Nele basteln. | Papa und Nele basteln ein Flugzeug.

Das ist ein Ball. | Emma ... | Emma ...

Das ist Nazir. | Nazir ... | ...

Das ist Lupo. | Lupo ... | ...

2 Schreibe zu zwei Bildreihen die Sätze auf.
Schreibe so: Das sind Papa und ...

3 Denke dir selbst eine Bildreihe aus. Zeichne und schreibe.

8

Allgemeine Hinweise
Die Bilder und Sätze werden durch die jeweiligen Erweiterungen immer konkreter, wodurch sich die Qualität der Sätze ändert. Die Kinder entwickeln ihr Sprachgefühl durch bewusste Erweiterung von Sätzen und Bildern weiter.

Einstieg
- Schrittweises Präsentieren der Bilderfolge (Aufg. 1) (Schulbuch S. 8 oder DUA)
- Verbalisieren, was von Bild zu Bild passiert

Hinweise zu den Aufgaben
- Aufg. 1: Die Kinder erweitern vorgegebene Satzanfänge mündlich im Plenum oder in der Kleingruppe
- Aufg. 2: Die Kinder verschriften Sätze zu ausgewählten Bilderreihen und vollziehen so das Prinzip des Wachsens von Bildern und Sätzen nach. Möglichkeit der Präsentation im Anschluss in Kleingruppen oder im Plenum
- Aufg. 3: Eine eigene Bilderreihe ausdenken, dazu zeichnen und schreiben, auch möglich als Partnerarbeit (KV 3)

Differenzierung

Sprachförderung
- Hilfreich ist es hier, wenn die Lehrkraft oder ein stärkerer SuS gemeinsam mit einem sprachschwächeren Kind arbeitet, damit unbekannte Wörter gleich erklärt werden können.

Fördern
- Aufg. 3: Bilder und Sätze wachsen – mit vorgegebenen Sätzen (KV 4)

Fordern
- Aufg. 3: Bilder und Sätze wachsen (KV 4)

Ideen für die Weiterarbeit
- Eigene Bilderfolgen mit Fotos erstellen und dazu schreiben; eine Ausstellung gestalten
- Kurze Geschichten zu einem Bild schreiben

Schreibstudio

Bilder, Wörter und Sätze erzählen

1 Schau dir die Ferienwand an. Lies.

A
2 Wir sind getaucht. Ich habe eine neue Taucherbrille bekommen.

B
5 Ich war auf dem Ponyhof. Ich kann nicht laufen. Aber reiten kann ich gut.

C
7 Meine Oma ist Inliner gefahren.

D
6 Ich bin oft mit meinem Fahrrad gefahren.

E
1 Wir sind auf den Jochberg gestiegen bis zum Gipfelkreuz. Da war ich ganz stolz.

F
9 Mama und ich waren im Fußballstadion.

G
3 Ich habe im Sand am Meer eine tolle Muschel gefunden.

H
8 Ich schwimme im Ammersee.

I
4 Bei den Elefanten

2 Welcher Text gehört zu welchem Bild? Schreibe so: A → 4

3 Finde heraus, was das Wort **Gipfelkreuz** bedeutet.

4 Male ein Bild von deinen Ferien. Erzähle und schreibe.

5 Gestaltet aus euren Bildern und Texten eine Ferienwand. So könnt ihr einander von euren Ferien erzählen.

Aufgabe 5 9

Kompetenzen/Lernziele

- Sätze und Bilder einander zuordnen
- Eigene Bilder gestalten und Sätze dazu schreiben
- Unbekannte Wörter klären

Vorbereitung und Material

- Vorbereitende Hausaufgabe: Mitbringen von Erinnerungsstücken (Fotos, Eintrittskarten, Gegenstände, ...) von den Ferien

Allgemeine Hinweise

Die Kinder erfahren anhand der Thematik „Ferien“, dass Wörter, Sätze und Bilder einander zugeordnet werden können und zusammen Geschichten erzählen. Dabei kann auf die Wirkung von kurzen und langen Sätzen eingegangen werden.

Einstieg

- Vorstellen der Erinnerungsstücke (vorbereitende Hausaufgabe) im Plenum, freies Erzählen

Hinweise zu den Aufgaben

- Aufg. 1, 2: Lesen der Sätze auf der Ferienwand: *Welche Sätze passen zu welchen Bildern?* Sätze können zunächst mündlich in Partnerarbeit zugeordnet werden
- Aufg. 3: Rechercheaufgabe; Thematisieren, welche Möglichkeiten der Recherche es gibt
- Aufg. 4, 5: Eigene Ferienbilder malen und dazu schreiben, Präsentation im Anschluss auf einer Ferienwand

Differenzierung

Sprachförderung

- Satzanfänge zur einfacheren Gesprächsteilnahme: *Ich war in den Ferien ..., Mama/Papa und ich ..., Im Urlaub ...*

Fördern

- Aufg. 4: Bei Bedarf kann die Lehrkraft einen vom Kind diktierten Satz (teilweise) verschriften, Kind malt dazu

Fordern

- Aufg. 4: Ausbau der Feriensätze zu einer Feriengeschichte

Ideen für die Weiterarbeit

- Digitales Ferienbuch gestalten: Zeichnungen der Kinder fotografieren, in eine Dokumentenapp einfügen und mit Sprachaufnahmen beschreiben

Seite 10

Kompetenzen/Lernziele
- Vorschläge und Ideen anderer wahrnehmen und verstehen
- Eine wertschätzende und freundliche Rückmeldung geben

Vorbereitung und Material
- Ggf. Klassenplakat mit Wünschen für das neue Schuljahr (Schulbuch S. 7)
- Ggf. Notizzettel in Herzform

- KV 5: Satzanfänge für Rückmeldungen

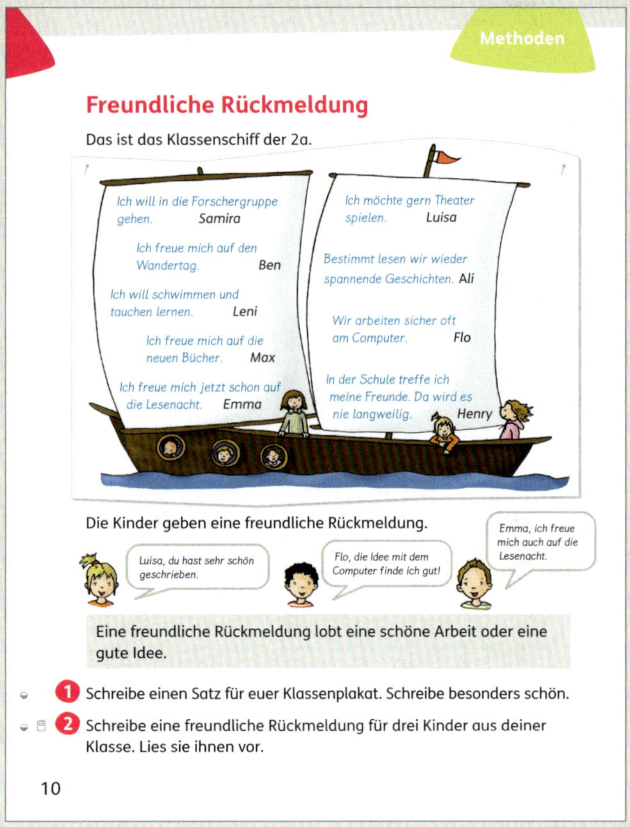
Methoden

Freundliche Rückmeldung

Das ist das Klassenschiff der 2a.

Die Kinder geben eine freundliche Rückmeldung.

Eine freundliche Rückmeldung lobt eine schöne Arbeit oder eine gute Idee.

1 Schreibe einen Satz für euer Klassenplakat. Schreibe besonders schön.

2 Schreibe eine freundliche Rückmeldung für drei Kinder aus deiner Klasse. Lies sie ihnen vor.

10

Allgemeine Hinweise
Die Kinder lernen die Methode „Freundliche Rückmeldung“ kennen. Dabei nehmen sie Bezug auf die Wünsche der Mitschüler für das neue Schuljahr. Durch die freundliche Rückmeldung erfahren die SuS gegenseitige Wertschätzung und Selbstwirksamkeit.

Einstieg
- Aufgreifen des gemeinsam erstellten Klassenplakats mit Wünschen für das neue Schuljahr (vgl. DK zu Schulbuch S. 13, Ideen für Weiterarbeit)
- Unterrichtsgespräch: *Auf was freust du dich im neuen Schuljahr?* Die Lehrkraft oder die Kinder schreiben die Aussagen auf Wortkarten und sammeln diese an der Tafel
- Lesen der Aussagen der Kinder im Schulbuch S. 10
- Erarbeitung im Unterrichtsgespräch: *Was ist wichtig, wenn ihr euch gegenseitig Rückmeldung gebt?*

Hinweise zu den Aufgaben
- Aufg. 1: Aufschreiben eines Satzes für das Klassenplakat
- Aufg. 2: Kinder wählen aus ihrem Klassenplakat drei Aussagen aus und geben dem Autor eine freundliche schriftliche Rückmeldung; die Rückmeldung kann auf besonderen Notizblättern (z. B. in Herzform) gegeben werden; es ist darauf zu achten, dass jedes Kind eine freundliche Rückmeldung erfährt

Differenzierung

Fördern
- Satzanfänge für Rückmeldungen: *Mir hat gut gefallen, dass ..., Du hast gut ..., Ich freue mich auch auf ..., Deine Idee finde ich ...* (KV 5)

Fordern
- Aufg. 2: SuS geben weiteren Kindern freundliche Rückmeldung

Ideen für die Weiterarbeit
- Gestaltung einer „Schatzkiste“ für die Sammlung freundlicher Rückmeldungen, die über das ganze Schuljahr geführt werden kann

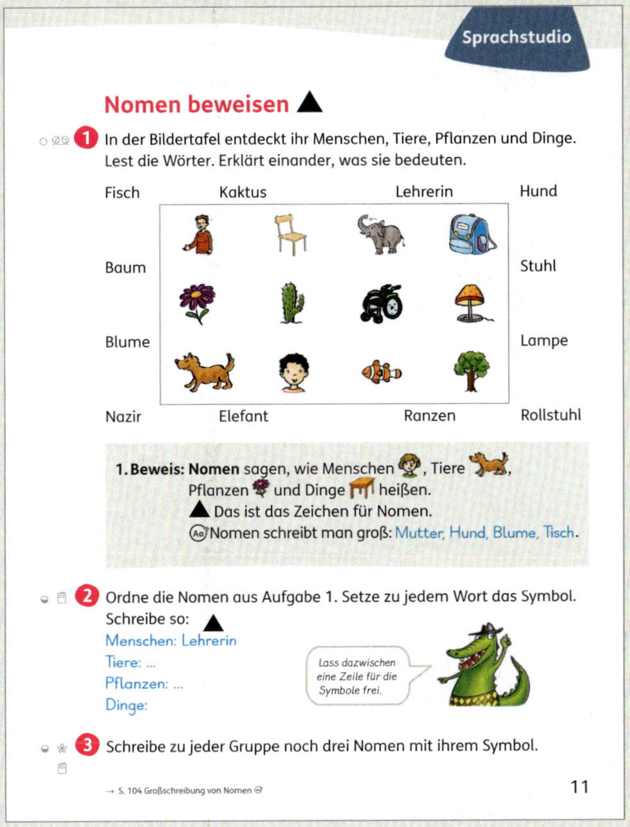
Sprachstudio

Nomen beweisen ▲

1 In der Bildertafel entdeckt ihr Menschen, Tiere, Pflanzen und Dinge. Lest die Wörter. Erklärt einander, was sie bedeuten.

Fisch, Kaktus, Lehrerin, Hund, Baum, Stuhl, Blume, Lampe, Nazir, Elefant, Ranzen, Rollstuhl

1. Beweis: Nomen sagen, wie Menschen, Tiere, Pflanzen und Dinge heißen.
▲ Das ist das Zeichen für Nomen.
Nomen schreibt man groß: Mutter, Hund, Blume, Tisch.

2 Ordne die Nomen aus Aufgabe 1. Setze zu jedem Wort das Symbol.
Schreibe so: ▲
Menschen: Lehrerin
Tiere: ...
Pflanzen: ...
Dinge:

3 Schreibe zu jeder Gruppe noch drei Nomen mit ihrem Symbol.

→ S. 104 Großschreibung von Nomen

11

Kompetenzen/Lernziele

- Erarbeitung und Wiederholung der Wortart „Nomen“
- 1. Beweis für Nomen kennen
- Nomen erkennen und ordnen (Menschen, Tiere, Pflanzen, Dinge)

Vorbereitung und Material

- KV 6: Nomen zuordnen

Allgemeine Hinweise

Nomen sagen, wie Menschen, Tiere, Pflanzen und Dinge heißen. Durch die Anwendung dieses Beweises bekommen die SuS einen ersten Anhaltspunkt zur Identifikation eines Nomens. Als Erkennungszeichen für das Nomen dient wie in der Montessori-Pädagogik das Symbol „schwarzes Dreieck“. ▲

Einstieg

- Präsentation Bildertafel (Schulbuch S. 11 Aufg. 1), z. B. durch DUA, Freie Schüleräußerungen

Hinweise zu den Aufgaben

- Aufg. 1: Kinder betrachten die Bilder und lesen die Wörter (Ansicht auch über DUA möglich), gegenseitige Erläuterung der Wörter; sie erkennen, dass es sich um Nomen handelt
- Merksatz wird von den Kindern selbst formuliert; Zeichen für Wortart „Nomen“ wird eingeführt bzw. gefestigt
- Aufg. 2: Einordnen der Nomen in die Kategorien Menschen, Tiere, Pflanzen und Dinge; markieren mit dem Zeichen für Nomen (KV 6)
- Aufg. 3: Suchen weiterer Nomen zu jeder Gruppe, hilfreich kann dabei die Wörterliste sein

Differenzierung

Sprachförderung

- Aufg. 1: Hilfreich ist es hier, wenn die Lehrkraft oder ein stärkerer SuS gemeinsam mit einem sprachschwächeren Kind arbeitet, damit unbekannte Wörter gleich erklärt werden können.

Fordern

- Aufg. 3: Ganze Sätze zu Nomen schreiben

Ideen für die Weiterarbeit

- Weitere Nomen zu den vier Kategorien finden; Plakate erstellen

Seite 12

Kompetenzen/Lernziele

- Strategien zum Erkennen von Nomen anwenden
- Nomen: 2. Beweis: Artikel

Vorbereitung und Material

- Material zur Plakaterstellung bereithalten
- KV 7: Nomen beweisen (2. Beweis)
- KV 8: Nomen haben Artikel

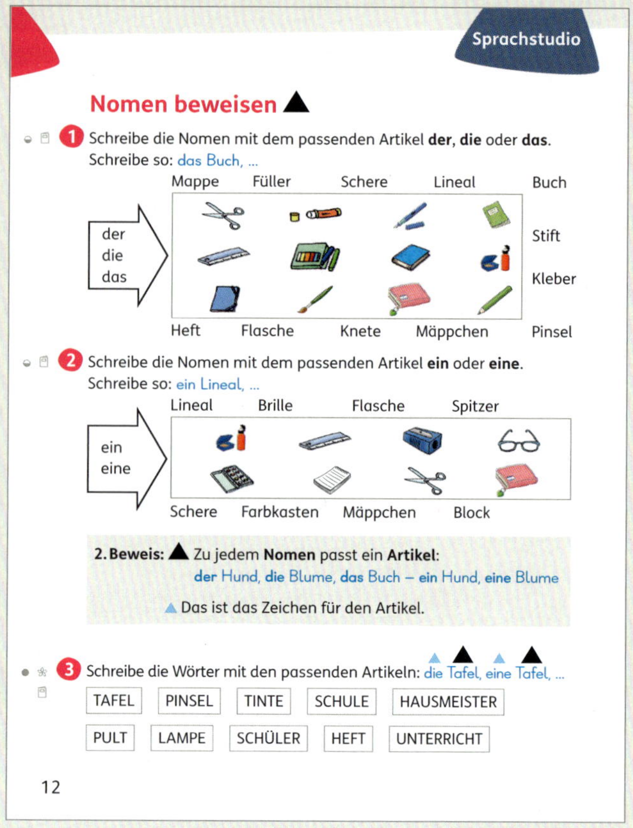
Sprachstudio

Nomen beweisen ▲

1 Schreibe die Nomen mit dem passenden Artikel **der**, **die** oder **das**.
Schreibe so: das Buch, ...

der / die / das

Mappe, Füller, Schere, Lineal, Buch, Stift, Kleber, Heft, Flasche, Knete, Mäppchen, Pinsel

2 Schreibe die Nomen mit dem passenden Artikel **ein** oder **eine**.
Schreibe so: ein Lineal, ...

ein / eine

Lineal, Brille, Flasche, Spitzer, Schere, Farbkasten, Mäppchen, Block

2. Beweis: ▲ Zu jedem **Nomen** passt ein **Artikel**:
der Hund, **die** Blume, **das** Buch – **ein** Hund, **eine** Blume
▲ Das ist das Zeichen für den Artikel.

3 Schreibe die Wörter mit den passenden Artikeln: die Tafel, eine Tafel, ...

TAFEL, PINSEL, TINTE, SCHULE, HAUSMEISTER, PULT, LAMPE, SCHÜLER, HEFT, UNTERRICHT

12

Allgemeine Hinweise

Auf dieser Seite wird der zweite Beweis für Nomen eingeführt: Zu jedem Nomen passt ein Artikel. Als Erkennungszeichen für den Artikel dient wie in der Montessori-Pädagogik das Symbol „kleines hellblaues Dreieck". ▲

Einstieg

- *Ich sehe was, was du nicht siehst.* Erratene Nomen mit Artikel an der Tafel notieren
- Unterrichtsgespräch: Nomen stehen oft zusammen mit einem Artikel; Zeichen für Wortart „Artikel" wird wiederholt

Hinweise zu den Aufgaben

- Aufg. 1: Nomen mit bestimmtem Artikel notieren; mündliche Zuordnung vorab in Partnerarbeit möglich
- Aufg. 2: Nomen mit unbestimmtem Artikel notieren; mündliche Zuordnung vorab in Partnerarbeit möglich
- Aufg. 3: Wörter werden mit passendem bestimmten und unbestimmten Artikel notiert; Thematisierung der Groß- und Kleinschreibung

Differenzierung

Sprachförderung

- Hilfreich ist es, wenn die Lehrkraft oder ein stärkerer SuS gemeinsam mit einem sprachschwächeren Kind arbeitet, um bei der Zuordnung der richtigen Artikel zu unterstützen.
- Plakate zu bestimmten Themen (z. B. Schulsachen) erstellen: Nomen und passenden Artikel notieren

Fördern

- Nomen beweisen (2. Beweis) (KV 7)

Fordern

- Aufg. 1, 2 und 3: ganze Sätze notieren
- Weiterführung zum Thema „Artikel" (KV 8)

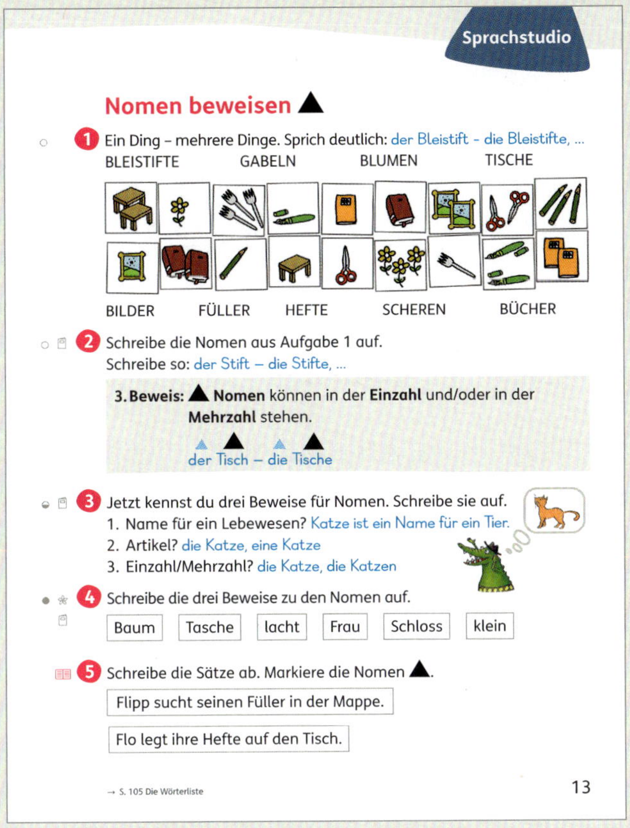

Sprachstudio

Nomen beweisen ▲

1 Ein Ding – mehrere Dinge. Sprich deutlich: der Bleistift – die Bleistifte, ...

BLEISTIFTE GABELN BLUMEN TISCHE

BILDER FÜLLER HEFTE SCHEREN BÜCHER

2 Schreibe die Nomen aus Aufgabe 1 auf.
Schreibe so: der Stift – die Stifte, ...

3. Beweis: ▲ **Nomen** können in der **Einzahl** und/oder in der **Mehrzahl** stehen.
der Tisch – die Tische

3 Jetzt kennst du drei Beweise für Nomen. Schreibe sie auf.
1. Name für ein Lebewesen? Katze ist ein Name für ein Tier.
2. Artikel? die Katze, eine Katze
3. Einzahl/Mehrzahl? die Katze, die Katzen

4 Schreibe die drei Beweise zu den Nomen auf.

Baum | Tasche | lacht | Frau | Schloss | klein

5 Schreibe die Sätze ab. Markiere die Nomen ▲.

Flipp sucht seinen Füller in der Mappe.

Flo legt ihre Hefte auf den Tisch.

→ S. 105 Die Wörterliste

13

Kompetenzen/Lernziele

- Strategien zum Erkennen von Nomen anwenden
- Nomen: 3. Beweis: Einzahl und Mehrzahl

Vorbereitung und Material

- Karteikärtchen oder Wortkarten
- KV 9: Nomen beweisen (3. Beweis)

Allgemeine Hinweise

Nomen können in der Einzahl und/oder in der Mehrzahl stehen. Durch das Erlernen des dritten Beweises können Nomen eindeutig erkannt werden.

Einstieg

- Wiederholung der ersten beiden Beweise für Nomen

Hinweise zu den Aufgaben

- Aufg. 1: Zuordnung der Nomen in der Ein- und Mehrzahl, deutliches Sprechen; auch in Partner- oder Gruppenarbeit möglich
- Aufg. 2: Schreiben von Nomen in Einzahl und Mehrzahl aus Aufg. 1
- Der dritte Beweis wird von den Kindern selbst formuliert
- Aufg. 3: Notieren aller drei Beweise für Nomen; als Eintrag in das Lerntagbuch möglich
- Aufg. 4: Notieren aller Beweise für Nomen
- Aufg. 5: Richtiges Abschreiben des Satzes und Kennzeichnung der Nomen mit dem Symbol

Differenzierung

Sprachförderung

- Hilfreich ist es, wenn die Lehrkraft oder ein stärkerer SuS gemeinsam mit einem sprachschwächeren Kind arbeitet, um bei der Benennung der Mehrzahl zu unterstützen.

Fördern

- Nomen beweisen (3. Beweis) (KV 9)

Fordern

- Aufg. 2: Nomen suchen, die nur in der Einzahl stehen können
- Aufg. 5: Eigene Sätze überlegen und Nomen kennzeichnen

Ideen für die Weiterarbeit

- *Sammle Nomen, die „gut schmecken, riechen“, sammle „schnelle, langsame“ Nomen, sammle Nomen, die dich zum Lachen bringen;* Ausstellung im Klassenzimmer möglich; Beschriftung von Kärtchen mit Artikel, Nomen und richtigen Symbolen
- Erstellen von Plakaten oder Lapbooks zu Nomen

Seite 14

Kompetenzen/Lernziele

- Über Erfahrungen, Erlebnisse und Aktivitäten in der Familie sprechen
- Nachfragen, Interviewen, Erkunden von Familienmitgliedern
- Bilder und Notizen als Strukturierungshilfe für das freie Erzählen verwenden

Vorbereitung und Material

- Vorbereitende Hausaufgabe: Mitbringen von Fotos/Erinnerungsstücken, als die Kinder noch kleiner waren
- KV 10: Als ich noch kleiner war

Ich und meine Familie

Als ich noch kleiner war

Elias bringt Fotos mit.
Er hat zu jedem Foto etwas geschrieben.

Erster Schultag!

Da war ich sieben Monate alt.

Mein erster Fußball.

Nele hat aufgeschrieben, wie sie als kleines Kind gesprochen hat. Ihre Mutter hat es ihr erzählt.

Auto → Ata
Vogel → Ogi
Schnuller → Nula
Elias → Sasi

Luis hat ein Bild dabei, das er mit vier Jahren gemalt hat. Er erklärt: „Das ist mein Papa, meine Mama, meine Schwester und ich. Meine Eltern haben meine Bilder gesammelt.“

1 Was erzählen und zeigen die Kinder von sich? Was weißt du über dich, als du noch klein warst?

2 Gestalte eine Seite: Als ich noch kleiner war. So könnt ihr einander wichtige Erinnerungen mitteilen.

3 Stelle die Seite der Klasse vor. Sprecht darüber.

14 → S. 106 Vokale → S. 107 Betonte Vokale — Aufgabe 2

Allgemeine Hinweise

Vor dem Hintergrund der Gemeinschaft sollen die Kinder ihre Individualität erfahren. Dabei erzählen sie von sich, als sie noch kleiner waren und lernen gleichzeitig ihre Mitschüler durch deren Ich – Erzählungen besser kennen.

Einstieg

- Betrachten und Lesen der Seite im Schulbuch, kurzes Unterrichtsgespräch darüber
- Lehrkraft hat ebenfalls Fotos/Erinnerungsstücke aus ihrer Kindheit mitgebracht und erzählt dazu kurz

Hinweise zu den Aufgaben

- Aufg. 1: Kinder erzählen anschließend zu ihren mitgebrachten Fotos/Erinnerungsstücken (kleine Schülergruppen mit 4 bis 6 Kindern)
- Aufg. 2: Die Kinder reflektieren ihre eigene Persönlichkeit und gestalten mithilfe von Fotos, kurzen Sätzen, Zeichnungen etc. eine Seite zum Thema „Als ich noch kleiner war“.
- Aufg. 3: Vorstellen der Seite in der Klasse oder in Kleingruppen. SuS fragen gezielt nach und geben eine kurze Rückmeldung zum Vortrag und auch zur Gestaltung der „Als ich noch kleiner war“-Seite.

Differenzierung

Sprachförderung

- Satzanfänge, die das Erzählen erleichtern, anbieten: *Ich habe in ... gewohnt, Ich bin in ... in den Kindergarten gegangen, ich habe gerne ... gespielt.*
- „Als ich noch kleiner war“-Seite mit vorgegebenen Lückensätzen anbieten, die ausgefüllt und gestaltet werden muss (KV 10)

Fördern

- Satzanfänge für Fragen und Rückmeldungen: *Ich möchte noch wissen, ..., Ich wollte dich noch fragen, ..., Mir hat gut gefallen, dass ..., Du hast gut ...*

Ideen für die Weiterarbeit

- Einen Steckbrief schreiben (KV 11)
- Einen eigenen Steckbrief anlegen

Manchmal gibt es Streit

Ein Streit fängt klein an.

1a Du hast geschummelt!

2a Ich will auch mitspielen!

3a He, das ist mein Auto!

So wird der Streit größer.

1b Nein, du hast geschummelt!

2b Kommt gar nicht in die Tüte.

3b Damit spiele ich aber jetzt!

Mit diesen Wörtern wird der Streit riesig.

1c Du alter Spielverderber!

2c Ihr seid ganz gemeine Tussis!

3c Her mit dem Auto! Ich will damit spielen!

1 Spielt eine von den Streitgeschichten. Wie geht euer Streit aus?

2 Spielt vor der Klasse. Nehmt euch auf.
Sprecht darüber, wie ihr euch verhalten habt.

3 Findet Sätze, wie ein Streit klein gehalten werden kann.
Schreibt sie auf.

Aufgabe 2

15

Kompetenzen/Lernziele

- Kommunikative Standardsituationen (z. B. Streit gestalten, auf bekannte Formulierungen zurückgreifen und diese anwenden)
- Eine Rolle gestalten, eine Szene darstellen (Stimme, Körperhaltung, Mimik und Gestik, Sprache und Wortschatz)
- Dialoge und Rollen nachsprechen

Vorbereitung und Material

- Blanko-Satzstreifen

Allgemeine Hinweise

Streit kennen die Kinder aus ihrem persönlichen Leben. Jeder hat schon einmal Streit gehabt, mit seinem Freund, seiner Freundin, mit der Mama oder dem Papa, mit den Geschwistern. Die Kinder versetzen sich in eine Streitsituation hinein und versuchen diese besondere Gesprächssituation angemessen zu gestalten.

Einstieg

- Unterrichtsgespräch: *Hast du schon einmal Streit gehabt? Mit wem? Warum habt ihr euch gestritten? Bestimmt kennst du eine dieser Streitsituationen auch.*
- Betrachten und Lesen der Seite im Schulbuch, kurzes Unterrichtsgespräch darüber, SuS können hierzu auch über eigene Erfahrungen berichten.

Hinweise zu den Aufgaben

- Aufg. 1: Möglich ist es hier, die Klasse in drei Gruppen aufzuteilen; jede Gruppe spielt einen Streit nach und berichtet anschließend im Plenum über den Ausgang (mögliche Rollen: Spieler, Erzähler, Vorsteller)
- Aufg. 2: Feedbackrunde in der Klasse: *Wie wurde der Streit gelöst? Wurde er gut/schlecht gelöst? Wie haben sich die Kinder verhalten?*
- Aufg. 3: Sätze können auf Blanko-Satzstreifen notiert und anschließend im Klassenplenum gesammelt werden

Differenzierung

Sprachförderung

- Rollenspiel gemeinsam mit der Lehrkraft durchführen, Dialog vom Schulbuch als Vorlage, diesen nachsprechen

Fordern

- Einen selbsterlebten Streit nachspielen und Rückmeldung von den SuS bekommen

Ideen für die Weiterarbeit

- Eine eigene Streitgeschichte malen
- Sprechblasen zur Streitgeschichte schreiben und von einem Partnerkind richtig zuordnen lassen

Seite 16

Kompetenzen/Lernziele
- „Ich“-Texte vorstellen und die von anderen anhören
- „Ich“-Texte mithilfe von Stichpunkten und anhand einer Vorlage schreiben
- Kriterien für das Schreiben kurzer Sätze erarbeiten und zum Schreiben nutzen

Vorbereitung und Material
- KV 11: Das bin ich

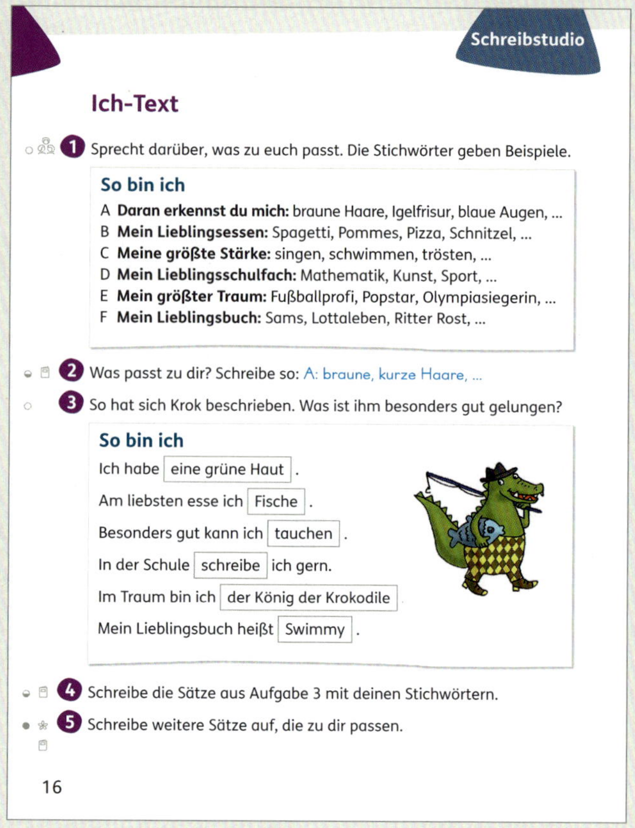
Schreibstudio

Ich-Text

1 Sprecht darüber, was zu euch passt. Die Stichwörter geben Beispiele.

So bin ich
A **Daran erkennst du mich:** braune Haare, Igelfrisur, blaue Augen, ...
B **Mein Lieblingsessen:** Spagetti, Pommes, Pizza, Schnitzel, ...
C **Meine größte Stärke:** singen, schwimmen, trösten, ...
D **Mein Lieblingsschulfach:** Mathematik, Kunst, Sport, ...
E **Mein größter Traum:** Fußballprofi, Popstar, Olympiasiegerin, ...
F **Mein Lieblingsbuch:** Sams, Lottaleben, Ritter Rost, ...

2 Was passt zu dir? Schreibe so: A: braune, kurze Haare, ...

3 So hat sich Krok beschrieben. Was ist ihm besonders gut gelungen?

So bin ich
Ich habe [eine grüne Haut].
Am liebsten esse ich [Fische].
Besonders gut kann ich [tauchen].
In der Schule [schreibe] ich gern.
Im Traum bin ich [der König der Krokodile]
Mein Lieblingsbuch heißt [Swimmy].

4 Schreibe die Sätze aus Aufgabe 3 mit deinen Stichwörtern.

5 Schreibe weitere Sätze auf, die zu dir passen.

16

Allgemeine Hinweise
Die Kinder nehmen ihre Individualität, ihr „Ich“, bewusst wahr und lernen ihre Mitschüler durch die entstandenen Texte besser kennen und schätzen.

Einstieg
- Stummer Impuls an der Tafel: *So bin ich*
- Unterrichtsgespräch: *Was passt zu dir? Was ist besonders an dir?*

Hinweise zu den Aufgaben
- Aufg. 1: Die Kinder wählen Aussagen, die auf sie selbst zutreffen, kann auch in Kleingruppen erarbeitet werden
- Aufg. 2: Vorstellen der Schreibergebnisse mit einem Partnerkind, gezielte Fragen stellen
- Aufg. 3: Unterrichtsgespräch über den Text von Krok; Erarbeiten von Kriterien beim Beschreiben der eigenen Person (Großschreibung am Satzanfang, Punkt am Satzende, ein Verb in jedem Satz, genau beschreiben – Farben, Eigenschaften etc.)
- Aufg. 4: Möglich auf farbigem Papier, mit den „Steckbriefen“ der Kinder eine Klassenausstellung anfertigen
- Aufg. 5: Lehrkraft kann hier eine weitere Auswahl geben *(Mein Lieblingsfilm ..., In meiner Freizeit ... ich gerne, Mit meinem besten Freund/meiner besten Freundin spiele ich am liebsten ...)*

Differenzierung

Sprachförderung
- Ich habe ______ Haare.
  Ich habe ______ Augen.
  Am liebsten esse ich ______ .
  Ich kann gut ______ .
  In der Schule kann ich gut ______ .
  Mein Lieblingsbuch heißt ______ .

Fordern
- Leistungsstärkere SuS können Aufg. 5 auch ohne zusätzliche Auswahlsätze durch die Lehrkraft bearbeiten; im Austausch mit einem Partnerkind können eigene weitere Sätze überlegt und notiert werden
- Einen Ich-Text zu einer literarischen Figur schreiben (Olchis, Hexe Lilli, Pippi Langstrumpf, Conni, Elmar, Grüffelo etc.)

Ideen für die Weiterarbeit
- Einen Ich-Text zu einer Figur überarbeiten (KV 11)

Schreibstudio

Texte über mich

1 Lest die beiden Texte.

Oft bin ich froh
Ich habe gute Freunde:
Flipp, Nele und Samira.
Ich spiele gerne
Fangen.
Auch Malen macht mir Spaß.
Toll ist es, wenn meine Eltern
mit mir ins Schwimmbad gehen.
Da darf ich auch Freundinnen
einladen. Flo

Manchmal bin ich traurig
Wenn ich Streit mit meinem
Bruder habe,
ist das blöd.
Ich ärgere mich, wenn ich mich
in Mathe verrechne. Dann
schimpft mich
meine Mutter.
Sehr traurig war ich, als mein
Kater gestorben ist.
Flo

2 Gestalte eine frohe und eine traurige Seite über dich.
Schreibe in deiner schönsten Schrift und mit verschiedenen Farben.

Oft bin ich froh
Freunde haben
Computer spielen
Quatsch machen
basteln klettern
bei einem Spiel gewinnen
gemeinsam kochen
Trampolin springen
etwas erforschen

Manchmal bin ich traurig
streiten
weinen
boxen
krank sein
ärgern Wut haben
auslachen angeben
nicht mitspielen lassen
quälen lügen

3 Finde noch mehr „frohe" oder „traurige" Wörter. Schreibe sie auf.

→ S. 109 Wörter mit X/x, Qu/qu, C/c

17

Kompetenzen/Lernziele

- Eigene Texte vorlesen
- Eigene beschreibende Texte verfassen und auf eine logische Anordnung achten

Vorbereitung und Material

- Vorbereitende Hausaufgabe: Je einen Satz auf einen Satzstreifen notieren: *Wann bist du fröhlich? Wann bist du traurig?*
- KV 12: So fühle ich mich

Allgemeine Hinweise

Die Kinder werden sich ihrer Gefühle (glücklich/traurig) bewusst und reflektieren über diese. Außerdem überlegen sie, mit welchen Situationen sie bestimmte Gefühle verbinden.

Einstieg

- Sammeln der Satzkarten der Kinder an der Tafel – *Wann bin ich fröhlich? Wann bin ich traurig?* (nur Kinder, die sich auch trauen)

Hinweise zu den Aufgaben

- Aufg. 1: Gemeinsames Betrachten und Lesen der beiden Texte im Schulbuch; SuS können sich in einem anschließenden Unterrichtsgespräch dazu äußern, eigene Erfahrungen mit einbringen, evtl. können auch die Satzkarten an der Tafel noch erweitert werden
- Aufg. 2: Die SuS überlegen sich mithilfe der beiden Wörterkästen, in welchen Situationen sie froh/traurig sind (KV 12); die beiden Gefühlsseiten können ausgeschnitten und an einer Gefühlswand in der Klasse ausgestellt werden
- Aufg. 3: Wörter und weitere Aussagen sammeln, die froh oder traurig machen

Differenzierung

Sprachförderung

- Satzanfänge als Hilfestellung für die Hausaufgabe:
  Ich bin fröhlich, wenn ...
  Ich bin traurig, wenn ...

Fordern

- Aufg. 3: Weitere „frohe" und „traurige" Wörter können gefunden werden, diese können zusätzlich an der Gefühlswand in der Klasse für alle sichtbar dargestellt werden

Ideen für die Weiterarbeit

- Einem Partnerkind die fröhliche/traurige Seite vorlesen; gemeinsam betrachten, besprechen und Rückmeldung geben

Seite 18

Kompetenzen/Lernziele

- Zielgerichtet mit einem Partnerkind arbeiten
- Eine wertschätzende und freundliche Rückmeldung geben

Vorbereitung und Material

- Vorbereitende Übung: Partnerdiktat mit einzelnen Wörtern; dazu können die Karten des *Auer* Wörterstudios sehr gut genutzt werden
- Das *Auer* Wörterstudio (Bild – Wort – Karten)

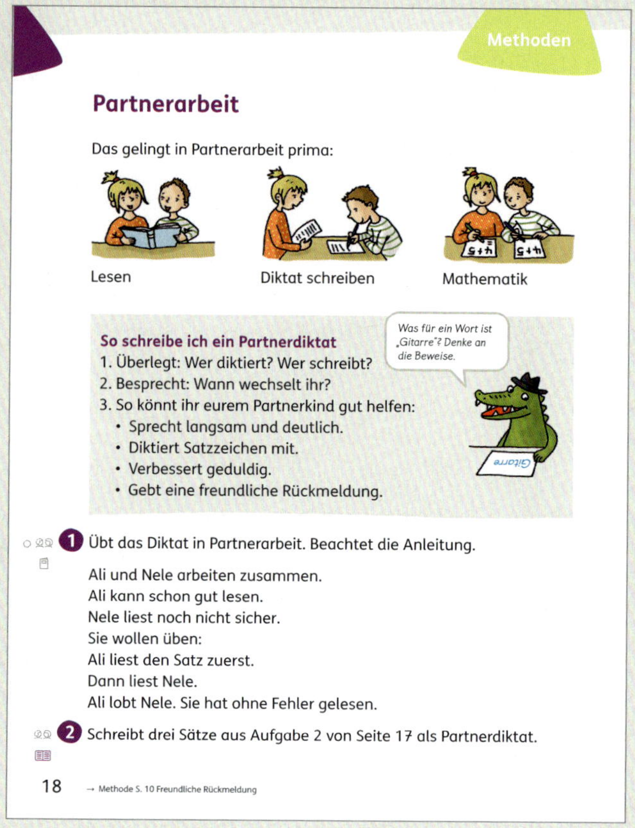

Methoden

Partnerarbeit

Das gelingt in Partnerarbeit prima:

Lesen — Diktat schreiben — Mathematik

So schreibe ich ein Partnerdiktat

1. Überlegt: Wer diktiert? Wer schreibt?
2. Besprecht: Wann wechselt ihr?
3. So könnt ihr eurem Partnerkind gut helfen:
   - Sprecht langsam und deutlich.
   - Diktiert Satzzeichen mit.
   - Verbessert geduldig.
   - Gebt eine freundliche Rückmeldung.

1 Übt das Diktat in Partnerarbeit. Beachtet die Anleitung.

Ali und Nele arbeiten zusammen.
Ali kann schon gut lesen.
Nele liest noch nicht sicher.
Sie wollen üben:
Ali liest den Satz zuerst.
Dann liest Nele.
Ali lobt Nele. Sie hat ohne Fehler gelesen.

2 Schreibt drei Sätze aus Aufgabe 2 von Seite 17 als Partnerdiktat.

18 → Methode S. 10 Freundliche Rückmeldung

Allgemeine Hinweise

Die Kinder sollen lernen, wie sie zielgerichtet und effektiv mit einem Partnerkind arbeiten können. Dabei steht auch die gegenseitige Verbesserung und das Rückmeldung-Geben im Mittelpunkt.

- Beim Partnerdiktat wird nicht der Text, sondern es werden nur einzelne Wörter (aus dem Text/vom *Auer* Wörterstudio) diktiert; durch die Bildunterstützung kann auch gleichzeitig der Wortschatz erweitert werden

Einstieg

- Die Kinder kennen bereits das Partnerdiktat aus der vorbereitenden Übung
- Erarbeitung der „Regeln" bei einem Partnerdiktat in einem Unterrichtsgespräch: *Was ist wichtig, wenn ihr euch gegenseitig diktiert?*

Hinweise zu den Aufgaben

- Aufg. 1: Schreiben eines Partnerdiktats, sinnvoll ist es hier, wenn sich die Kinder satzweise abwechseln; sie müssen darauf hingewiesen werden, dass der Punkt mitdiktiert werden muss
- Aufg. 2: Anschließend kann eine Selbst- oder Partnerkontrolle erfolgen

Differenzierung

Sprachförderung

- Vorgabe der „Regeln", SuS bringen diese in die richtige Reihenfolge

Fördern

- Leistungsschwächeren SuS kann ein leistungsstärkerer SuS zugeordnet werden, dabei schreibt der schwächere immer einen Satz und das Partnerkind die nächsten zwei Sätze.

Ideen für die Weiterarbeit

- Die Methode des Partnerdiktats kann sehr gut einmal pro Woche in den Wochenplan eingebunden werden
- Es bietet sich an, immer am Ende einer Woche eine Stunde hierfür einzuplanen

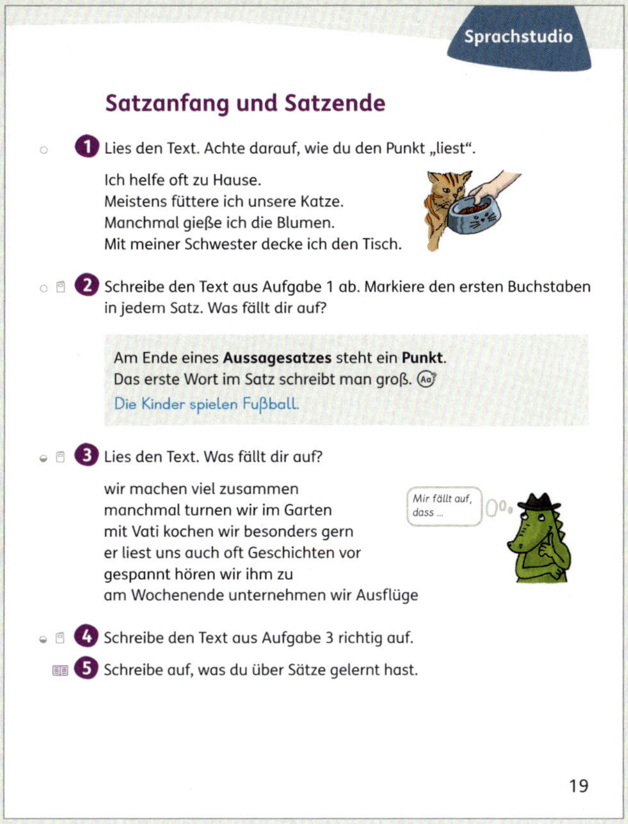

Sprachstudio

Satzanfang und Satzende

1 Lies den Text. Achte darauf, wie du den Punkt „liest“.

Ich helfe oft zu Hause.
Meistens füttere ich unsere Katze.
Manchmal gieße ich die Blumen.
Mit meiner Schwester decke ich den Tisch.

2 Schreibe den Text aus Aufgabe 1 ab. Markiere den ersten Buchstaben in jedem Satz. Was fällt dir auf?

Am Ende eines **Aussagesatzes** steht ein **Punkt**.
Das erste Wort im Satz schreibt man groß.
Die Kinder spielen Fußball.

3 Lies den Text. Was fällt dir auf?

wir machen viel zusammen
manchmal turnen wir im Garten
mit Vati kochen wir besonders gern
er liest uns auch oft Geschichten vor
gespannt hören wir ihm zu
am Wochenende unternehmen wir Ausflüge

4 Schreibe den Text aus Aufgabe 3 richtig auf.

5 Schreibe auf, was du über Sätze gelernt hast.

19

Kompetenzen/Lernziele

- Einen Satz/Text betont vorlesen
- Satzanfang und Satzende bei einem Satz erkennen und durch Großschreibung und Punkt deutlich machen

Vorbereitung und Material

- Blanko-Satzstreifen

Allgemeine Hinweise

Die Kinder sollen erkennen, wie wichtig es ist, in ganzen Sätzen zu sprechen und zu schreiben. Ihnen wird bewusst, dass ein Satz eine Aussageeinheit ist, die mit der Großschreibung beginnt und mit einem Punkt endet. Dies ist besonders wichtig für die Rechtschreibung.

Einstieg

- Kinder überlegen sich einen Satz und notieren diesen auf einem Satzstreifen, anschließend werden die Sätze vorgelesen (evtl. auch nur einige davon), dabei achten die SuS darauf, wie der Satz vorgelesen wurde

Hinweise zu den Aufgaben

- Aufg. 1: Sätze werden gemeinsam gelesen, möglich ist auch erst ein Partnerlesen und dann ein Vorlesen im Klassenplenum
- Aufg. 2: Hier kann ein kurzer Austausch mit dem Partnerkind über die Auffälligkeiten stattfinden; anschließendes kurzes Unterrichtsgespräch
- Aufg. 3: Partnerarbeit möglich
- Aufg. 4: Vorab kurzes Unterrichtsgespräch, worauf beim Abschreiben der Sätze geachtet werden muss
- Aufg. 5: SuS notieren ihr Wissen über Sätze ins Heft. Darunter überlegen sie sich drei Aussagesätze und markieren jeweils den Satzanfang und den Punkt am Satzende

Differenzierung

Sprachförderung

- Aufg. 5: Kinder erhalten eine Auswahl an Sätzen, bei denen jeweils ein Wort im Satz ergänzt werden muss; Sätze werden richtig ins Heft geschrieben, dabei muss auf den Satzanfang und den Punkt geachtet werden; Puffer für schnelle Kinder: Einen eigenen Satz schreiben

Fördern

- Aufg. 4: Text wird mit Lücken vorgegeben, Kinder ergänzen die Sätze und schreiben sie mit großem Satzanfang und Punkt in ihr Heft; Text vorab evtl. noch im Buch lesen

Fordern

- Aufg. 4: Stärkere SuS können sich den Text gegenseitig diktieren

Ideen für die Weiterarbeit

- Hausaufgabe: *Nimm dir ein Buch und schreibe drei Sätze in dein Heft. Denke an den Satzanfang und das Satzende.*

Seite 20

Kompetenzen/Lernziele

- Satzanfang und Satzende bei einem Satz erkennen und durch Großschreibung und Punkt deutlich machen
- Auf die Großschreibung am Satzanfang achten

Vorbereitung und Material

- Satzstreifen
- KV 13: Sätze würfeln

Sprachstudio

Sätze klingen

1 Schreibe den Text ab. Zeichne über jeden Satz einen Klangbogen. Setze die Punkte.

Max deckt am Morgen den Tisch
Um sechs Uhr klingelt der Wecker
Nun stehen alle auf
Vater streicht die Pausenbrote
Nele sucht ihre Turnschuhe
Dann sitzen alle am Tisch
Max hat den Tisch gedeckt

2 Schreibe den Text ab. Denke an den Satzanfang und das Satzende.

am Morgen kocht Vater den Tee ich
füttere meine Katze dann bringt Mutti
mich zur Schule nach der Schule spiele
ich gern draußen mit meinen Freunden manchmal
räume ich mein Zimmer auf

3 Überprüfe deinen Text aus Aufgabe 2. Markiere die Satzanfänge und die Punkte am Satzende.

4 Was hast du am Wochenende gemacht? Schreibe fünf Sätze.

20

Allgemeine Hinweise

Die Satzmerkmale sollen bei den Kindern zunehmend gefestigt werden. Auch wird der Klang eines Aussagesatzes besprochen und seine Funktion, nämlich die Mitteilung von Tatsachen, noch einmal gesichert.

Einstieg

- Wiederholen der Satzmerkmale (→ Schulbuch S. 19, Heft)
- Jeder SuS schreibt einen Satz auf, spricht diesen deutlich und überlegt, was die Stimme macht

Hinweise zu den Aufgaben

- Merksatz gemeinsam besprechen: *Ein Satz ist wie ein Flugzeug: Start – Flug – Landung*
- Aufg. 1: Text ins Heft abschreiben, immer eine Zeile für den Klangbogen frei lassen
- Aufg. 2: Vorab noch einmal kurz die Großschreibung am Satzanfang thematisieren
- Aufg. 3: Hier ist eine Überprüfung durch das Partnerkind möglich
- Aufg. 4: Sätze können auch auf Satzstreifen notiert werden, diese werden dann zum Merkplakat geheftet

Differenzierung

Sprachförderung

- Sprachlich schwächere Kinder können sich gemeinsam mit einem Partnerkind einen Satz für den Einstieg überlegen und diesen abwechselnd vorlesen

Fordern

- Sätze würfeln (KV 13) und weiterschreiben: Die Kinder würfeln verschiedene Sätze, teilweise auch lustige Sätze und können diese noch beliebig ergänzen

Ideen für die Weiterarbeit

- Merkplakat mit den Satzmerkmalen für das Klassenzimmer gestalten

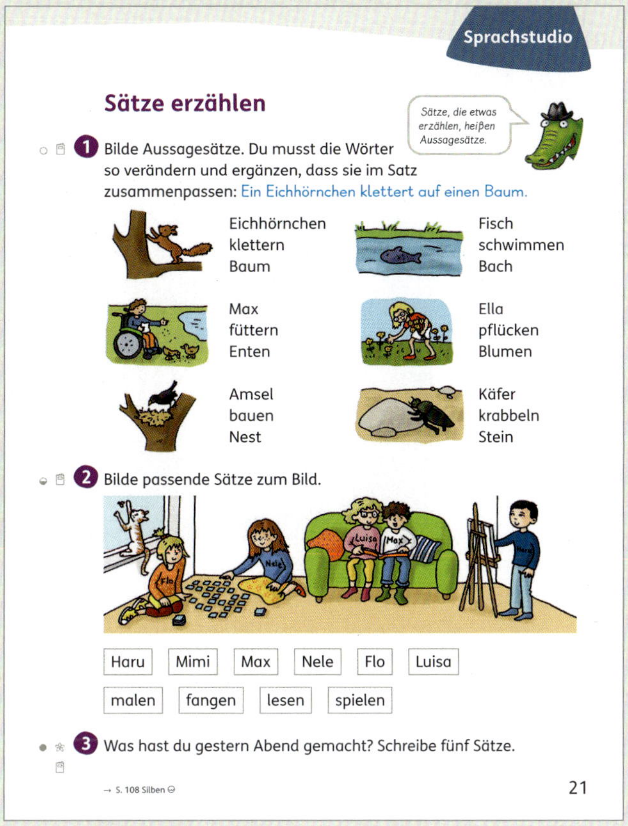
Sprachstudio

Sätze erzählen

Sätze, die etwas erzählen, heißen Aussagesätze.

1 Bilde Aussagesätze. Du musst die Wörter so verändern und ergänzen, dass sie im Satz zusammenpassen: Ein Eichhörnchen klettert auf einen Baum.

Eichhörnchen klettern Baum

Fisch schwimmen Bach

Max füttern Enten

Ella pflücken Blumen

Amsel bauen Nest

Käfer krabbeln Stein

2 Bilde passende Sätze zum Bild.

Haru | Mimi | Max | Nele | Flo | Luisa

malen | fangen | lesen | spielen

3 Was hast du gestern Abend gemacht? Schreibe fünf Sätze.

→ S. 108 Silben

21

Kompetenzen/Lernziele

- Verben in der Personalform verwenden
- Einfache Sätze bilden
- Satzgrenzen einhalten und am Satzende einen Punkt setzen

Vorbereitung und Material

- Satzstreifen

Allgemeine Hinweise

Die Kinder sollen einfache Sätze bilden, indem sie Verben in die richtige Personalform setzen. Die Funktion eines Aussagesatzes, nämlich ein Satz, der etwas erzählt, wird weiter gefestigt.

Einstieg

- Wiederholen der Satzmerkmale (→ Schulbuch S. 19, Heft) und Funktionen eines Aussagesatzes (→ Schulbuch S. 20)
- An der Tafel heften Wörter, mit denen die SuS einen Satz bilden können, die Sätze werden an der Tafel notiert und dabei wird auch auf die Veränderung des Verbs in der Personalform eingegangen

Hinweise zu den Aufgaben

- Aufg. 1: Beispielsatz gemeinsam lesen und klären
- Aufg. 2: Kinder darauf hinweisen, dass der Satz eine genaue Beschreibung sein muss, z. B. *Flo und Nele spielen Memory.*
- Aufg. 3: Sätze notieren; kann auch als Hausaufgabe gegeben werden

Differenzierung

Sprachförderung

- Aufg. 1: Lehrkraft bespricht vorab die passenden Präpositionen zu den Sätzen: auf den Baum, in dem Bach, auf den Stein/an dem Stein

Fordern

- Aufg. 2: Weitere Sätze können gefunden werden, ebenso können die Sätze von den Kindern beliebig erweitert werden, z. B.: *Leon malt. Leon malt ein Bild. Leon malt ein schönes Bild. Leon malt ein schönes Bild mit dem Pinsel. Leon malt ein schönes Bild mit dem Pinsel auf einer Staffelei.*

Ideen für die Weiterarbeit

- Jeder SuS schreibt einen beliebigen Satz für das Merkplakat

Seite 22

Kompetenzen/Lernziele
- Bildbetrachtung und darüber sprechen
- Fantastische Geschichten erzählen
- Wortsammlung erstellen, Geschichten planen

Vorbereitung und Material
- Bildpräsentation als Ganzes oder Bildausschnitt
- KV 14: Suchaufträge

Einfach fantastisch
Mit Sprache malen

1 Schaut euch das Bild genau an. Was könnt ihr entdecken? Erzählt.

2 Das Bild zeigt eine Straße in „Fantasia".
Was könnte der Name bedeuten?

3 Du besuchst „Fantasia". Öffne eine Haustür oder krieche in ein Schlupfloch. Wer wohnt da wohl? Was erlebst du?
Denke dir deine Geschichte aus.
Schreibe wichtige Wörter zu deiner Geschichte auf einen Zettel.
Diese Stichwörter helfen dir, wenn du dein Erlebnis erzählst.

4 Erzähle deine Geschichte mithilfe der Stichwörter.

22

Allgemeine Hinweise
Durch das lebhafte und farbenfrohe Bild soll die Fantasie der Kinder geweckt werden. Bilder im Kopf sollen entstehen und versprachlicht werden.

Einstieg
- Bildpräsentation als Ganzes oder Bildausschnitte (Schulbuch S. 22 oder DUA); freie Aussprache (Aufg. 1) (KV 14)

Hinweise zu den Aufgaben
- Aufg. 2: Fantasieren zur vorgegebenen Fragestellung
- Aufg. 3: Fantasieren zur vorgegebenen Fragestellungen
- Kinder wählen Bildszenen aus, erfinden lustige Geschichten, begleiten mit Instrumenten
- Aufg. 4: Kinder notieren sich wichtige Wörter für ihre Geschichten, Wörter können später als Erzählhilfe an einer Leine befestigt werden

Differenzierung

Sprachförderung
- Satzanfänge, die das Erzählen vereinfachen, anbieten: *Ich sehe auf dem Bild ..., Am besten gefällt mir ..., Lustig finde ich, dass ...*
- Aufg. 4: Hilfreich ist es hier, wenn die Lehrkraft oder ein stärkerer SuS gemeinsam mit einem sprachschwächeren Kind arbeitet, damit unbekannte Wörter gleich erklärt werden können.

Fördern
- Aufg. 4: Kindern Wörter vorgeben, die mit eigenen Ideen erweitert werden können
- Die Impulskarten (KV 18) können hier noch einmal als Hilfestellung genutzt werden

Fordern
- Aufg. 4: Kinder schreiben schon ganze Sätze oder kleine Geschichten zum Bild auf

Sprache malt fantastische Bilder

1 Diese Bilder findest du im großen Bild (Seite 22).
Denke dich in die Bilder hinein. Was erlebst du? Erzähle.

2 Entscheidet euch für ein Bild aus Aufgabe 1. Denkt euch dazu eine Geschichte aus. Jeder schreibt reihum einen Satz.
Die Stichwörter helfen euch.

Beginnt so: Neulich war ich in Fantasia. Da ...

• auf einen Baum klettern • einen bunten Vogel treffen • mit den Armen flattern • durch die Luft fliegen • ...	• im See schwimmen • zum Grund tauchen • eine Nixe treffen • ein Wasserschloss entdecken • ...	• durch das Loch im Zaun schlüpfen • eine Schachtel finden • den Deckel heben • einen jungen Dino entdecken

3 Lest eure Geschichte der Klasse vor.
Ist sie spannend und fantasievoll?

→ S. 111 Umlaute
→ S. 112 Zwielaute

23

Kompetenzen/Lernziele

- Bildbetrachtung und darüber sprechen
- Schreiben zu Bildern
- Eigene Texte präsentieren

Vorbereitung und Material

- KV 15: Lückensätze
- KV 16: Sprache malt fantastische Bilder

Allgemeine Hinweise

Die geweckte Fantasie ist Grundlage für mündliches und schriftliches Sprachhandeln und weitere gestalterische Tätigkeiten. Wörter und Sätze lassen Bilder im Kopf entstehen und Bilder können Sätze entstehen lassen.

Einstieg

- Bildpräsentation; freie Aussprache (Aufg. 1) (Schulbuch S. 22 oder DUA)

Hinweise zu den Aufgaben

- Aufg. 2: Schreiben einer Reihum-Geschichte
- Aufg. 3: Präsentation der Geschichte
- Kinder geben Feedback zur Geschichte; merken sich lustige und spannende Teile der Geschichte

Differenzierung

Sprachförderung

- Satzanfänge zur einfacheren Gesprächsteilnahme: *Ich fliege mit einem Vogel und sehe ..., Ich tauche und entdecke ..., Überall sind Drachen. Wir machen ...*
- Aufg. 2: Kinder ergänzen Lückensätze (KV 15)

Fördern

- KV 16: Sprache malt fantastische Bilder

Ideen für die Weiterarbeit

- Kinder erfinden und malen selbst fantastische Bildszenen, Orte, abenteuerliche Begegnungen und erzählen dazu

Seite 24

Kompetenzen/Lernziele
- Bildbetrachtung und darüber sprechen
- Geschichten erfinden
- Spielerisches Darstellen der Geschichten

Vorbereitung und Material
- KV 17: Bild- und Wortkarten: Tätigkeiten

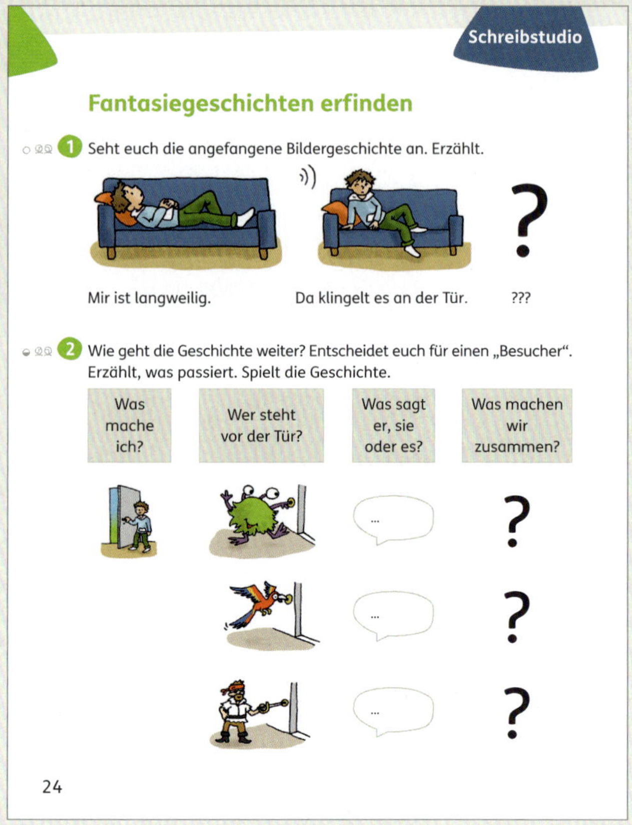
Schreibstudio

Fantasiegeschichten erfinden

1 Seht euch die angefangene Bildergeschichte an. Erzählt.

Mir ist langweilig. Da klingelt es an der Tür. ???

2 Wie geht die Geschichte weiter? Entscheidet euch für einen „Besucher“. Erzählt, was passiert. Spielt die Geschichte.

Was mache ich? | Wer steht vor der Tür? | Was sagt er, sie oder es? | Was machen wir zusammen?

24

Allgemeine Hinweise
Ausgangssituation ist zunächst eine alltägliche Situation. Als es an der Tür läutet, zeigt sich der Wendepunkt in der sonst simplen/alltäglichen Handlung. Es passiert etwas, womit sonst niemand gerechnet hätte. Durch dieses Durchbrechen der Norm sollen die Kinder die Möglichkeit bekommen, ihre Welt mit der fantastischen zu verknüpfen.

Einstieg
- Fantasiereise: *Setze dich bequem hin, lege den Kopf auf die Arme und schließe die Augen, wenn du möchtest. Du hast es dir auf deinem Sofa gemütlich gemacht und dir ist langweilig – es kommt dir eine Idee, was du heute noch machen könntest. Doch plötzlich läutet es an der Tür. Wer steht wohl vor deiner Tür? Langsam bewegst du dich vom Sofa zur Tür. Du hörst ein merkwürdiges Geräusch. Dein Herz pocht. Vorsichtig öffnest du die Tür und siehst deinen Gast. Merke dir genau, wer vor deiner Tür steht. Wer ist es?*
- Bildbetrachtung; Unterrichtsgespräch: *Wer stand bei dir vor der Tür?* (Schulbuch S. 24 oder DUA)

Hinweise zu den Aufgaben
- Aufg. 1: Erzählen der Geschichte zur Fantasiereise
- Aufg. 2: Weitererzählen einer Geschichte; Ausweitung auf eigene Ideen; Nachspielen der erfundenen Geschichten

Differenzierung

Sprachförderung
- Satzanfänge anbieten, die das Erzählen in ganzen Sätzen erleichtern: *Ich gehe ..., Ich öffne ..., Vor der Tür steht ..., Er/Sie/Es sagt ..., Wir machen zusammen ..., Wir gehen zusammen ...*
- Aufg. 2: Auswahl Bild- und Wortkarten mit Tätigkeiten (KV 17) nutzen, um Kindern einen passenden Wortschatz zum Verbalisieren anzubieten

Fördern
- Fantasiegeschichten erfinden

Fordern
- Aufschreiben der Fantasiegeschichten
- Weitere eigene Besucher erfinden und Geschichten dazu erzählen oder schreiben

Schreibstudio

Eine Überschrift finden

1 Denke dir einen fantastischen Besucher aus. Schreibe deine Fantasiegeschichte. Finde eine passende Überschrift.

Mir ist langweilig.

Da	klingelt klopft raschelt ...	es	unter dem Sofa. an der Tür. am Fenster. ...
Ich	öffne die Tür. schaue genau hin. gehe ans Fenster. ...		Tatsächlich! Da steht ...
Der ... Die ... Das ...	sagt: ... brüllt: ... flüstert:		Und dann ...

2 Lies deine Fantasiegeschichte vor.
Wie finden die Zuhörer deine Ideen und deine Überschrift?
Gebt freundliche Rückmeldung: Ich finde deine Idee mit ... gut, weil ...

3 Welche Tipps willst du bei deiner nächsten Fantasiegeschichte berücksichtigen?

→ Methode S. 10 Freundliche Rückmeldung

Kompetenzen/Lernziele
- Bildbetrachtung und darüber sprechen
- Geschichten erfinden
- Geschichten schreiben; passende Überschriften finden
- Eigene Texte präsentieren

Vorbereitung und Material
- KV 18: Impulskarten
- KV 19: Ich plane meine Geschichte (Strukturierungshilfe)
- KV 20: Fantasiegeschichten malen und schreiben

Allgemeine Hinweise
Die fantastische Welt dient als Ausgangspunkt für eigene Geschichten, die erzählt und geschrieben werden können.

Einstieg
- Vorbereitende Übung: szenisches Spielen der verschiedenen Möglichkeiten (KV 18)

Hinweise zu den Aufgaben
- Aufg. 1: Erfinden einer Geschichte nach der vorgegebenen Struktur; Finden einer passenden Überschrift (KV 19; evtl. auf DIN A3 kopieren)
- Aufg. 2: Vortrag der Geschichten
- Lerngespräch: *Was macht den Text besonders gut?*

Differenzierung

Sprachförderung
- Satzanfang als Hilfestellung für die Rückmeldung: *Ich finde deine Idee mit ... gut, weil ..., Mir gefällt deine Idee ..., Gut gelungen ist dir ...*

Fördern
- KV 20: Fantasiegeschichten malen und schreiben

Ideen für die Weiterarbeit
- Überarbeiten der Geschichte; Schema:
  Kannst du die Geschichte verstehen?
  Ist die Geschichte originell?
  Hat die Geschichte eine Überschrift und passt diese zur Geschichte?

Seite 26

Kompetenzen/Lernziele
- Geschichten planen und erzählen
- Sammeln von Stichpunkten für eigene Geschichten, auch im Austausch mit anderen
- Vorbereitung eigener Vorträge durch Notizen

Vorbereitung und Material
- Bildimpuls vergrößern (DUA)
- KV 21: Stichwörter ordnen und ergänzen

Methoden

Stichwörter sammeln

Flipp will eine Fantasiegeschichte schreiben. Er macht sich Gedanken dazu.

1 Lies die Stichwörter, die Flipp für seine Geschichte gesammelt hat. Erzähle mithilfe der Stichwörter die Geschichte.

Anfang: Spielplatz, Rakete entdecken, einsteigen

Hauptteil: Rakete startet, rast in den Weltraum, landet auf dem Mars, Edelstein finden, Abflug

Schluss: Landung auf dem Spielplatz, Edelstein

Mit Stichwörtern halte ich meine Ideen fest.
Ein Stichwort ist ein Wort oder eine Wortgruppe.
Stichwörter helfen mir, eine Geschichte zu planen.

2 Stell dir vor: Du bist plötzlich winzig klein. Was erlebst du?

Denke dir eine eigene Geschichte aus. Sammle Stichwörter.
Schreibe jedes Stichwort auf einen Zettel. Ordne die Zettel.

3 Erzähle deine Geschichte mithilfe der Stichwörter.
Überlege dir auch einen Anfang und Schluss für deine Geschichte.

26

Allgemeine Hinweise
Die Kinder lernen die Methode des Sammelns von Stichwörtern als Hilfsmittel für das Planen einer Geschichte kennen. Sie helfen den Kindern, ihre Geschichten schlüssig von Anfang bis zum Schluss zu erzählen, ohne Rücksprünge machen zu müssen oder wichtige Details zu vergessen.

Einstieg
- Den Kindern einen Bildimpuls präsentieren und dazu erzählen lassen, die Lehrkraft schreibt die von den Kindern genannten Stichwörter auf einzelne Wortkarten und sammelt diese an der Tafel

Hinweise zu den Aufgaben
- Aufg. 1: Gemeinsam werden die Wörter noch einmal gelesen und in eine Ordnung Anfang/Hauptteil/Schluss gebracht; mithilfe dieser Einteilung wird eine zusammenhängende Geschichte erzählt
- Aufg. 2: Kinder schreiben zu den Bildern eigene Stichwörter und ordnen diese
- Aufg. 3: Kinder erzählen ihre Geschichten mithilfe ihrer Stichwortzettel

Differenzierung

Sprachförderung
- Satzanfänge als Erzählhilfe in Form eines Wortspeichers anbieten: *Am Anfang ..., Zuerst ..., Danach ..., Dann ..., Plötzlich ..., Am Ende ..., Zum Schluss ...*

Fördern
- Aufg. 2: Den Kindern werden schon einige Stichwörter vorgegeben, Ordnen der Stichwörter in Anfang/Hauptteil/Schluss, weitere Stichwörter ergänzen (KV 21)
- Als Erzählhilfe können die Stichwörter an einer Wäscheleine befestigt werden, so können sich die Kinder wie an einem „roten Faden" orientieren

Ideen für die Weiterarbeit
- Weitere Geschichten zu Themen/Impulsen/Bildern mithilfe von Stichwörtern erzählen lassen
- Stichwörter an einer Leine mit Bildern für andere Klassen ausstellen/präsentieren

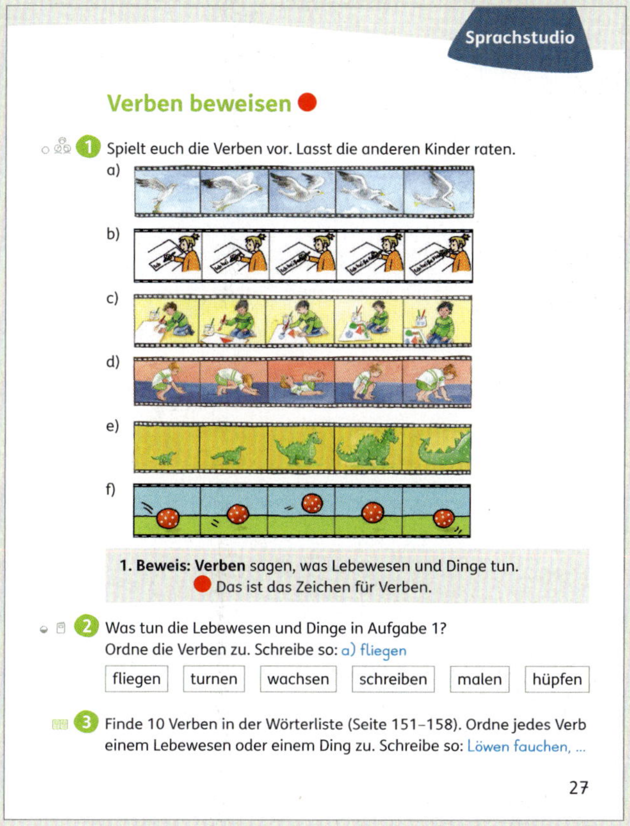
Sprachstudio

Verben beweisen ●

1 Spielt euch die Verben vor. Lasst die anderen Kinder raten.

a)

b)

c)

d)

e)

f)

1. Beweis: Verben sagen, was Lebewesen und Dinge tun.
● Das ist das Zeichen für Verben.

2 Was tun die Lebewesen und Dinge in Aufgabe 1?
Ordne die Verben zu. Schreibe so: a) fliegen

fliegen | turnen | wachsen | schreiben | malen | hüpfen

3 Finde 10 Verben in der Wörterliste (Seite 151–158). Ordne jedes Verb einem Lebewesen oder einem Ding zu. Schreibe so: Löwen fauchen, …

27

Kompetenzen/Lernziele

- Spielerisches Darstellen der Verben
- Verben erkennen: *Was tut jemand? Was tut etwas?*
- Verben: 1. Beweis
- Arbeit mit der Wörterliste

Vorbereitung und Material

- KV 22: Wortkarten Verben
- KV 23: Verben erkennen

Allgemeine Hinweise

Das Verb ist die veränderbare Wortart, die eine Tätigkeit, ein Geschehen, einen Vorgang oder einen Zustand bezeichnet. Ein erster Zugang zu der Wortart erfolgt hier über den Handlungsaspekt: *Was tun die Kinder?* Um die Aktivität herauszustellen, werden die Handlungen als Prozess in Form von Filmstreifen präsentiert.

Einstieg

- Lehrkraft stellt Verben und Nomen pantomimisch dar, Kinder erraten die Wörter, Wörter werden an der Tafel gesammelt
- Wörter ordnen und die gefundene Ordnung begründen lassen
- Gewinnen der sprachlichen Einsicht: Verben sagen, was Lebewesen tun

Hinweise zu den Aufgaben

- Aufg. 1: Verben pantomimisch darstellen, Erraten des Verbs (KV 22) Wortkarten mit an der Tafel befestigen; Sammeln weiterer Verben auf Wortkarten in PA; Überprüfen der Wörter im Unterrichtsgespräch
- Aufg. 2: Verben den „Filmstreifen" von Aufg. 1 zuordnen
- Aufg. 3: Suchen weiterer Verben und Zuordnung dieser zu einem Lebewesen

Differenzierung

Sprachförderung

- Aufg. 3: Hilfreich ist es hier, wenn die Lehrkraft oder ein stärkerer SuS gemeinsam mit einem sprachschwächeren Kind arbeitet, damit unbekannte Wörter gleich erklärt werden können.

Fördern

- Verben erkennen (KV 23)

Fordern

- Aufg. 3: Schreiben von ganzen Sätzen

Ideen für die Weiterarbeit

- Zu weiteren Verben mehrere passende Lebewesen und Dinge finden oder zu Lebewesen und Dingen viele passende Verben finden

Seite 28

Kompetenzen/Lernziele

- Bildbetrachtung und darüber sprechen
- Verben erkennen: *Was tut jemand? Was tut etwas?*
- Verben: 1. Beweis

Vorbereitung und Material

- Wortkarten mit Verben und Wörtern anderer Wortarten
- gleiche Anzahl Symbolkarten wie Verbenkarten (Montessori-Kreis)
- KV 24: Lückensätze Verben
- KV 25: Verben beweisen
- KV 26: Was Tiere tun

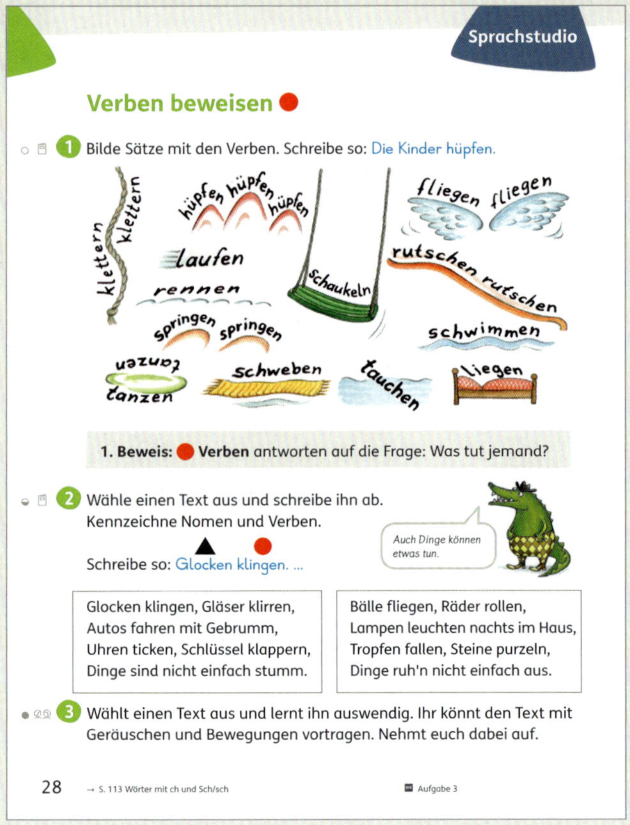
Sprachstudio

Verben beweisen

1 Bilde Sätze mit den Verben. Schreibe so: Die Kinder hüpfen.

1. Beweis: Verben antworten auf die Frage: Was tut jemand?

2 Wähle einen Text aus und schreibe ihn ab. Kennzeichne Nomen und Verben.

Schreibe so: Glocken klingen. ...

Glocken klingen, Gläser klirren, Autos fahren mit Gebrumm, Uhren ticken, Schlüssel klappern, Dinge sind nicht einfach stumm.	Bälle fliegen, Räder rollen, Lampen leuchten nachts im Haus, Tropfen fallen, Steine purzeln, Dinge ruh'n nicht einfach aus.

3 Wählt einen Text aus und lernt ihn auswendig. Ihr könnt den Text mit Geräuschen und Bewegungen vortragen. Nehmt euch dabei auf.

28 → S. 113 Wörter mit ch und Sch/sch Aufgabe 3

Allgemeine Hinweise

Als Erkennungszeichen für das Verb gilt wie in der Montessori-Pädagogik das Symbol „roter Kreis“. Es versinnbildlicht die Dynamik und die Aktivität.

Einstieg

- Bildbetrachtung; Formulieren von Sätzen zu den Verben (Schulbuch S. 28 oder DUA)
- Einführen des Verb-Symbols: beispielsweise im Sitzkreis: Wortkarten werden ausgelegt, Kinder erfragen reihum jeweils ein Verb und kennzeichnen es durch Anlegen der Symbolkarte

Hinweise zu den Aufgaben

- Aufg. 1: Zuordnen der Verben zu Lebewesen, dazu Sätze notieren
- Aufg. 2: Abschreiben einer Strophe, Wortarten mit passendem Wortarten-Symbol kennzeichnen
- Aufg. 3: Auswendiglernen einer Strophe des Gedichtes; Strophe mit Geräuschen und Bewegungen vortragen

Differenzierung

Sprachförderung

- Aufg. 1: Lückensätze mit den passenden Verben aus der Abbildung füllen (KV 24)

Fördern

- Verben beweisen (KV 25)

Fordern

- Aufg. 2: Eigene Texte nach diesem Muster erfinden und schreiben

Ideen für die Weiterarbeit

- Sammeln von Verben zu vorgegebene Kriterien: leise/laut, schnell/langsam, ...
- Erstellen von Plakaten/Lapbooks
- Was Tiere tun (KV 26)

Sprachstudio

Verben verändern sich

Flo besucht ihren Freund Ali. Sie spielen das „Spiegelspiel“.
Einer tut etwas, der andere macht es nach.
Flo beginnt: „Ich male und du malst auch.“

1 Flo und Ali verwenden in ihrem Spiel viele Verben.
Sprich die Verben deutlich in der ich-Form und in der du-Form.
Schreibe so: malen: ich male – du malst auch

malen | turnen | lachen | spielen | trinken | schreiben

2 Unterstreiche die Verben. Was fällt dir auf?

Verben verändern sich: ich singe, du singst.

3 Schreibe die Sätze auf. Setze die Verben in der richtigen Form ein.

Flipp ______ zum Mars. (fliegen)
Ich ______ über den Mond. (springen)
Tim ______ einen Dino. (finden)
Du ______ mit den Olchis. (spielen)
Pumuckel ______ dem Meister Eder. (helfen)
Asterix ______ einen Zaubertrank. (trinken)

29

Kompetenzen/Lernziele

- Anwenden der Strategien zum Erkennen von Verben
- Verben: 2. Beweis: Personalform

Vorbereitung und Material

- Lernplakate Verben und Personalformen (bereits erstellt, oder Materialien dafür bereithalten)

Allgemeine Hinweise

Ein weiteres Merkmal und Erkennungszeichen für Verben ist das Bilden der Personalform. Dies wird spielerisch zuerst in der Ich- und Du-Form angewendet. Auf dem Hervorheben/Erkennen und Anwenden der richtigen Endungen liegt der Fokus auf dieser Seite. Das „Spiegelspiel“, bei dem beide Personalformen nacheinander in PA abwechselnd genannt werden, eignet sich als ideale Trainingsgrundlage.

Einstieg

- Kinder spielen in PA das „Spiegelspiel“ und bilden dadurch Verben richtig in der Ich- und Du-Form

Hinweise zu den Aufgaben

- Aufg. 1: Verben mit ihren Endungen deutlich gemeinsam sprechen und aufschreiben
- Aufg. 2: Verben werden unterstrichen, Personalform und ihre jeweilige Endung werden farbig hervorgehoben
- Aufg. 3: Verben in der richtigen Form in Lückensätze einsetzen

Differenzierung

Sprachförderung

- Hilfreich ist es hier, wenn die Lehrkraft oder ein stärkerer SuS gemeinsam mit einem sprachschwächeren Kind arbeitet, damit unbekannte Wörter gleich erklärt werden können.
- Plakat mit den Kindern erarbeiten (Verben/Personalformen) und im Klassenzimmer als Hilfe aufhängen

Fordern

- Aufg. 1: Ganze Sätze schreiben
- Aufg. 3: Zu den vorgegebenen Verben weitere passende Sätze mit verschiedenen Personen schreiben

Ideen für die Weiterarbeit

- Weitere Sätze aus dem „Spiegelspiel“ aufschreiben
- Plakate zu Verben und ihren Endungen erstellen

Seite 30

Kompetenzen/Lernziele
- Erzählen eigener Erlebnisse
- Vorbereiten eigener Beiträge
- Nachfragen bei Nichtverstehen

Vorbereitung und Material
- Turnhalle und Gerätschaften (Leiter, Seil, Matten, ...)
- Plakat, verschiedene Stifte und Wort- und Bildkarten zur Gestaltung eines Wortspeichers
- KV 27: Ein Urwaldabenteuer

Ungeheure Abenteuer

Ein Urwaldabenteuer

1 Heute verwandelt sich die Turnhalle in einen Urwald.
Schaut euch das Bild an. Was könnt ihr entdecken? Erzählt.

2 Verwandelt jede Zeile in eine „Urwald"-Zeile.
Sprecht so: Samira steigt auf einen Baum. Dann...

an einer Liane | den Schatz | über den Felsen | ein Boot | in den Fluss

In der Turnhalle	Im Urwald
Samira steigt auf die Sprossenwand.	Samira steigt auf einen Baum.
Dann schwingt sie am Seil.	Dann schwingt sie .
Nun springt sie auf die Matte.	.
Sie steigt über den Kasten.	.
Endlich findet sie den Mattenwagen.	.
Jetzt holt sie den Ball.	.

3 Schreibe die Urwaldgeschichte auf.

30 → S. 114 Wörter mit ng und nk

Allgemeine Hinweise
Der Text „Samira in der Turnhalle" vertieft das in Kapitel 3 erarbeitete Sprachwissen zu Verben. Die Übersetzung des Textes in ein Urwaldabenteuer regt die Fantasie und Imagination der Kinder an.

Einstieg
- Aufbau einer Gerätelandschaft in der Turnhalle nach dem „Plan" des Textes; handelnde Vorbereitung der Bildbetrachtung durchführen; Vorwegnahme der Sprachhandlung „Spielen und Turnen in der Turnhalle"
- Übersetzen der Spielsituation ins Fantastische: Kinder liegen auf Matten und erträumen sich den „Urwald", in dem sie spielen und turnen

Hinweise zu den Aufgaben
- Aufg. 1: Versprachlichen des Bildes, Entdecken von Details (Schulbuch S. 30 oder DUA)
- Aufg. 2: Lesen des Textes in der Turnhalle, Verwandeln jeder „Turnhallenzeile" in eine „Urwaldzeile"
- Aufg. 3: Aufschreiben der Urwaldgeschichte

Differenzierung

Sprachförderung
- Sammeln von „Urwald-Wörtern" auf Wortkarten (bei Nomen mit passendem Artikel)
- Wortspeicher mit diesen „Urwald-Wörtern" anlegen, ggf. unterstützt durch passende Bildkarten oder Zeichnungen der Kinder (z. B. die Liane)

Fördern
- Eine „Urwaldabenteuer"-Seite mit Lückensätzen die mit passenden Verben ergänzt werden soll (KV 27)
- Aufschreiben und Gestalten der Urwaldgeschichte

Ideen für die Weiterarbeit
- Wiederholung der Beweise für Verben
- Lerntagebuch: Schreiben des Abenteuers „Mein Bett – ein Piratenschiff"

Mein Hobby

1 Sprecht über die Hobbys. Was würdet ihr die Kinder gern fragen?

2 Welche Fragen kannst du zu deinem Hobby schon beantworten?

1. Wie heißt dein Hobby?
2. Was macht dir dabei besonders Spaß?
3. Was lernst du durch dein Hobby?
4. Wann hast du Zeit für dein Hobby?
5. Teilst du dein Hobby mit jemandem?

3 Lest und vergleicht die Texte von Julian und Lisa.
Was ist gut gelungen? Worüber hättest du gern mehr erfahren?

Mein Hobby: Tiere
Ich lese gern Tiergeschichten.
Zuhause habe ich viele Tierposter.
Ich sammle Tierbilder.
Mein Lieblingstier ist meine Katze.
Julian

Mein Hobby: Fußball
Man muss viel trainieren.
Es ist auch wichtig, immer abzuspielen.
Im letzten Spiel habe ich 2 Tore geschossen.
Lisa

4 Welches Hobby hast du? Informiere dich auf einer Kindersuchseite.
Schreibe und gestalte deine Hobby-Seite.
Achte auf genügend Abstand zwischen den Wörtern und Sätzen.

Aufgabe 4 31

Kompetenzen/Lernziele

- Erzählen eigener Erlebnisse
- Vorbereiten eigener Beiträge
- Texte zu bedeutungsvollen Themen schreiben
- Text grafisch ansprechend für eine Veröffentlichung gestalten

Vorbereitung und Material

- Vorbereitende Hausaufgabe: zur Gestaltung der Hobby-Seite (Aufg. 4), ggf. passende Bilder oder Fotos mitbringen

Allgemeine Hinweise

Die Thematik „Hobbys" bietet einen Rahmen, in dem die Kinder ihre Stärken einbringen und sich als kompetent erfahren können. Das Erzählen über Hobbys stärkt das kindliche Selbstbewusstsein.

Einstieg

- Gesprächsimpuls durch Bildvignetten von Freizeitaktivitäten/Hobbys (Schulbuch S. 31 oder DUA) für das eigene Erzählen

Hinweise zu den Aufgaben

- Aufg. 1: Kinder sprechen über dargestellte Hobbys und überlegen gemeinsam mit einem Partnerkind, was sie gerne dazu wissen möchten
- Aufg. 2: Fragen zum eigenen Hobby beantworten, gegenseitiges Partnerinterview durchführen
- Aufg. 3: Betrachten der dargestellten Plakate; gewinnen von Sachkriterien für einen informierenden Text: Wird das Hobby genau beschrieben? (z. B. *Wie viel Zeit verwendest du für dein Hobby? Gehst du deinem Hobby alleine oder gemeinsam mit anderen nach?*)
- Aufg. 4: Verfassen eigener Texte und Anwendung der Kriterien sowie grafische Darstellung

Differenzierung

Sprachförderung

- Satzanfänge zur einfacheren Gesprächsteilnahme: *Für mein Hobby ..., Besonders toll an meinem Hobby ist ..., Bei meinem Hobby muss man ..., Wie viel Zeit verwendest du für dein Hobby?, ...*

Ideen für die Weiterarbeit

- Überprüfung der angewandten Kriterien
- Komposition der Texte für eine Präsentation in einer Ausstellung

Seite 32

Kompetenzen/Lernziele

- Texte zu bedeutungsvollen Themen und nach Impulsen (Erzählspur) schreiben
- Gelungenes in eigenen und fremden Texten benennen

Vorbereitung und Material

- ▤ KV 28: Zu einer Erzählspur schreiben
- ▤ KV 29: Vom Wortpaar zur Erzählspur

Schreibstudio

Verschiedene Satzanfänge

1 Verfolgt Minkas Abenteuerspuren. Lest die Stichwörter abwechselnd.

2 Erzähle deinem Partnerkind die Minka-Geschichte in ganzen Sätzen. Beginne so: Minka springt aus dem Fenster. Minka …

3 Flo hat die ersten Sätze so geschrieben. Welche Rückmeldung würdest du Flo geben?

Minka springt aus dem Fenster.
Minka schleicht durch das Gras.
Minka klettert auf den Baum.

4 Überarbeite deinen Text. Achte auf verschiedene Satzanfänge. Diese Wörter helfen dir.

zuerst nun danach endlich aber am Ende jetzt dann zuletzt

32

Allgemeine Hinweise

Die Erzählspur bildet die logische Struktur einer Geschichte ab. Sie erleichtert folgerichtiges Erzählen und Aufschreiben. Eine Erzählspur kann aus einer Reihe von Einzelwörtern, Satzteilen oder Sätzen bestehen. Jede Erzählspur kann in ihre Strukturelemente gegliedert und in eine fortlaufende Geschichte überführt werden.

Einstieg

- Erzählbild als Impuls (→ Schulbuch)

Hinweise zu den Aufgaben

- Aufg. 1: Verfolgen der Spur von Minka, wechselseitiges Lesen der Stichpunkte
- Aufg. 2: Wiedergabe der Erzählspur in ganzen Sätzen durch Komponieren der Strukturelemente zu einer Geschichte; Verschriften der Minka-Geschichte und Bilden ganzer Sätze
- Aufg. 3: Betrachtung eines Schülertextes (Textbesonderheit: gleiche Satzanfänge); gemeinsames Sammeln von Ideen für eine Rückmeldung an den SuS (*Die Geschichte wäre interessanter, wenn …, Vielleicht könnte man …, Die Geschichte ist etwas langweilig, weil …*)
- Aufg. 4: Überarbeitung des eigenen Textes, verschiedene Satzanfänge sind als Hilfestellung vorgegeben

Differenzierung

Sprachförderung

- Die Minka-Geschichte ist als Lückentext vorgegeben (▤ KV 28), Kinder ergänzen fehlende Wörter

Fördern

- Eine Geschichte ist vorgegeben und die Kinder malen dazu ein Bild, der vorgegebene Text wird als Erzählspur ins Bild eingetragen (▤ KV 29)

Fordern

- Aufg. 4: Kinder überarbeiten ihren Text ohne Hilfestellung
- Kinder suchen sich ein Wortpaar aus (z. B. *Hase-Igel*), sie gestalten ein Bild und ihre Geschichte als Erzählspur

Schreibstudio

Eine Überschrift finden

1 Lest den Text. Überlegt, welche Überschrift zu der Geschichte passen könnte. Begründet eure Vorschläge.

Henry und Ali bauen im Garten ihr Zelt auf.
Sie wollen heute dort übernachten.
Langsam wird es dunkel. Alles ist still.

Aber was ist das?
Etwas kratzt am Zelt.
Es knurrt und schmatzt da draußen.
Das hört sich gefährlich an.

Ali bekommt Angst.
Henry holt seine Taschenlampe.
Vorsichtig schaut er hinaus.
Da tappt ein Igel vor dem Zelt herum!

2 Diese Überschriften haben Kinder vorgeschlagen.
Welche findest du passend? Begründe.

Abenteuer im Garten | Eine Nacht im Zelt | Was für ein Schreck!

Der Igel | Ein Monster im Garten? | Besuch in der Nacht

Eine Überschrift soll „Appetit" auf den Text machen.
Der Leser soll neugierig werden.

3 Schreibe deine eigene Abenteuer-Geschichte.
Finde eine passende Überschrift.
Denke an unterschiedliche Satzanfänge.

33

Kompetenzen/Lernziele

- Gelungenes in eigenen und fremden Texten benennen (passende Überschrift)
- Lesestrategien vor dem Lesen nutzen: Bilder, Überschrift und erste Sätze für Vermutungen zum Inhalt des Textes
- Texte zu bedeutungsvollen Themen schreiben (Abenteuer-Geschichte)

Vorbereitung und Material

- Wortkärtchen mit Satzanfängen
- Ggf. Karteikasten mit Karteikarten

- KV 30: Eine Abenteuergeschichte schreiben

Allgemeine Hinweise

Eine Überschrift ist der erste Teil eines Textes, den wir sehen und lesen. Eine passende Überschrift weckt die Vorfreude auf den Text und steigert die Neugier. Gemeinsam werden mit den Kindern Kriterien für eine gute und passende Überschrift erarbeitet.

Einstieg

- Die Lehrkraft verschriftet die Überschrift „Henry und Ali im Garten" an der Tafel. Gemeinsam werden Vermutungen zum Inhalt des Textes aufgestellt.

Hinweise zu den Aufgaben

- Aufg. 1: Lesen des Textes; im Anschluss sprechen die SuS darüber, wie passend die Überschrift der Lehrkraft war und überlegen sich selbst eigene Überschriften, diese werden im Plenum vorgestellt und begründet
- Aufg. 2: Weitere Überschriften von Kindern werden betrachtet; anhand der Beispiele erkennen die Kinder schnell: Eine Überschrift darf nicht zu viel verraten, soll aber „Appetit" auf den Text machen.
- Aufg. 3: Schreiben einer eigenen Abenteuer-Geschichte mit passender Überschrift; Unterschiedliche Textanfänge sollen berücksichtigt werden

Differenzierung

Sprachförderung

- Abenteuer-Geschichte ordnen. Sätze in die richtige Reihenfolge bringen und ins Heft schreiben (KV 30)

Fördern

- Aufg. 3: Satzanfänge als Hilfestellung anbieten: *zuerst, nun, danach, endlich, da, aber, am Ende, jetzt, plötzlich, zuletzt, jetzt, ...*

Ideen für die Weiterarbeit

- Mit den SuS eine Kartei mit unterschiedlichen Satzanfängen anlegen
- Aufg. 3: Passendes Bild zur Abenteuer-Geschichte gestalten; Präsentation von Bild und Geschichte, Würdigung der Arbeitsergebnisse auf der Grundlage von Sachkriterien, Einbringen und Begründen der Verbesserungsvorschläge

Seite 34

Kompetenzen/Lernziele
- Über Lernen sprechen/Lerngespräche führen
- Eigene Lernergebnisse vorstellen und mit anderen vergleichen
- Lerntagebuch erstellen

Vorbereitung und Material
- Offene bzw. geschlossene Fragen für den Lerntagebucheintrag

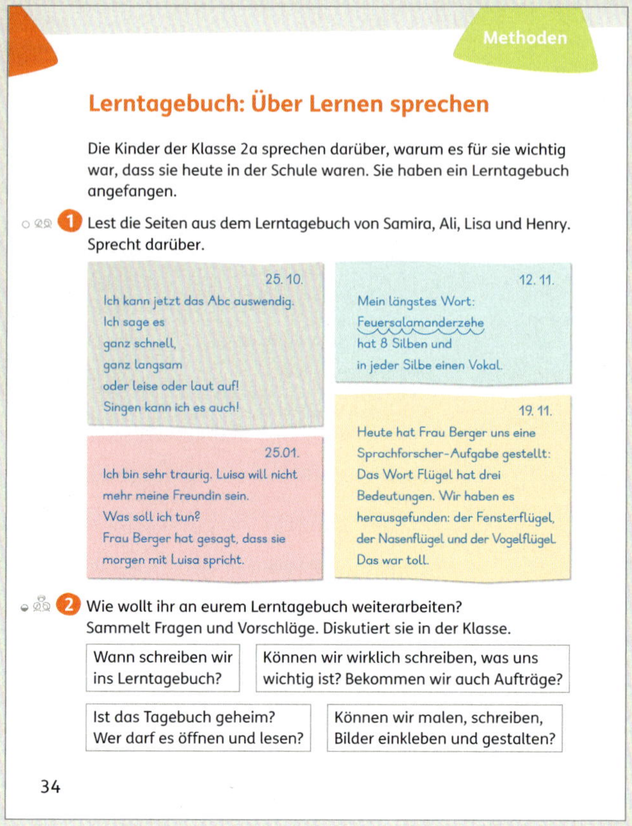
Methoden

Lerntagebuch: Über Lernen sprechen

Die Kinder der Klasse 2a sprechen darüber, warum es für sie wichtig war, dass sie heute in der Schule waren. Sie haben ein Lerntagebuch angefangen.

1 Lest die Seiten aus dem Lerntagebuch von Samira, Ali, Lisa und Henry. Sprecht darüber.

25.10.
Ich kann jetzt das Abc auswendig.
Ich sage es
ganz schnell,
ganz langsam
oder leise oder laut auf!
Singen kann ich es auch!

12.11.
Mein längstes Wort:
Feuersalamanderzehe
hat 8 Silben und
in jeder Silbe einen Vokal.

25.01.
Ich bin sehr traurig. Luisa will nicht mehr meine Freundin sein.
Was soll ich tun?
Frau Berger hat gesagt, dass sie morgen mit Luisa spricht.

19.11.
Heute hat Frau Berger uns eine Sprachforscher-Aufgabe gestellt:
Das Wort Flügel hat drei Bedeutungen. Wir haben es herausgefunden: der Fensterflügel, der Nasenflügel und der Vogelflügel.
Das war toll.

2 Wie wollt ihr an eurem Lerntagebuch weiterarbeiten?
Sammelt Fragen und Vorschläge. Diskutiert sie in der Klasse.

Wann schreiben wir ins Lerntagebuch?

Können wir wirklich schreiben, was uns wichtig ist? Bekommen wir auch Aufträge?

Ist das Tagebuch geheim? Wer darf es öffnen und lesen?

Können wir malen, schreiben, Bilder einkleben und gestalten?

34

Allgemeine Hinweise
Das Lerntagebuch ist ein pädagogisches Werkzeug, um den Lernprozess von Kindern begleitend zum Unterricht zu fördern. Diese können ihr Lernverhalten dauerhaft nebenher dokumentieren. Es fördert das selbstgesteuerte Lernen und regt die Lernenden dazu an, den eigenen Lernprozess zu reflektieren. Sie beschreiben, was sie gelernt haben und wie sie es gelernt haben. Dabei werden auch Probleme und Hürden notiert, die sie überwunden haben oder noch schaffen müssen.

Einstieg
- In einer Plenumsrunde reflektieren die Kinder mündlich den heutigen Tag in der Schule; die Lehrkraft stellt den Kindern das Lerntagebuch vor, das die Kinder ab sofort in ihrem Lernen begleiten wird.

Hinweise zu den Aufgaben
- Aufg. 1: Die Lerntagebucheinträge von verschiedenen Kindern werden gelesen; es wird darüber gesprochen, was die Kinder notiert haben
- Aufg. 2: Angeregt von den Ideen aus Aufg. 1 diskutieren die Kinder, wie sie gerne weiterarbeiten würden; es werden einheitliche Regeln vereinbart *(Wann bzw. wie oft schreibt man? Wer liest das Lerntagebuch? Was wird eingetragen? Wie wird ein Eintrag gestaltet?)*

Differenzierung

Sprachförderung
- Kindern werden geschlossene Fragen zu Beantwortung vorgegeben, Piktogramme helfen außerdem (Smileys, Daumen oder Farben)

Fördern
- Kindern, die mit einer offenen Form eines Lerntagebuchs noch Schwierigkeiten haben, können zu Beginn geschlossene Fragen zum Ankreuzen gegeben werden, z. B.: *Die Aufgabe war einfach/schwer/kompliziert.*

Fordern
- Leistungsstarke SuS nutzen ihr Lerntagebuch ohne offene Fragestellungen

Ideen für die Weiterarbeit
- Gestaltung eines individuellen Deckblatts im Rahmen des Kunstunterrichts

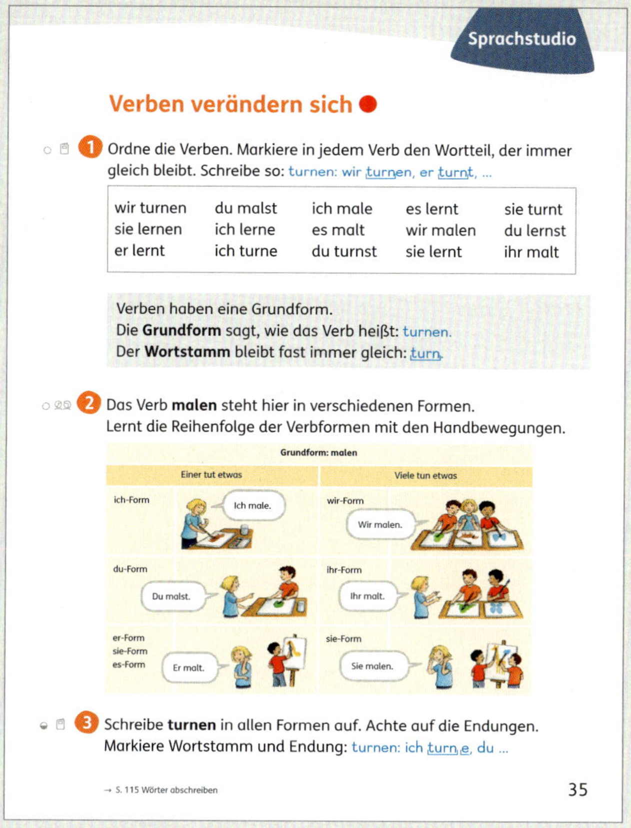

Sprachstudio

Verben verändern sich

1 Ordne die Verben. Markiere in jedem Verb den Wortteil, der immer gleich bleibt. Schreibe so: turnen: wir turnen, er turnt, ...

wir turnen	du malst	ich male	es lernt	sie turnt
sie lernen	ich lerne	es malt	wir malen	du lernst
er lernt	ich turne	du turnst	sie lernt	ihr malt

Verben haben eine Grundform.
Die **Grundform** sagt, wie das Verb heißt: turnen.
Der **Wortstamm** bleibt fast immer gleich: turn.

2 Das Verb **malen** steht hier in verschiedenen Formen.
Lernt die Reihenfolge der Verbformen mit den Handbewegungen.

3 Schreibe **turnen** in allen Formen auf. Achte auf die Endungen.
Markiere Wortstamm und Endung: turnen: ich turn e, du ...

→ S. 115 Wörter abschreiben

35

Kompetenzen/Lernziele

- Verben bestimmen, indem Strategien angewendet werden, z. B. die Personalform bilden
- Verben in der passenden Personalform verwenden

Vorbereitung und Material

- Blanko-Zettelchen
- Wortkarten mit Verben (Endung farbig hervorheben)
- Basteln der Verben-Scheibe aus KV 33, 34
- Wörterbuch

- KV 31: Verben verändern sich
- KV 32: Verben: Bausteine
- KV 33, 34: Verben-Scheibe

Allgemeine Hinweise

Die Sprachbuchseite thematisiert die Personalformen der Verben. Die Veränderungen der Verben mit ihren jeweiligen Endbausteinen und Wortstämmen werden erarbeitet.

Einstieg

- Jedes Kind notiert auf Blanko-Zettelchen drei bis vier Sachen, die es gerne tut; in der Gruppe über Lieblingstätigkeiten sprechen *(Ich turne gerne.)*

Hinweise zu den Aufgaben

- Aufg. 1: Ordnen der Verben ins Heft; bei jedem Wortteil wird der Teil markiert, der immer gleich bleibt (Wortstamm), Erkenntnis: Grundform sagt, wie ein Verb heißt, Wortstamm bleibt fast immer gleich
- Aufg. 2: Erarbeiten der Personalformen des Verbs „malen“ mit gestischer Unterstützung der Hand (jeweilige Bewegung ist den Abbildungen im Schulbuch zu entnehmen); Fixieren der Personalformen und -pronomina an der Tafel: Markierung der Endbausteine
- Aufg. 3: Eigenständige Anwendung des erworbenen Könnens, Notieren des Verbs „turnen“ in allen Personalformen

Differenzierung

Fördern

- Bearbeitung weiterer Aufgaben zu Verben, die in verschiedenen Formen stehen (KV 31)
- Kinder, die noch Schwierigkeiten haben mit der Thematik, bilden zuerst nur die Ich- und Wir-Form (KV 31)
- Kinder ordnen Verben in verschiedenen Formen der passenden Personalform zu (KV 32)

Fordern

- Kinder suchen im Wörterbuch vier Verben; sie werden in allen Formen aufgeschrieben, Wortstämme und Endbausteine werden gekennzeichnet

Ideen für die Weiterarbeit

- Verben-Scheibe: Kinder suchen sich auf der Verben-Scheibe einen Wortstamm aus; durch Drehen kann man das Verb nun in die verschiedenen Formen setzen (KV 33, 34)

Seite 36

Kompetenzen/Lernziele

- Verben bestimmen, indem Strategien angewendet werden, z. B. die Personalform bilden
- Verben in der passenden Personalform verwenden

Vorbereitung und Material

- Schaumstoffwürfel und Wortkarten – diese mit Personalformen beschriften
- KV 35: Verben in allen Personalformen

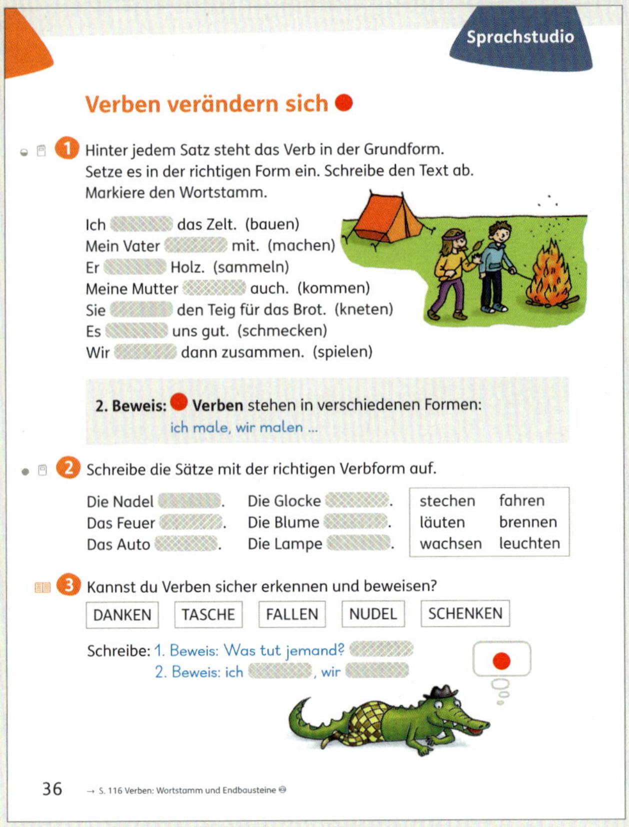

Sprachstudio

Verben verändern sich

1 Hinter jedem Satz steht das Verb in der Grundform. Setze es in der richtigen Form ein. Schreibe den Text ab. Markiere den Wortstamm.

Ich ___ das Zelt. (bauen)
Mein Vater ___ mit. (machen)
Er ___ Holz. (sammeln)
Meine Mutter ___ auch. (kommen)
Sie ___ den Teig für das Brot. (kneten)
Es ___ uns gut. (schmecken)
Wir ___ dann zusammen. (spielen)

2. Beweis: **Verben** stehen in verschiedenen Formen: ich male, wir malen ...

2 Schreibe die Sätze mit der richtigen Verbform auf.

Die Nadel ___. Die Glocke ___.
Das Feuer ___. Die Blume ___.
Das Auto ___. Die Lampe ___.

stechen	fahren
läuten	brennen
wachsen	leuchten

3 Kannst du Verben sicher erkennen und beweisen?

DANKEN TASCHE FALLEN NUDEL SCHENKEN

Schreibe: 1. Beweis: Was tut jemand? ___
2. Beweis: ich ___, wir ___

36 → S. 116 Verben: Wortstamm und Endbausteine

Allgemeine Hinweise

Die Sprachbuchseite thematisiert die Personalformen der Verben. Die Veränderungen der Verben mit ihren jeweiligen Endbausteinen und Wortstämmen werden erarbeitet.

Einstieg

- Rückblick auf die letzte Einheit: an der Tafel befindet sich das Verb „malen"; die Lehrkraft hat einen Schaumstoff-Würfel mit Wortkarten versehen, auf diesem stehen die verschiedenen Personalformen; es wird gewürfelt und die Personalform und das dazugehörende Verb werden an der Tafel notiert (unterschiedliche Endungen farbig hervorheben)

Hinweise zu den Aufgaben

- Aufg. 1: Vervollständigung eines thematischen Textes („Am Lagerfeuer") durch das Einfügen korrekter Personalformen verschiedener Verben; Kinder gewinnen die Einsicht: Verben stehen in verschiedenen Formen (2. Beweis für Verben)
- Aufg. 2: Erfassen der Aufgabenstellung (auch Dinge „*tun*" etwas) durch Bilden von Beispielsätzen; entdecken, dass sich der Wortstamm verändern kann, z. B. „stechen-sticht"
- Aufg. 3: Verschiedene in Versalien geschriebene Wörter sind vorgegeben, die Kinder wenden ihr erworbenes Wissen im Bereich der Verben an und untersuchen die Wörter, dies geschieht mithilfe der erarbeiteten Beweise für Verben *(1. Was tut jemand? 2. ich ..., du ...)*; Notation ins Heft

Differenzierung

Fördern

- Kinder finden passende Verben zu einem Bild (KV 35)

Ideen für die Weiterarbeit

- Würfelspiel zu Verben in Partnerarbeit: Stapel vorgegebener Wortkarten, ein Kärtchen wird gezogen; die Kinder würfeln mit dem Personalformenwürfel und notieren ins Heft

Sprachstudio

Wortfeld gehen

1 Lest den Text. Was fällt euch auf?

Eine lustige Turnstunde

Zuerst gehen alle Kinder in die Turnhalle.
Dann gehen sie wie schwere Elefanten.
Nun gehen alle wie Pferde.
Plötzlich gehen die Kinder wie Frösche.
Auf einmal gehen sie leise wie Katzen.
Am Ende gehen sie wie Mäuse aus der Turnhalle.

2 Ersetzt das Verb **gehen** in Aufgabe 1 durch passende Verben. Spielt die Verben vor.

gehen: rennen, trampeln, hüpfen, schleichen, flitzen, galoppieren, ...

Wörter, die etwas Ähnliches bedeuten, gehören zu einem **Wortfeld**.

3 Was bedeuten die Verben aus dem Wortfeld **gehen**?
Schreibe so: sehr laut gehen: trampeln, ...

sehr laut gehen	humpeln
feierlich gehen	marschieren
sehr schnell gehen	schlendern
gemütlich gehen	trampeln
durch Wasser gehen	waten
mit einem verletzten Fuß gehen	rasen
zur Blasmusik gehen	schreiten

37

Kompetenzen/Lernziele

- Wortfelder: Wörter zum Wortfeld „gehen“ sammeln und für das Sprechen und Schreiben nutzen

Vorbereitung und Material

- Ggf. Turnhalle nutzen für Einstieg, geht aber auch im Klassenzimmer
- Plakate und Stifte, Karteikarten
- KV 36: Wortfeld gehen

Allgemeine Hinweise

Situationsbezogen finden die Kinder passende Wörter zum Wortfeld „gehen“ und erproben Möglichkeiten treffender Versprachlichung, auch in kurzen Spielszenen.

Einstieg

- Vorarbeit in der Turnhalle/Klassenzimmer: Lehrerin gibt Kindern Anweisungen, wie sie sich bewegen sollen *(Gehe wie ein schwerer Elefant. Gehe wie ein Pferd., ...)*

Hinweise zu den Aufgaben

- Aufg. 1: Nach der Vorarbeit in der Turnhalle/im Klassenzimmer wird der Text erlesen; gemeinsam wird besprochen, was den Kindern schon bei der Anweisung der Lehrkraft und nun auch im Text aufgefallen ist: für jede Art der Fortbewegung wird das Wort „gehen“ benutzt
- Aufg. 2: Im gemeinsamen Gespräch wird deutlich dass es passendere Verben als „gehen“ gibt, auch wenn sie alle sehr ähnlich sind (zu einem Wortfeld gehören alle Wörter, die etwas Ähnliches bedeuten); Kinder sammeln gemeinsam in der Gruppe Wörter als passende Alternativen für den Text aus Aufg. 1 (ggf. Wörter aus Aufg. 2 als Hilfe nutzen); drei besonders gute Wörter werden auf Blanko-Kärtchen notiert, Sammlung an der Tafel; Lehrkraft gibt erneut die Anweisungen, diesmal aber mit passenderen Verben
- Aufg. 3: Verben aus dem Wortfeld „gehen“ werden der passenden Bedeutung zugeordnet, Notation ins Heft

Differenzierung

Fördern

- Kinder setzen passende Verben (bereits vorgegeben) in Lückensätze ein (KV 36)

Ideen für die Weiterarbeit

- Kartei zum Wortfeld „gehen“ anlegen
- Plakate zu verschiedenen Wortfeldern erstellen (gehen, sehen, machen, streiten)

Seite 38

Kompetenzen/Lernziele

- Gesprächsanlass „Pinguin“: Das weiß ich schon
- Vorwissen zum Thema verständlich äußern
- zu einfachen Sachverhalten informieren

Vorbereitung und Material

- Blanko-Satzstreifen
- KV 37: Das will ich wissen – Meerschweinchen

Das will ich wissen
Interessantes über Pinguine

Ben interessiert sich für Pinguine. Er weiß schon einiges über sie.

Pinguine können schwimmen. | Pinguine haben Federn. | Pinguine sind schwarz-weiß.

Ben hat noch viele weitere Fragen:

1 Welche Fragen könnt ihr schon beantworten?

2 Was wisst ihr noch über Pinguine?

38 → S. 118 PeKaTe-Wörter

Allgemeine Hinweise

Pinguine sind den Kindern geläufig durch Zoobesuche, Tierfilme, Bilder – und Sachbücher, aber deren Lebensweise ist ihnen meist noch unbekannt. Daraus ergeben sich zahlreiche Fragen, die spontan nicht umfassend zu beantworten sind. Dieser Gesprächsanlass bildet die Grundlage zur Erarbeitung von Frage – und Antwortsätzen.

Einstieg

- Präsentation des Pinguinbildes (Schulbuch oder DUA); Unterrichtsgespräch: *Was weißt du schon über Pinguine? Was willst du noch wissen? Was interessiert dich besonders?*
- Möglich ist hier auch eine anfängliche kurze Murmelrunde mit dem Partnerkind

Hinweise zu den Aufgaben

- Überleitung auf die Situation im Sprachbuch
- Lesen von Bens Vorwissen und seinen Fragen
- Aufg. 1: Austausch mit dem Partnerkind, evtl. kurze Notation von möglichen Antworten zu den Fragen
- Aufg. 2: Sammeln von weiterem Vorwissen in Kleingruppen; kurze Notation auf Satzstreifen; anschließend Sammeln der Ergebnisse im Klassenplenum, Satzstreifen der Schülergruppen werden zum Pinguinbild an die Tafel geheftet

Differenzierung

Sprachförderung

- Satzanfänge zur einfacheren Gesprächsteilnahme: *Ich weiß, dass ..., Ein Pinguin frisst ..., Ein Pinguin lebt ..., Ein Pinguin kann ..., Ich will wissen, ...*

Fordern

- Weitere Fragen zum Thema Pinguine finden und als Fragesatz notieren

Ideen für die Weiterarbeit

- gemeinsames Vorwissen in kurzen Sätzen/Stichpunkten auf dem Computer schreiben und eine „Pinguinwand“ im Klassenzimmer damit erstellen
- Diese kann im Laufe der Zeit mit weiterem Wissen, aber auch Fragen zum Thema erweitert werden
- Das will ich wissen – Meerschweinchen (KV 37)

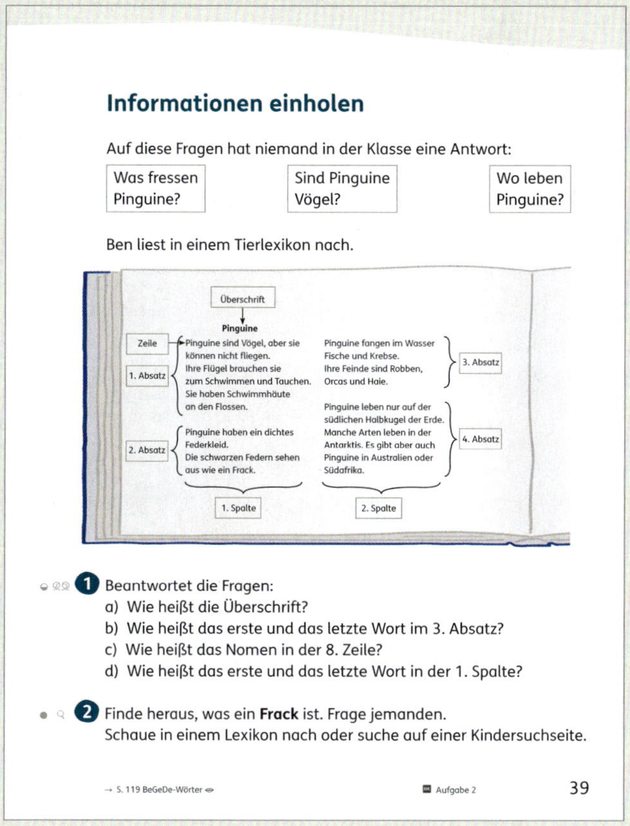

Informationen einholen

Auf diese Fragen hat niemand in der Klasse eine Antwort:

Was fressen Pinguine? | Sind Pinguine Vögel? | Wo leben Pinguine?

Ben liest in einem Tierlexikon nach.

1 Beantwortet die Fragen:
a) Wie heißt die Überschrift?
b) Wie heißt das erste und das letzte Wort im 3. Absatz?
c) Wie heißt das Nomen in der 8. Zeile?
d) Wie heißt das erste und das letzte Wort in der 1. Spalte?

2 Finde heraus, was ein **Frack** ist. Frage jemanden.
Schaue in einem Lexikon nach oder suche auf einer Kindersuchseite.

→ S. 119 BeGeDe-Wörter · Aufgabe 2 · 39

Kompetenzen/Lernziele

- Lesen von Sachtexten zu einem Thema
- Informationsrecherche in verschiedenen Medien (Lexika, Internet, …)
- Lesegenauigkeit durch die Arbeit an einem Sachtext üben
- In Texten mithilfe der Begriffe „Überschrift, Zeile, Spalte und Absatz“ orientieren

Vorbereitung und Material

- KV 38 Informationen einholen

Allgemeine Hinweise

Ein Sachtext zur Thematik „Pinguine“ regt die Kinder zur genaueren Auseinandersetzung damit an. Ebenso lernen die Kinder so den Aufbau eines Sachtextes aus einem Lexikon kennen und arbeiten mit diesem.
Neben Lexika und Sachbüchern bieten sich auch Gespräche mit Experten oder die Suche im Internet an.

Einstieg

- Offene Fragen zum Thema Pinguine werden aus dem Buch an die Tafel geschrieben
- Unterrichtsgespräch: *Welche Möglichkeiten gibt es, um Antworten auf diese Fragen zu bekommen?*
- Kurze Murmelrunde mit dem Partnerkind und anschließende Sammlung im Plenum; Lehrkraft notiert die Ideen der Kinder an der Tafel

Hinweise zu den Aufgaben

- Überleitung auf den Ausschnitt aus einem Tierlexikon im Schulbuch
- SuS lesen den Sachtext leise für sich
- Aufg. 1: Antworten werden ins Heft notiert
- Aufg. 2: Diese Aufgabe kann als Rechercheaufgabe auch als Hausaufgabe aufgegeben werden; so können die SuS sich unterschiedliche Möglichkeiten der Informationsbeschaffung vorstellen

Differenzierung

Sprachförderung

- Aufg. 1: Die SuS erhalten sprachlich vereinfachte Fragen mit einer einteiligen Frage:
  Wie heißt die Überschrift?
  – *Wie heißt das erste/letzte Wort?*
  – *Wie viele Absätze gibt es?*
  – *Wie viele Spalten gibt es?*
  – *Wie heißt das erste Wort im 3. Absatz?*
  Wie heißt das letzte Wort in der 1. Spalte?

Fördern

- Das Lesen des Sachtextes kann im Tandemlesen erfolgen, dabei kann auch die Lehrkraft mit einem leseschwächeren Kind abwechselnd lesen
- vereinfachter Sachtext (KV 38)

Ideen für die Weiterarbeit

- Einen Büchertisch im Klassenzimmer mit Sachbüchern, die zur Thematik passen, einrichten (→ Sachbücher zu Pinguinen, Sachbücher rund um das Thema „Meerestiere“); Lehrkraft und die SuS bringen dazu Bücher, Zeitschriften etc. mit
- Jede Gruppe wählt je nach Interesse ein Meerestier (Delfin, Hai, Blauwal, Seepferdchen, Schwertwal, Schildkröte, Robbe), zu dem recherchiert werden soll; die Informationen werden gesammelt und ausgewertet

Seite 40

Kompetenzen/Lernziele

- Lesen von Sachtexten zu einem Thema
- Erstellen eines Sachinformationstextes (Plakat) zu einem Thema
- Kriterien für die Erstellung eines Plakats erarbeiten und nutzen
- Umgang mit Lexika, Sachbüchern und neuen Medien

Vorbereitung und Material

- Kleine Zettel zur Notation von Vorwissen

Schreibstudio

Ein Plakat vorbereiten

1 Für ein Plakat über Pinguine sollen diese Fragen beantwortet werden:

Sind Pinguine Vögel? | Haben Pinguine Feinde? | Was fressen Pinguine? | Wo leben Pinguine?

Findet die Antworten zu den Fragen auf der Seite aus dem Tierlexikon auf Seite 39. Schreibt sie auf.

2 Sucht Bilder auf Kindersuchseiten, die zu eurem Plakat passen. Druckt sie aus oder zeichnet sie ab.

Vögel? Feinde? Futter? Lebensraum?

Tipps für ein gutes Plakat
- Formuliert kurze Sätze.
- Schreibt ordentlich mit der Hand oder mit dem Computer.
- Schreibt groß genug und lesbar.
- Findet eine passende Überschrift. Gestaltet sie.
- Ordnet die Fragen, Antworten und Bilder auf dem Plakat übersichtlich an.
- Verwendet Farben.

40 Aufgabe 2

Allgemeine Hinweise

Gemeinsam werden Kriterien für die Erstellung eines Plakats erarbeitet, die auf der nächsten Schulbuchseite angewandt werden können. Zur Vorbereitung sollen die Kinder im Internet gezielt nach passenden Bildern suchen. Dabei geht es um Informationsbeschaffung und Auswertung der Materialien.

Einstieg

- Unterrichtsgespräch: *Was weißt du noch über Pinguine?* Jeder SuS notiert einen Stichpunkt, ein Wort, einen Satz zu dem, was er am wichtigsten/interessantesten findet; Sammlung und Ordnung dieser an der Tafel

Hinweise zu den Aufgaben

- Aufg. 1: Antworten werden ins Heft notiert, hier wird in der Gruppe gearbeitet, dabei können „Rollen“ vergeben werden (Schreiber, 2 Leser, ein SuS, der kontrolliert)
- Aufg. 2: Aufgabe kann als Hausaufgabe aufgegeben werden; Kinder einer Gruppe teilen sich die vier Oberpunkte (Vögel, Feinde, Futter, Lebensraum) auf; jeder SuS sucht Bilder zu einem Punkt und bringt diese am nächsten Tag mit
- Gemeinsam werden in einem Unterrichtsgespräch Kriterien für die Erstellung eines guten Plakats erarbeitet und an der Tafel fixiert
- Tipps im Schulbuch S. 40 werden ebenfalls gelesen

Differenzierung

Sprachförderung

- Tipps für ein gutes Plakat sprachlich vereinfacht (evtl. anhand von Beispielen noch zusätzlich veranschaulichen):
  - *kurze Sätze*
  - *schön schreiben (Hand oder Computer)*
  - *groß schreiben*
  - *Überschrift*
  - *übersichtlich anordnen*
  - *Farben*

Ideen für die Weiterarbeit

- Gesammelte Bilder zu den Oberpunkten in der Gruppe gemeinsam ansehen und gezielt auswählen *(Welches Bild passt am besten? Warum?)*

Schreibstudio

Ein Plakat gestalten

So sieht das Plakat von Ben und Samira aus.

1. Gestaltet ein Plakat zum Thema Pinguine oder zu einem anderen Tier.
2. Präsentiert eure Plakate in einem Museumsgang. So könnt ihr andere Kinder informieren.
3. Gebt freundliche Rückmeldung.

Mir gefällt besonders gut, dass ... | Was meinst du mit ... ? | Eine tolle Idee ist, dass ... | Hier könntest du noch ...

4. Was würdet ihr beim nächsten Plakat anders machen?

→ Methode S. 10 Freundliche Rückmeldung Aufgabe 1 41

Kompetenzen/Lernziele

- Gestalten und Erstellen eines Plakats anhand verschiedener Kriterien
- Mit Schrift gestalterisch umgehen und dabei auf die Übersichtlichkeit und Wirkung achten
- Präsentation eines Plakats mit anschließender Reflexion

Vorbereitung und Material

- Plakate in DIN-A2 Format (evtl. farbig)
- KV 39: Ein Plakat gestalten – Der Delfin

Allgemeine Hinweise

Die Kinder haben ausreichend Informationen zu Pinguinen oder einem anderen Tier gesammelt und dazu auf verschiedene Weisen recherchiert. Nun werden die wesentlichen Informationen mithilfe der vorab erarbeiteten Kriterien auf einem Plakat festgehalten und zusammengefasst. Außerdem geht es nun auch um die Vorstellung und Präsentation des Plakats sowie um das Geben einer freundlichen Rückmeldung.

Einstieg

- Wiederholung der Kriterien für das Erstellen eines Plakats in einem kurzen Unterrichtsgespräch
- Kriterien können hierzu noch einmal an der Tafel visualisiert und fixiert werden (hilfreich auch für die spätere Rückmeldung zu den Plakaten)

Hinweise zu den Aufgaben

- Gemeinsames Betrachten des Plakats von Ben und Samira im Schulbuch, kurzes Unterrichtsgespräch: *Was ist gut gelungen? Ist es übersichtlich? Wurden Bilder/Farben verwendet?*
- Aufg. 1: Es werden Aufgaben in der Gruppe verteilt, die evtl. nach der Hälfte auch gewechselt werden können: Schreibkind (schreibt die Sätze, Stichpunkte), Bilderkind (sucht passende Bilder zum Text aus und klebt diese auf), Kontrollkinder (kontrollieren die Beachtung der Kriterien), Vorstellkinder (präsentieren das Plakat)
- Aufg. 2: Plakate werden im Klassenzimmer aufgehängt; sinnvoll ist dabei ein großer Abstand, möglich wäre hier auch ein Museumsgang auf dem Gang vor dem Klassenzimmer
- Aufg. 3: Pro Plakat können 2–3 Kinder eine freundliche Rückmeldung geben
- Aufg. 4: in GA reflektieren, was man beim nächsten Plakat anders machen kann

Differenzierung

Fördern

- Leistungsschwächeren SuS können folgende Oberpunkte vorgegeben werden: *Was sie fressen, Wo sie leben, Wie sie leben, So sehen sie aus*. Dadurch erhalten die Kinder ein Grundgerüst, zu dem sie selbstständig Informationen sammeln und zusammenfassen müssen

Ideen für die Weiterarbeit

- Eine andere Klasse zum Museumsgang einladen, Plakate im Schulhaus aufhängen

Seite 42

Kompetenzen/Lernziele

- Umgang mit neuen Medien (Internet, Kindersuchmaschinen)
- Gezielt nach Informationen suchen

Vorbereitung und Material

- Computer/Laptop mit Internetzugang, Computerraum (falls vorhanden)
- 📋 KV 40: Das wissen wir über Quallen

Methoden

Im Internet recherchieren

Ben möchte wissen, wie alt Pinguine werden. Er tippt die Suchwörter **Pinguine** und **Alter** in die Kindersuchmaschine ein.

Dann klickt er mit der linken Maustaste auf FINN fragen.

Er wählt einen Vorschlag aus und klickt ihn an.

Dein Suchergebnis zum Thema: Pinguine Alter

Webseiten Bilder

Pinguine werden etwa 20 Jahre alt. ...

So suchst du richtig im Internet
- Nutze eine Kindersuchseite: www.fragfinn.de, www.blinde-kuh.de, www.helles-koepfchen.de, www.Klexikon.de, www.Grundschulwiki.de, ...
- Überlege genau, wonach du suchen möchtest.
- Gib möglichst wenige, aber passende Suchwörter ein.
- Das erste Suchergebnis ist nicht immer das Beste.
- Sieh auf mehreren Seiten nach.

42

Allgemeine Hinweise

Der richtige Umgang mit neuen Medien und im Speziellen mit dem Internet wird für die Kinder immer wichtiger. Sie sollen verschiedene Kindersuchmaschinen kennen und nutzen lernen, um so gezielt auf die Suche nach bestimmten Informationen zu gehen.

Einstieg

- Kurzes Unterrichtsgespräch: *Hast du im Internet schon einmal nach etwas gesucht? Wo/Auf welchen Seiten hast du gesucht? Hast du dort das gefunden, wonach du gesucht hast?*

Hinweise zu den Aufgaben

- Überleitung zur Schulbuchseite; diese wird gemeinsam gelesen
- An einem Computer/Laptop/Smartboard zeigt die Lehrkraft den Kindern, das genaue Vorgehen auf der Kindersuchseite www.fragfinn.de; SuS bringen weitere Fragen ein, nach denen gemeinsam gesucht werden kann; gemeinsam wird abschließend noch der Merkkasten zur Suche im Internet gelesen und besprochen
- Hausaufgabe: Jede Gruppe erhält eine Kindersuchseite und soll nach Informationen zu ihrem Meerestier suchen, z. B. *Was frisst die Schildkröte?* (→ Schildkröte, Fressen/Nahrung)

Differenzierung

Sprachförderung

- Recherchepartner: Sprachschwächeren SuS kann ein stärkeres Kind zugeordnet werden; die beiden suchen gemeinsam nach Informationen zum Tier, dies kann im Rahmen der Wochenplanarbeit erfolgen

Fordern

- Weitere Kindersuchmaschinen nutzen; auch als Aufgabe im Wochenplan möglich

Ideen für die Weiterarbeit

- Das Plakat kann mit gefundenen neuen Informationen noch ergänzt werden
- Informationen zu vorgegebenen Fragen zum Thema „Quallen“ finden (📋 KV 40)

Sprachstudio

Fragesätze

1 Schreibe die Fragen mit den passenden Fragewörtern auf.

Wer? Wie? Was? Wo? Wann?

___ frisst eine Kuh?
___ ist grau und hat einen Rüssel?
___ schützt sich ein Igel vor Feinden?
___ lebt ein Frosch?
___ schlüpfen Vogelküken aus ihrem Ei?

Fragesätze beginnen oft mit einem **Fragewort**:
Wer? Wie? Was? Wo? Wann?
Nach einer Frage steht ein **Fragezeichen**: ?
Du kannst eine Frage auch am Klangbogen erkennen.

2 Schreibe die Sätze mit den passenden Fragewörtern auf.
Ergänze das Fragezeichen. Zeichne die Klangbögen.

___ hat schwarze und weiße Streifen im Fell ___
___ muss ein Wal auftauchen ___
___ heißen die Babys von Hunden ___
___ frisst ein Pferd ___
___ lebt ein Löwe ___
___ hält ein Bär Winterschlaf in seiner Höhle ___

3 Überlege dir Fragen zu deinem Lieblingstier. Schreibe sie auf.
Denke an das Fragezeichen am Satzende. Zeichne die Klangbögen.

43

Kompetenzen/Lernziele

- Fragesätze und deren Klangbogen erkennen und von Aussagesätzen unterscheiden
- Verschiedene Fragewörter als Beginn eines Fragesatzes kennen

Vorbereitung und Material

- Wortkarten mit Fragewörtern, Blanko-Wortkarten

Allgemeine Hinweise

Fragesätze werden im Zusammenhang mit ihrer Betonung und dem Satzzeichen besprochen. Der Klangbogen unterstützt dabei die Betonung und verdeutlicht den Unterschied zu einem Aussagesatz. Ein besonderes Augenmerk liegt auf den Fragewörtern, die eine Frage einleiten können.

Einstieg

- Fragesätze und Karten mit Fragewörtern *(Was?, Wer?, Wo?)* an der Tafel:
  - ______ *fressen Pinguine?*
  - ______ *hat spitze Zähne?*
  - ______ *leben Schildkröten?*
- Kinder ordnen die Fragewörter zu den Fragen zu und nennen noch weitere Fragewörter, die sie kennen; Lehrkraft notiert diese auf Wortkarten

Hinweise zu den Aufgaben

- Überleitung zur Schulbuchseite und den Fragesätzen
- Der Merkkasten wird gemeinsam erarbeitet
- Aufg. 1: Schnelle Kinder können zu den Fragen noch die Antworten notieren; Merkkasten wird gemeinsam erarbeitet
- Aufg. 2: Hinweis auf die Fragewörter im Merkkasten
- Aufg. 3: Kann als Hausaufgabe gegeben werden, Austausch mit dem Partnerkind am nächsten Tag

Differenzierung

Sprachförderung

- Aufg. 2: Fragewörter vorgeben *(Wer?, Wann?, Wie?, Was?, Wo?, Wann?)*

Fordern

- zu vorgegebenen Fragewörtern *(Wie?, Was?, Wo?)* verschiedene Fragen finden

Ideen für die Weiterarbeit

- Eine Wand mit Fragewörtern im Klassenzimmer einrichten; die SuS notieren im Rahmen der Wochenplanarbeit Fragen mit verschiedenen Fragewörtern und ordnen diese dann zu

Seite 44

Kompetenzen/Lernziele

- Aussagesätze und deren Klangbogen erkennen und von anderen Satzarten unterscheiden
- Kennzeichen eines Aussagesatzes sicher anwenden (Punkt am Satzende, Großschreibung am Satzanfang)
- Aussagesätze als Antwort auf einen Fragesatz kennenlernen

Vorbereitung und Material

- KV 41: Fragen und Antworten

Sprachstudio

Aussagesätze

1 Lies die Antworten und die Fragen.
Schreibe zu jeder Frage die passende Antwort auf.
Denke an den Punkt am Ende des Aussagesatzes.

Was macht ein Elefant mit seinem Rüssel?	Er wird bis zu 50 Jahre alt
Warum braucht ein Kuckuck kein Nest?	Er hält seinen Winterschlaf von November bis März
Wie alt wird ein Elefant?	Er lebt am Nordpol
Wann hält ein Igel seinen Winterschlaf?	Er atmet und riecht mit seinem Rüssel
Wo lebt ein Eisbär?	Er legt seine Eier in fremde Nester

Nach einem **Aussagesatz** steht ein **Punkt**.
Den Satzanfang schreibt man groß.
Du kannst einen Aussagesatz auch am Klangbogen erkennen.

2 Schreibe die Aussagesätze auf. Achte auf die Großschreibung.
Setze den Punkt am Satzende. Zeichne die Klangbögen.

die Giraffen haben einen langen Hals
die Elefanten leben in Afrika
die Hühner legen Eier
die Katzen jagen Mäuse

3 Lies die Sätze deinem Partnerkind betont vor.

44

Allgemeine Hinweise

Aussagesätze werden im Zusammenhang mit ihrer Betonung und dem Satzzeichen besprochen. Der Schwerpunkt bei den Aussagesätzen liegt auf der Großschreibung des Satzanfangs und auf dem Punkt am Satzende. Diese zwei Kriterien sollen die Kinder mit zunehmender Sicherheit anwenden können.

Einstieg

- Fragesätze (s. DK S. 49) und Karten mit Antworten zu den Fragen (DUA) an der Tafel
- Kinder ordnen die Fragen und Antworten einander zu
- Überleitung zu den Kriterien eines Aussagesatzes (siehe auch Kapitel 2 im Schulbuch); Kriterien werden noch einmal an der Tafel fixiert und bei den Antwortsätzen sichtbar gemacht

Hinweise zu den Aufgaben

- Aufg. 1: Fragen Antworten zuordnen, Kontrolle kann durch ein Partnerkind erfolgen
- Aufg. 2: Aussagesätze aufschreiben, vorab noch einmal auf die Kriterien des Aussagesatzes hinweisen
- Aufg. 3: Jedes Kind liest jeden Satz

Differenzierung

Sprachförderung

- Aufg. 1: Sätze gemeinsam lesen und unbekannte Wörter klären

Fördern

- Aufg. 1: Einfache Aussagen und Fragen lesen und zu einer Frage die passende Antwort notieren (KV 41)

Fordern

- Aufg. 1: Leistungsstärkere SuS können noch eigene Fragen zu Tieren finden, diese mit einem Partnerkind tauschen und gegenseitig die Antworten notieren

Ideen für die Weiterarbeit

- Fragewörterwand im Klassenzimmer: SuS suchen sich zwei bis drei Fragen aus und notieren dazu eine passende Antwort, dabei achten sie auf die Großschreibung am Satzanfang und den Punkt am Satzende
- Merkplakat zu den verschiedenen Satzarten im Klassenzimmer

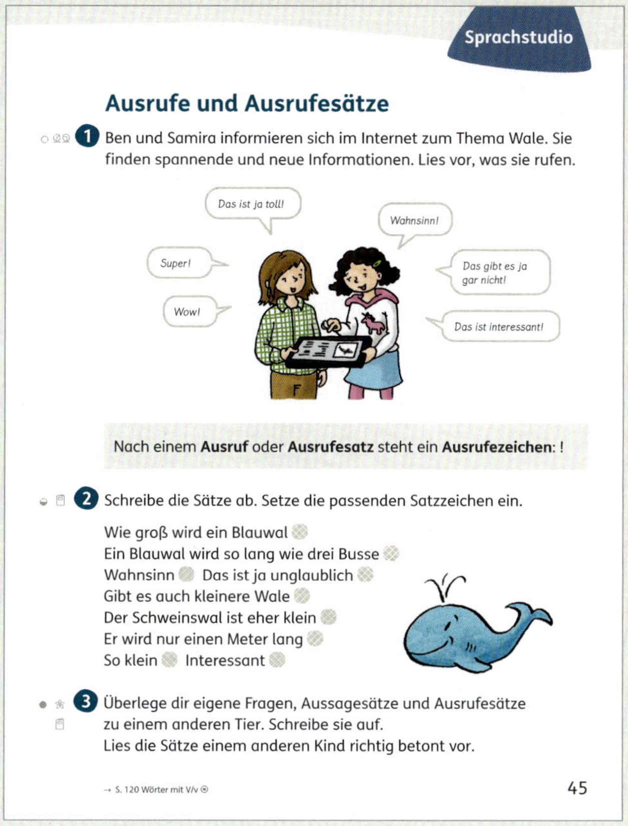

Sprachstudio

Ausrufe und Ausrufesätze

1 Ben und Samira informieren sich im Internet zum Thema Wale. Sie finden spannende und neue Informationen. Lies vor, was sie rufen.

Nach einem **Ausruf** oder **Ausrufesatz** steht ein **Ausrufezeichen**: !

2 Schreibe die Sätze ab. Setze die passenden Satzzeichen ein.

Wie groß wird ein Blauwal
Ein Blauwal wird so lang wie drei Busse
Wahnsinn Das ist ja unglaublich
Gibt es auch kleinere Wale
Der Schweinswal ist eher klein
Er wird nur einen Meter lang
So klein Interessant

3 Überlege dir eigene Fragen, Aussagesätze und Ausrufesätze zu einem anderen Tier. Schreibe sie auf.
Lies die Sätze einem anderen Kind richtig betont vor.

→ S. 120 Wörter mit V/v

45

Kompetenzen/Lernziele

- Ausrufesätze erkennen und von anderen Satzarten unterscheiden
- Verschiedene Arten von Ausrufen kennenlernen
- Ausrufezeichen als dazugehöriges Satzzeichen zum Ausrufesatz verwenden

Vorbereitung und Material

- Vorbereitende Hausaufgabe: Informationen zum Thema „Wale“ suchen
- Blanko-Wortkarten
- KV 42: Ausrufe
- KV 43: Profi bei Aussage- , Frage- und Ausrufesätzen

Allgemeine Hinweise

Ausrufesätze und Ausrufe werden im Zusammenhang mit ihrer Betonung und dem Satzzeichen besprochen. Dabei lernen die Kinder unterschiedliche Ausrufe aus ihrer täglichen Kommunikation als solche auch kennen. Ein Schwerpunkt liegt auf dem Erkennen und der Unterscheidung der drei Satzarten (Aussage-, Frage- und Ausrufesatz).

Einstieg

- Unterrichtsgespräch über die gesammelten Informationen zum Thema „Wale“, dabei Sammeln von Ausrufen der Kinder auf Wortkarten während des reflektierenden Unterrichtsgesprächs
- Überleitung zu Aufg. 1

Hinweise zu den Aufgaben

- Aufg. 1: Gemeinsames Lesen der Ausrufe von Ben und Samira: Merkregel wird besprochen, Merkplakat wird mit dem Ausrufesatz ergänzt
- Aufg. 2: Vorab kurze Wiederholung der Satzarten und deren Kennzeichen (Hinweis auf das Merkplakat). Sätze werden ins Heft abgeschrieben und die richtigen Satzzeichen gesetzt
- Aufg. 3: Hier bietet es sich an, wenn die Kinder Fragen, Aussagesätze und Ausrufesätze zu „ihrem“ Tier vom Plakat schreiben

Differenzierung

Sprachförderung

- Einfache Ausrufe finden und richtig ergänzen (KV 42)

Fördern

- Aufg. 3: Mit einem Partnerkind gemeinsam Frage-, Aussage- und Ausrufesätze zum Tier finden

Fordern

- Aufg. 1: Weitere Ausrufe überlegen und in Sprechblasen notieren, diese können dann am Merkplakat ergänzt werden

Ideen für die Weiterarbeit

- In einem Text aus dem Lesebuch nach Ausrufesätzen und Ausrufen suchen und diese notieren
- Profi bei Aussage-, Frage- und Ausrufesätzen (KV 43)

Seite 46

Kompetenzen/Lernziele
- Gesprächsanlass „Olchis“
- Kinderliteratur kennenlernen: Die Olchis
- Schildern von Erfahrungen zu Kinderliteratur und Austauschen mit andern

Vorbereitung und Material
- Vorbereitende Hausaufgabe: Olchi Bücher oder Hörspiele mitbringen

Differenzierung
- KV 44: Olchi-Steckbrief

Zusammen Sachen machen
Die Olchis

Familie Olchi wohnt auf dem Müllberg von Schmuddelfing. Heute macht sie einen Ausflug mit dem Drachen Feuerstuhl.

1 Erzählt zum Bild.

2 Die Olchis wohnen in Schmuddelfing. Warum heißt dieser Ort so? Erklärt.

3 Erfindet neue Ortsnamen. Schreibt so: Mistdorf, ...

Schmuddel-	Mist-	Schrott-
Matsch-	Schmutz-	?

-dorf	-stadt	-hofen
-berg	-hausen	?

46 → Methode S. 50 Gruppenarbeit

Allgemeine Hinweise
Anhand des Bilder der Olchi-Familie sollen die Kinder ihren mündlichen Sprachgebrauch erweitern, Informationen weitergeben und verarbeiten.

Einstieg
- Freies Erzählen: *Kennst du die Olchis? Woher kennst du die Olchis? Was weißt du über sie?*

Hinweise zu den Aufgaben
- Aufg. 1: Erzählen zum Bild (Schulbuch S. 46 oder DUA), Beschreiben der Olchis und des Drachen Feuerstuhl
- Aufg. 2: Hinterfragen der Zusammensetzung des Ortsnamens „Schmuddelfing“: *Warum heißt der Ort so? Warum passt er zu den Olchis?*
- Aufg. 3: Unterrichtsgespräch über die speziellen Endungen von Ortsnamen: -dorf, -stadt, -hofen, -berg, -hausen; eigene Erfahrungen von Wohnorten in der Umgebung einbringen lassen, Erfinden neuer Ortsnamen

Differenzierung

Sprachförderung
- Hilfreich ist es hier, wenn die Lehrkraft oder ein stärkeres Kind gemeinsam mit einem sprachschwächeren Kind arbeitet, damit unbekannte Wörter gleich erklärt werden können.

Fordern
- Einen Olchi-Steckbrief erstellen (KV 44)

Olchi-Sprüche

1 Lest die Sätze. Überlegt, welche Sprüche ein Olchi sagen würde.

Ich brauche noch Stinkesocken für die muffelige Suppe.	Was für ein muffiges, olchiges Lüftchen!
Abwarten und Stinkerbrühe trinken!	Ich möchte gern eine gesunde Suppe essen.
Schön, dass hier alles so sauber ist.	Wo ist unser Stinkekuchen?
Abwarten und Tee trinken!	Ich möchte ein Badewasser mit feinem Duft.
Ich will jetzt ein Schlammbad nehmen.	Du bist ein schlapper Schlammfuß.
Ich fühle mich muffelwohl.	Schmeckt echt krötig!

2 Schreibe die Olchi-Sprüche aus Aufgabe 1 ab.
Unterstreiche die Olchi-Wörter: Ich brauche noch Stinkesocken für ...

3 Warum passen die unterstrichenen Wörter gut zur Olchi-Sprache? Erkläre.

→ S. 121 Wörter mit ie

Aufgabe 3

47

Kompetenzen/Lernziele

- Gesprächsanlass „Wirkung und Einfluss von Wörtern“
- Kinderliteratur kennenlernen: Die Olchis
- Beachten von Regeln für gemeinsame Gespräche in der Partner- und Gruppenarbeit

Vorbereitung und Material

- KV 45: Wortkarten: Zusammengesetzte Nomen
- KV 46: Versteckte Wörter

Allgemeine Hinweise

Der Schwerpunkt dieser Seite liegt darauf, treffende Wörter für eine möglichst genaue Beschreibung zu verwenden und zusammengesetzte Nomen zu bilden und zu erkennen.

Einstieg

- Die Lehrkraft liest den Kindern einige zusammengesetze Nomen vor uns präsentiert diese an der Tafel (KV 45); gemeinsam werden die Wörter sortiert *Welche Wörter könnten von den Olchis stammen?*

Hinweise zu den Aufgaben

- Aufg. 1: Herausfinden, welche der Sprüche von den Olchis sein könnten. *An welchen Wörter hast du es gut erkennen können?*
- Aufg. 2: Abschreiben der Olchi-Sätze und unterstreichen der Olchi-Wörter
- Aufg. 3: Unterrichtsgespräch: *Warum passen die unterstrichenen Wörter so gut zu den Olchis?*

Differenzierung

Sprachförderung

- Hilfreich ist es hier, wenn die Lehrkraft oder ein stärkeres Kind gemeinsam mit einem sprachschwächeren Kind arbeitet, damit unbekannte Wörter gleich erklärt werden können.

Fördern

- Aufg. 1: Hier kann mit schwächeren Kindern im Lesetandem gelesen werden – so können die Kinder bei den schwierigen, langen und eher ungewöhnlichen Wörtern unterstützt werden
- Arbeitsblatt: Versteckte Wörter (KV 46)

Fordern

- Eigene Olchi-Wörter bilden und aufschreiben

Ideen für die Weiterarbeit

- Vorlesen eines der Olchi-Bücher
- Hörspiel anhören
- Ideen von der Internetseite einbeziehen
- Fächerübergreifend ein Kunstprojekt aus Müll gestalten

Seite 48

Kompetenzen/Lernziele

- Kennenlernen der Strukturen, Funktionen und des Aufbaus von Rezepten
- Wörter gezielt und wirkungsvoll einsetzen
- Kennen und Verwenden eines Fachwortschatzes

Vorbereitung und Material

- Vorbereitende Hausaufgabe: Rezepte von zu Hause mitbringen, Kochbücher und Rezepte in Zeitschriften sichten und besprechen

Schreibstudio

Ein Rezept beschreiben

1 Was braucht ihr für eine Brot-Pizza? Beschreibt.

Küchengeräte:
Backofen, Backblech, Backpapier, Löffel, Messer, Schneidebrett

Zutaten:
4 Schreiben Brot
8 Esslöffel Tomatensoße
6 Champignons, geschnitten
8 Esslöffel Käse, gerieben

2 Wie wird die Brot-Pizza zubereitet? Beschreibt so genau, dass anderen das Rezept gelingt.

Zubereitung:
A
B
C

48

Allgemeine Hinweise

Anhand eines einfachen/kurzen Rezepts lernen die Kinder den Aufbau und die Darstellung kennen. Viele Bilder helfen den Kindern alle Zutaten und Arbeitsschritte genau nachzuverfolgen.

Einstieg

- Unterrichtsgespräch: *Gemeinsames Kochen nach Rezept mit Mama und Papa. Was ist dein Lieblingsrezept? Kennst du die Zutaten? Welche Küchengeräte braucht man zum Kochen?*

Hinweise zu den Aufgaben

- Aufg. 1: Kinder lernen das Rezept zur Brot-Pizza kennen; Unterrichtsgespräch: *Benötigte Küchengeräte und Zutaten. Kennst du alle Geräte und Zutaten? Schmecken dir alle Zutaten?*
- Aufg. 2: Beschreibung der Zubereitung der Brot-Pizza; genaue Betrachtung und Beschreibung der einzelnen Bilder, Einhaltung der Reihenfolge

Differenzierung

Sprachförderung

- Begriffsklärung Zutaten und Zubereitung; Begriffe auch in der Muttersprache benennen lassen
- Aufg. 2: Satzanfänge zum genauen Beschreiben vorgeben: *Zuerst bereiten wir ... vor, Auf das Backblech legen wir ..., Danach bestreichen wir ..., Wir belegen ...*

Fordern

- Kinder schreiben die Zubereitung der Brot-Pizza in ganzen Sätzen auf

Ideen für die Weiterarbeit

- Weitere Ideen für das Belegen der Brot-Pizza sammeln und malen lassen

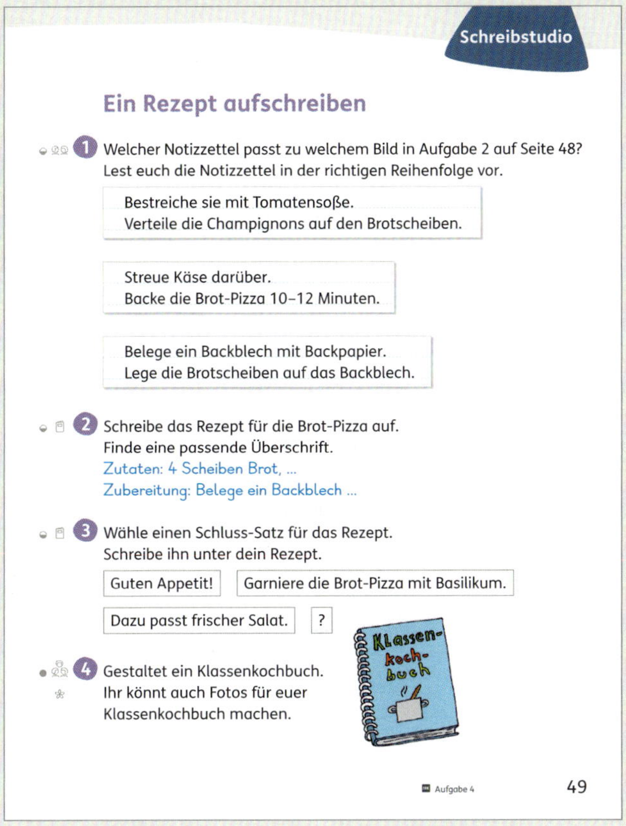

Schreibstudio

Ein Rezept aufschreiben

1 Welcher Notizzettel passt zu welchem Bild in Aufgabe 2 auf Seite 48?
Lest euch die Notizzettel in der richtigen Reihenfolge vor.

Bestreiche sie mit Tomatensoße.
Verteile die Champignons auf den Brotscheiben.

Streue Käse darüber.
Backe die Brot-Pizza 10–12 Minuten.

Belege ein Backblech mit Backpapier.
Lege die Brotscheiben auf das Backblech.

2 Schreibe das Rezept für die Brot-Pizza auf.
Finde eine passende Überschrift.
Zutaten: 4 Scheiben Brot, ...
Zubereitung: Belege ein Backblech ...

3 Wähle einen Schluss-Satz für das Rezept.
Schreibe ihn unter dein Rezept.

Guten Appetit! | Garniere die Brot-Pizza mit Basilikum. | Dazu passt frischer Salat. | ?

4 Gestaltet ein Klassenkochbuch.
Ihr könnt auch Fotos für euer Klassenkochbuch machen.

Aufgabe 4

49

Kompetenzen/Lernziele

- Verständlich, strukturiert, adressaten- und funktionsgerecht schreiben (Rezepte, Abläufe)
- Kennen und Verwenden eines Fachwortschatzes
- Gestalterischer Umgang mit Schrift, Beachten formeller Kriterien wie Übersichtlichkeit ihrer Schriftstücke

Vorbereitung und Material

Vorbereitende Hausaufgabe: Kochbücher mitbringen

Differenzierung

- KV 47: Ein Rezept aufschreiben

Allgemeine Hinweise

Die Kinder lernen das Notieren von Rezepten kennen und wenden dieses an einem bekannten Rezept in einzelnen Schritten an.

Einstieg

- Mündliche Wiederholung der einzelnen Schritte zum Herstellen von Brot-Pizza
- Kinder sollen das Rezept in der richtigen Reihenfolge, so genau wie möglich mit allen verwendeten Küchengeräten und Zutaten in ganzen Sätzen beschreiben

Hinweise zu den Aufgaben

- Aufg. 1: Zuordnung der Notizzettel zu den Bildern auf Seite 48; Festlegen der richtigen Reihenfolge
- Aufg. 2: Aufschreiben des Rezepts
- Aufg. 3: Wählen eines passenden Schlusssatzes und notieren
- Aufg. 4: Gestaltung eines Klassenkochbuchs

Differenzierung

Sprachförderung

- Aufg. 2: Kinder ergänzen die Lücken und schreiben so das Rezept geordnet auf (KV 47)
- Aufg. 4: Rezepte aus verschiedenen Herkunftsländern der Kinder sammeln, vorstellen und im Kochbuch Seiten gestalten; evtl. können hier auch die Eltern der Kinder mit einbezogen werden

Fördern

- Aufg. 1: Lesetandems aus stärkeren und schwächeren SuS bilden
- Aufg. 2: Ein Rezept aufschreiben (KV 47)

Fordern

- Rezept durch weitere Zutaten ergänzen

Ideen für die Weiterarbeit

- Das Klassenkochbuch ausstellen oder zum geeigneten Anlass verkaufen

Seite 50

Kompetenzen/Lernziele

- Zielgerichtet in einer Gruppe zusammenarbeiten
- Eine wertschätzende und gewinnbringende Rückmeldung geben
- Regeln für gemeinsames Lernen beachten
- Ergebnisse des eigenen Lernens präsentieren

Vorbereitung und Material

- Planung und Einteilung der Kinder in geeignete Gruppen
- KV 48: Du-Wir-Karten zum Lerngespräch

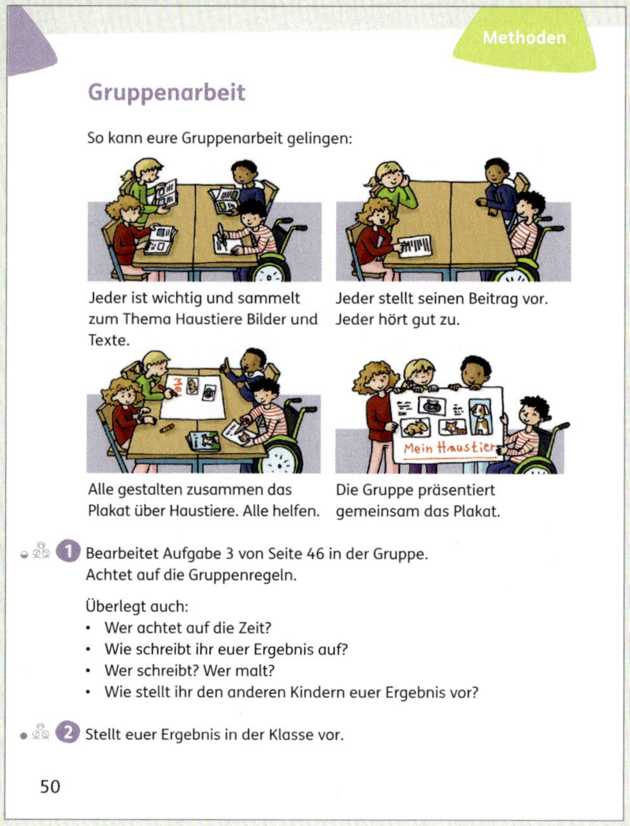

Methoden

Gruppenarbeit

So kann eure Gruppenarbeit gelingen:

Jeder ist wichtig und sammelt zum Thema Haustiere Bilder und Texte.

Jeder stellt seinen Beitrag vor. Jeder hört gut zu.

Alle gestalten zusammen das Plakat über Haustiere. Alle helfen.

Die Gruppe präsentiert gemeinsam das Plakat.

1 Bearbeitet Aufgabe 3 von Seite 46 in der Gruppe. Achtet auf die Gruppenregeln.

Überlegt auch:
- Wer achtet auf die Zeit?
- Wie schreibt ihr euer Ergebnis auf?
- Wer schreibt? Wer malt?
- Wie stellt ihr den anderen Kindern euer Ergebnis vor?

2 Stellt euer Ergebnis in der Klasse vor.

50

Allgemeine Hinweise

Die Kinder sollen lernen, wie sie zielgerichtet und effektiv in der Gruppe zusammenarbeiten. Dabei stehen das Einhalten getroffener Gruppenregeln und die Verteilung der Aufgaben im Vordergrund.

Einstieg

- Unterrichtsgespräch: *So kann eine Gruppenarbeit gelingen;* Bilder als Gesprächsanlass nutzen (Schulbuch S. 50 oder DUA)
- Bilder als Plakat zur Gruppenarbeit im Klassenzimmer aufhängen

Hinweise zu den Aufgaben

- Aufg. 1: Bearbeitung der Aufgaben 3, S. 46 in Gruppenarbeit; auf die Einhaltung der Gruppenregeln achten; gerechte Verteilung der Aufgaben innerhalb der Gruppe
- Aufg. 2: Präsentation der Ergebnisse vor der Klasse; Feedback durch die Klasse und die Lehrkraft; mit positiver Rückmeldung beginnen und anschließend Tipps/Verbesserungsvorschläge geben

Differenzierung

Sprachförderung

- Auf die Einteilung der Gruppen achten; passende Aufgaben auch für schwächere SuS finden

Ideen für die Weiterarbeit

- Weitere Aufgaben in Gruppenarbeiten bearbeiten
- Auch das Reflektieren innerhalb der Gruppen ist wichtig, um die Zusammenarbeit weiter zu verbessern; Du-Wir-Karten zum Lerngespräch nutzen (KV 48)

Seite 51

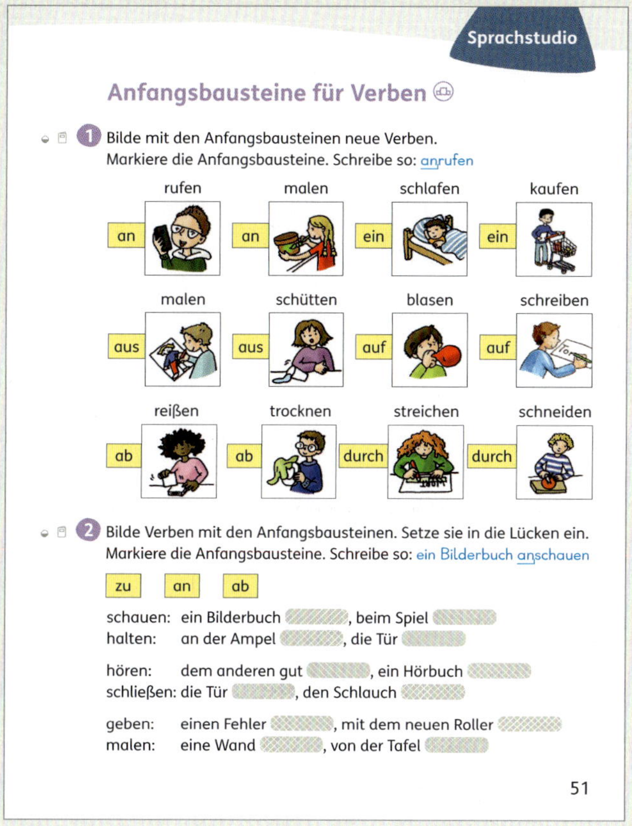
Sprachstudio

Anfangsbausteine für Verben

1 Bilde mit den Anfangsbausteinen neue Verben.
Markiere die Anfangsbausteine. Schreibe so: anrufen

an – rufen	an – malen	ein – schlafen	ein – kaufen
aus – malen	aus – schütten	auf – blasen	auf – schreiben
ab – reißen	ab – trocknen	durch – streichen	durch – schneiden

2 Bilde Verben mit den Anfangsbausteinen. Setze sie in die Lücken ein.
Markiere die Anfangsbausteine. Schreibe so: ein Bilderbuch anschauen

zu an ab

schauen: ein Bilderbuch ___, beim Spiel ___
halten: an der Ampel ___, die Tür ___

hören: dem anderen gut ___, ein Hörbuch ___
schließen: die Tür ___, den Schlauch ___

geben: einen Fehler ___, mit dem neuen Roller ___
malen: eine Wand ___, von der Tafel ___

51

Kompetenzen/Lernziele

- Häufig wiederkehrender Wortbausteine (Vorsilben) in unterschiedlichen Wörtern finden
- Verben in der passenden Personalform verwenden

Vorbereitung und Material

- KV 49–51: Anfangsbausteine für Verben 1–3

Allgemeine Hinweise

Die Schulbuchseite thematisiert das Verändern von Verben durch das Austauschen von Anfangsbausteinen. Für die Kinder soll die damit verbundene semantische Veränderung erfahrbar gemacht werden.

Einstieg

- An der Tafel werden den Kindern Wortbausteine präsentiert, gemeinsam werden verschiedene Möglichkeiten zusammengehängt und besprochen (KV 49)

Hinweise zu den Aufgaben

- Aufg. 1: Bilden von Verben mit Anfangsbausteinen; Aufschreiben der Wörter und Markieren der Anfangsbausteine
- Aufg. 2: Die Kinder bilden passende Wörter aus Verben und Anfangsbausteinen und setzen diese in die Lücken

Differenzierung

Fördern

- KV 50: Anfangsbausteine Verben

Fordern

- Aufg. 1: Kinder schreiben Sätze zu den entstandenen Verben mit Anfangsbausteinen auf
- Anfangsbausteine für Verben (KV 51)

Seite 52

Kompetenzen/Lernziele
- Häufig wiederkehrende Wortbausteine (Vorsilben) in Wörtern finden
- Verben in der passenden Personalform verwenden
- Die Veränderung der Bedeutung von Verben durch unterschiedliche Vorsilben erkennen

Vorbereitung und Material
- Plakate, Stifte

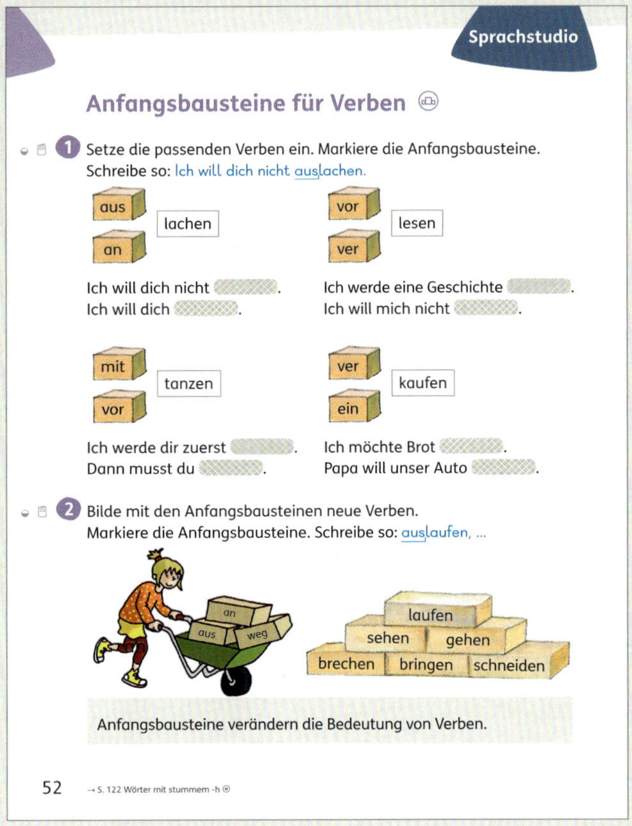
Sprachstudio

Anfangsbausteine für Verben

1 Setze die passenden Verben ein. Markiere die Anfangsbausteine.
Schreibe so: Ich will dich nicht auslachen.

aus / an – lachen
Ich will dich nicht ______.
Ich will dich ______.

vor / ver – lesen
Ich werde eine Geschichte ______.
Ich will mich nicht ______.

mit / vor – tanzen
Ich werde dir zuerst ______.
Dann musst du ______.

ver / ein – kaufen
Ich möchte Brot ______.
Papa will unser Auto ______.

2 Bilde mit den Anfangsbausteinen neue Verben.
Markiere die Anfangsbausteine. Schreibe so: auslaufen, ...

Anfangsbausteine verändern die Bedeutung von Verben.

52 → S. 122 Wörter mit stummem -h

Allgemeine Hinweise
Auf dieser Sprachbuchseite wird die Veränderung von Verben durch Anfangsbausteine noch einmal vertieft. Für die Kinder soll erkennbar werden, dass die Anfangsbausteine der Verbene auch die inhaltliche Bedeutung der Verben verändern.

Einstieg
- Kinder erstellen in Gruppenarbeit kleine Plakate zu verschiedenen Verben mit passenden Anfangsbausteinen: *schauen, schreiben, drehen, fahren, ziehen ...*

Hinweise zu den Aufgaben
- Aufg. 1: Bilden und Einsetzen passender Verben und ihrer Anfangsbausteine; Aufschreiben der Sätze und Markieren der Anfangsbausteine
- Aufg. 2: Bilden neuer Verben aus den vorgegebene Anfangsbausteinen und den Verbbausteinen

Differenzierung

Sprachförderung
- Hilfreich ist es hier, wenn die Lehrkraft oder ein sprachstärkeres Kind gemeinsam mit einem sprachschwächeren arbeitet, damit unbekannte Wörter gleich erklärt werden können.

Fordern
- Aufg. 2: Aus den entstandenen Verben verschiedene Sätze bilden

Ideen für die Weiterarbeit
- Gemeinsam oder in Gruppenarbeiten weitere Wörter sammeln, die durch verschiedene Vorsilben ihre Bedeutung verändern

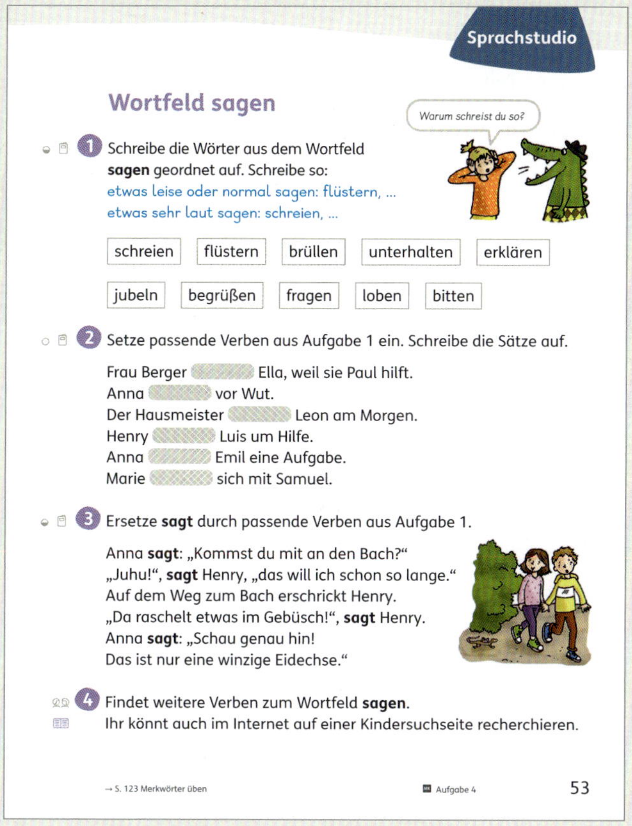

Sprachstudio

Wortfeld sagen

1 Schreibe die Wörter aus dem Wortfeld **sagen** geordnet auf. Schreibe so:
etwas leise oder normal sagen: flüstern, ...
etwas sehr laut sagen: schreien, ...

schreien | flüstern | brüllen | unterhalten | erklären | jubeln | begrüßen | fragen | loben | bitten

2 Setze passende Verben aus Aufgabe 1 ein. Schreibe die Sätze auf.

Frau Berger ___ Ella, weil sie Paul hilft.
Anna ___ vor Wut.
Der Hausmeister ___ Leon am Morgen.
Henry ___ Luis um Hilfe.
Anna ___ Emil eine Aufgabe.
Marie ___ sich mit Samuel.

3 Ersetze **sagt** durch passende Verben aus Aufgabe 1.

Anna **sagt**: „Kommst du mit an den Bach?"
„Juhu!", **sagt** Henry, „das will ich schon so lange."
Auf dem Weg zum Bach erschrickt Henry.
„Da raschelt etwas im Gebüsch!", **sagt** Henry.
Anna **sagt**: „Schau genau hin!
Das ist nur eine winzige Eidechse."

4 Findet weitere Verben zum Wortfeld **sagen**.
Ihr könnt auch im Internet auf einer Kindersuchseite recherchieren.

→ S. 123 Merkwörter üben — Aufgabe 4 — 53

Kompetenzen/Lernziele

- Wortfelder: Wörter zum Wortfeld „sagen" sammeln und für das Sprechen und Schreiben nutzen
- Wortschatzalternativen in Bezug auf häufig gebrauchte Wörter nutzen
- Medien (Wörterlisten, Lexikon, Internet ...) zur Recherche weiterer Wörter nutzen

Vorbereitung und Material

- Ggf. Reim/Spruch auswendig lernen
- Plakate, Stifte und Karteikarten
- KV 52: Wortfeld sagen

Allgemeine Hinweise

Die Kinder lernen auf dieser Seite ein weiteres Wortfeld kennen. Sie probieren verschiedene Ausführungen des Wortes „sagen" aus und verwenden sie situationsbezogen richtig.

Einstieg

- Kinder sprechen einen der Klasse bekannten Reim/Spruch auf verschiedene Weisen gemeinsam: flüstern; schreien, fragen, schimpfen ...

Hinweise zu den Aufgaben

- Aufg. 1: Die vorgegebenen Wörter des Wortfeldes „sagen" werden in zwei Kategorien eingeteilt und notiert
- Aufg. 2: Verben aus Aufg. 1 werden passend in Lückensätze eingesetzt
- Aufg. 3: Das Verb „sagt" wird durch ein passenderes Verb aus dem Wortfeld ersetzt
- Aufg. 4: Kinder finden in Partnerarbeit weitere Wörter aus dem Wortfeld „sagen"

Differenzierung

Sprachförderung

- Das Wort „sagen" auch in andere Sprachen übersetzen lassen

Fördern

- Kinder setzen vorgegebene Verben passend in Lückensätze ein (KV 52)

Ideen für die Weiterarbeit

- Gemeinsames Plakat zum Wortfeld „sagen" erstellen und als Wortspeicher im Klassenzimmer aufhängen
- Kartei zum Wortfeld „sagen" anlegen

Seite 54

Kompetenzen/Lernziele

- Die eigene Meinung begründen
- Eigene Lernergebnisse vorstellen und mit denen anderer vergleichen
- Adjektive nutzen, um genau zu beschreiben und wirkungsvoll zu erzählen

Vorbereitung und Material

- Vorbereitende Hausaufgabe: Mitbringen von Tierbildern, Postern und Zeitschriften zum Thema „*Tiere*“
- Computer und Tierlexika zur Recherche

- KV 53: Wie Tiere aussehen

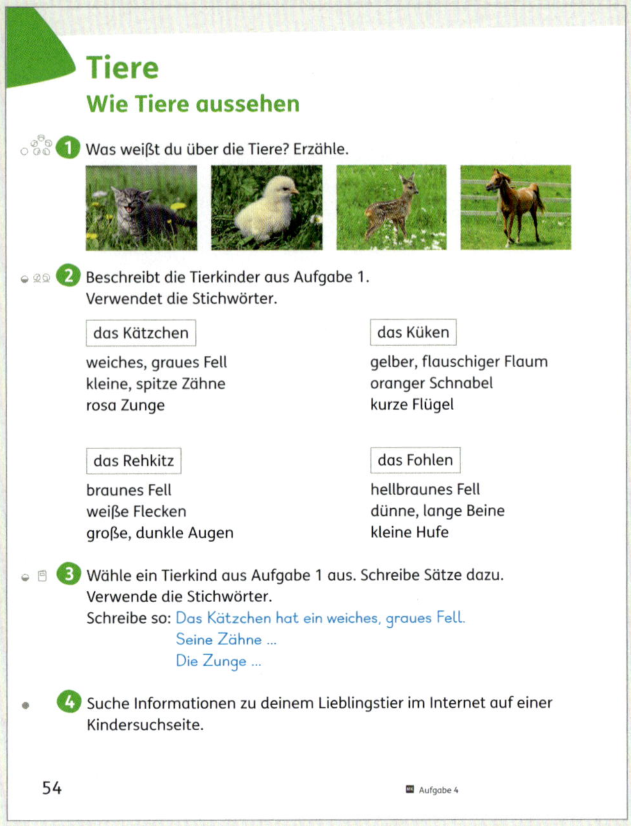

Tiere

Wie Tiere aussehen

1 Was weißt du über die Tiere? Erzähle.

2 Beschreibt die Tierkinder aus Aufgabe 1.
Verwendet die Stichwörter.

das Kätzchen
weiches, graues Fell
kleine, spitze Zähne
rosa Zunge

das Küken
gelber, flauschiger Flaum
oranger Schnabel
kurze Flügel

das Rehkitz
braunes Fell
weiße Flecken
große, dunkle Augen

das Fohlen
hellbraunes Fell
dünne, lange Beine
kleine Hufe

3 Wähle ein Tierkind aus Aufgabe 1 aus. Schreibe Sätze dazu.
Verwende die Stichwörter.
Schreibe so: Das Kätzchen hat ein weiches, graues Fell.
Seine Zähne ...
Die Zunge ...

4 Suche Informationen zu deinem Lieblingstier im Internet auf einer Kindersuchseite.

54 Aufgabe 4

Allgemeine Hinweise

Anhand von Tierbildern sollen die Kinder ihren mündlichen Sprachgebrauch erweitern und Informationen weitergeben und verarbeiten. Der Schwerpunkt liegt dabei darauf, treffende Wörter für eine möglichst genaue Beschreibung zu verwenden. Dies wird in Form von Bildern und entsprechenden Worträtseln geübt.

Einstieg

- Präsentation der mitgebrachten Bilder, des Posters; freies Erzählen: *Welche Tiere kennst du? Was weißt du über sie?*

Hinweise zu den Aufgaben

- Aufg. 1: Gemeinsames Betrachten der Tierbilder, Informationsaustausch zu den abgebildeten Tierkindern im Plenum
- Aufg. 2: Mithilfe von Stichwörtern werden die Tierkinder aus Aufg. 1 genauer beschrieben
- Aufg. 3: Beschreibende Sätze zu den Bildausschnitten notieren
- Aufg. 4: Recherche von Informationen zu eigenem Lieblingstier

Differenzierung

Sprachförderung

- Satzanfänge zur einfacheren Gesprächsteilnahme: *Das Tier hat ..., Seine Zähne ..., Die Zunge ..., Ich mag das Tier besonders, weil ...*

Fördern

- Notieren von Tiernamen zu vorgegebenen Bildern und grafische Gestaltung der Seite (KV 53)

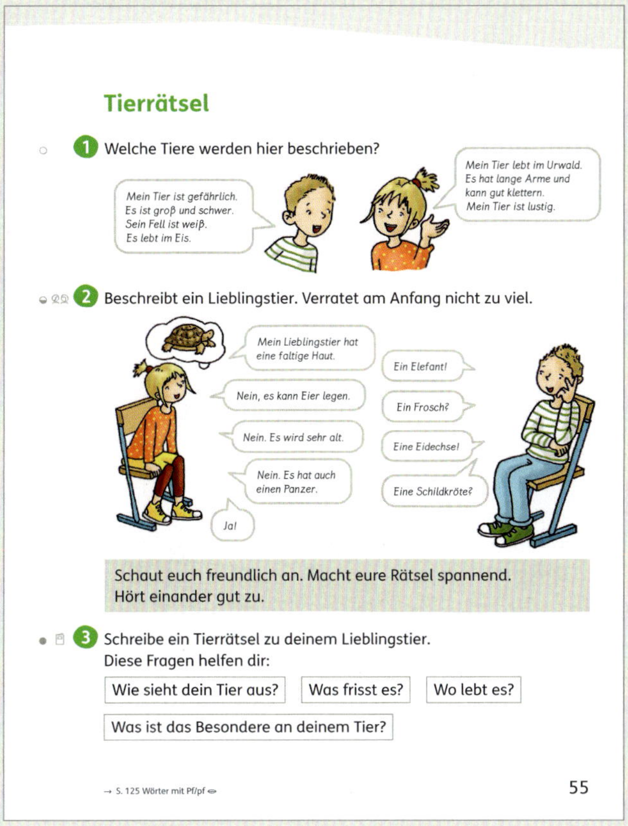

Tierrätsel

1 Welche Tiere werden hier beschrieben?

Mein Tier ist gefährlich. Es ist groß und schwer. Sein Fell ist weiß. Es lebt im Eis.

Mein Tier lebt im Urwald. Es hat lange Arme und kann gut klettern. Mein Tier ist lustig.

2 Beschreibt ein Lieblingstier. Verratet am Anfang nicht zu viel.

Mein Lieblingstier hat eine faltige Haut.

Ein Elefant!

Nein, es kann Eier legen.

Ein Frosch?

Nein. Es wird sehr alt.

Eine Eidechse!

Nein. Es hat auch einen Panzer.

Eine Schildkröte?

Ja!

Schaut euch freundlich an. Macht eure Rätsel spannend.
Hört einander gut zu.

3 Schreibe ein Tierrätsel zu deinem Lieblingstier.
Diese Fragen helfen dir:

Wie sieht dein Tier aus? | Was frisst es? | Wo lebt es?

Was ist das Besondere an deinem Tier?

→ S. 125 Wörter mit Pf/pf

55

Kompetenzen/Lernziele

- Tierrätsel lösen
- Eigene Lernergebnisse (Tierrätsel) vorstellen und mit denen anderer vergleichen
- Eigene informierende, beschreibende Texte verfassen (Tierrätsel zum Lieblingstier)

Vorbereitung und Material

- Vorbereitende Hausaufgabe: ggf. Mitbringen von Tierbildern, Postern und Zeitschriften zum Thema „Tiere“ zur grafischen Gestaltung der Tierrätsel

Einstieg

- Die Lehrkraft stellt den Kindern zu Beginn ein Tierrätsel (*Mein Tier ist grau. Es ist sehr groß und schwer. Es hat einen Rüssel um Futter aufzunehmen. Sein Zuhause ist Afrika. Welches Tier habe ich dir beschrieben?*); gemeinsames Lösen des Rätsels, Lehrkraft bestätigtet Lösung ggf. durch ein Bild des Tieres

Hinweise zu den Aufgaben

- Aufg. 1: Lösung der Tierrätsel, Erarbeitung von Kriterien für eine genaue Beschreibung von Tieren im Unterrichtsgespräch
- Aufg. 2: Mündliche Beschreibung des Lieblingstiers unter Berücksichtigung der erarbeiteten Kriterien aus Aufg. 1; verschiedene Tiere beschreiben lassen, dabei das Partnerkind wechseln
- Aufg. 3: Anwenden des erarbeiteten Wissens; Verschriften eigener Tierrätsel zum Lieblingstier mithilfe vorgegebener Fragestellungen; im Anschluss Austausch und Überprüfung möglich

Differenzierung

Sprachförderung

- Wortkärtchen mit Adjektiven zum Lieblingstier
- Satzanfänge zur einfacheren Gesprächsteilnahme: *Mein Tier ist ..., Es ist/Es hat ..., Es lebt ..., Am liebsten frisst es ..., Besonders an meinem Tier ist ...*

Ideen für die Weiterarbeit

- Gestaltung eines Plakats zum Lieblingstier (beschreibende Sätze)
- Gestaltung eines Bildes zum eigenen Tierrätsel
- Präsentation der Plakate in einer Ausstellung

Seite 56

Kompetenzen/Lernziele

- Lyrische Texte (literarisches Vorbild) verändern

Vorbereitung und Material

- Bilderbuch „Brauner Bär, wen siehst denn du?“
- KV 54: Bildkarten: Tiere

Schreibstudio

Einen Text verändern

1 Lest den Text abwechselnd.

Brauner Bär, wen siehst denn du?
Ich sehe einen roten Vogel,
der schaut mir zu.

Roter Vogel, wen siehst denn du?
Ich sehe eine gelbe Ente,
die schaut mir zu.

Gelbe Ente, wen siehst denn du?
Ich sehe ein blaues Pferd,
das schaut mir zu.
Eric Carle

Bill Martin Jr · Eric Carle
Brauner Bär, wen siehst denn du?

2 Dieser Text hat einen „Bauplan“. Beschreibe den „Bauplan“.

3 Schreibe zwei Texte auf. Ersetze die Bilder durch Nomen.

, wen siehst denn du?
Ich sehe einen ,
der schaut mir zu.

, wen siehst denn du?
Ich sehe eine ,
die schaut mir zu.

, wen siehst denn du?
Ich sehe eine ,
die schaut mir zu.

, wen siehst denn du?
Ich sehe einen ,
der schaut mir zu.

4 Schreibe einen weiteren Text aus Aufgabe 3 auf.

56

Allgemeine Hinweise

Die generative Textproduktion, das generative Schreiben ist hierbei ein wichtiges Übungsformat. Vor allem Kinder mit geringen Deutschkenntnissen brauchen solche Sprachbeispiele. Auf der Basis von lyrischen Texten produzieren Kinder eigene Texte. Durch Substitution einzelner Wörter entwickeln die Kinder eigene Texte. Grundlage ist aber immer der Originaltext, der grammatische Strukturen (Sprachgerüst oder Bauplan) vorgibt.

Einstieg

- Präsentieren des Buchcovers; freies Erzählen
- Lehrervortrag: „Brauner Bär, wen siehst denn du?“

Hinweise zu den Aufgaben

- Aufg. 1: Wechselseitiges Lesen des Textes, ggf. mit unterschiedlichen Partnern
- Aufg. 2: Unterrichtsgespräch: *Was passiert im Text?* Gesprächsimpuls: *Was fällt dir bei diesem Text auf?* Erkenntnis: Text hat einen Bauplan (wiederkehrendes Satzmuster *Farbe + Tier, wen siehst denn du?, Ich sehe einen/eine/ein ..., der/die/das schaut mir zu.)*
- Aufg. 3: Kinder verschriften zwei vorgegebene Texte ins Heft, Bilder werden durch eine Farbe und ein passendes Nomen ersetzt *(Blaues Pferd ...)*
- Aufg. 4: Kinder schreiben einen weiteren Text aus Aufg. 3 auf

Differenzierung

Sprachförderung

- Kinder sprechen den Text reihum; in Partnerarbeit verfassen sie im Anschluss kleine Dialoge, dazu nutzen sie Bildkarten von Tieren (KV 55), alternativ wählen sie eigene Tiere für ihren Dialog; im Anschluss stellt jedes Paar seinen Dialog den anderen vor
- Um sicherzugehen, dass sowohl das Satzmuster als auch die Farben verinnerlicht sind, wird in einem Gespräch auf die Farben der Tiere eingegangen, es wird auf ein Tier aus der Geschichte gezeigt (Aufg. 1 oder Aufg. 3); Kinder verbalisieren einen Satz nach diesem Satzmuster: *Der Bär* ***ist*** *braun.* So können gleichzeitig die Farben gesichert und die Satzmuster eingeschliffen werden.

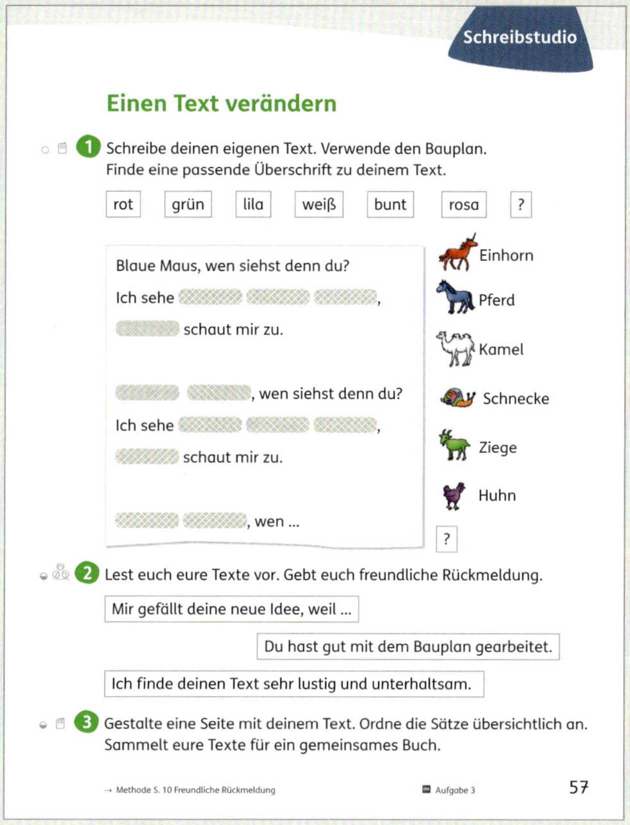
Schreibstudio

Einen Text verändern

1 Schreibe deinen eigenen Text. Verwende den Bauplan.
Finde eine passende Überschrift zu deinem Text.

rot | grün | lila | weiß | bunt | rosa | ?

Blaue Maus, wen siehst denn du?
Ich sehe ___ ___ ___,
___ schaut mir zu.

___ ___, wen siehst denn du?
Ich sehe ___ ___ ___,
___ schaut mir zu.

___ ___, wen ...

Einhorn
Pferd
Kamel
Schnecke
Ziege
Huhn
?

2 Lest euch eure Texte vor. Gebt euch freundliche Rückmeldung.

Mir gefällt deine neue Idee, weil ...

Du hast gut mit dem Bauplan gearbeitet.

Ich finde deinen Text sehr lustig und unterhaltsam.

3 Gestalte eine Seite mit deinem Text. Ordne die Sätze übersichtlich an.
Sammelt eure Texte für ein gemeinsames Buch.

→ Methode S. 10 Freundliche Rückmeldung

Aufgabe 3

57

Kompetenzen/Lernziele

- Lyrische Texte (literarisches Vorbild) verändern
- Eigene beschreibende Texte verfassen
- In eigenen und fremden Texten Gelungenes benennen

Vorbereitung und Material

- Bilderbuch „Brauner Bär, wen siehst denn du?“
- Plakat und Stifte
- Wasserfarben, Schwämmchen
- KV 55: Einen Text verändern

Allgemeine Hinweise

Im Rahmen des generativen Schreibens verschriften die Kinder nun angelehnt an den Originaltext ihre eigene Fassung von „Brauner Bär, wen siehst denn du?“.

Einstieg

- Der erste Abschnitt steht mit den Wortlücken an der Tafel, Kinder überlegen, was in die Lücken passen könnte; anschließend werden die weiteren Möglichkeiten (Farbe und Tiere) von den Kindern ausprobiert; die Kinder erkennen, dass es verschiedene Einsatzmöglichkeiten gibt

Hinweise zu den Aufgaben

- Aufg. 1: Kinder schreiben nun ihre eigene Variante von „Brauner Bär, wen siehst denn du?“ und finden dafür eine passende Überschrift
- Aufg. 2: Vorlesen der Texte und Bewertung der Werke.
- Aufg. 3: Eigene Textseite ansprechend gestalten und für eine Veröffentlichung aufbereiten; Texte werden für ein gemeinsames Bilderbuch gesammelt

Differenzierung

Sprachförderung

- Einigen Kindern wird auffallen, dass sich der unbestimmte Artikel sowie die Farbe verändern, also dekliniert werden, auf einem Plakat kann Folgendes festgehalten werden:

der → einen	der → Farbe + en
die → eine	die → Farbe + e
das → ein	das → Farbe + es

Achtung bei lila und rosa!

Fordern

- Aufg. 1: Kinder schreiben eigenen Text ohne Vorlage

Ideen für die Weiterarbeit

- Im Rahmen einer Kunsteinheit gestalten Kinder passend zu ihrem Text die Tiere, man kann den Kindern eine Vorlage dafür geben und sie „bedrucken“ diese mit Wasserfarben (Schwammtechnik)
- Zum Abschluss präsentieren die Kinder „ihr“ gemeinsam erstelltes Bilderbuch, gern kann dazu auch die Nachbarklasse eingeladen werden

Seite 58

Kompetenzen/Lernziele

- Texte planen: gezielte Fragen und Stichwörter zur Sammlung von Schreibideen nutzen
- Wörtersammlungen zur Strukturierung von Wörtern/Ideen erstellen
- Texte schreiben: passende sprachliche Mittel verwenden

Methoden

Eine Geschichte planen

1 Flo erlebt mit ihrem Hund Struppi lustige Dinge.
Sie will eine Geschichte schreiben und sammelt zuerst Ideen.
Lies die Stichwörter, die Flo für ihre Geschichte gesammelt hat.

Struppi | Opa | Wurst | ich | schnappen

Opa | rennen | Opas Küche | hinterher

2 Schreibe die passenden Stichwörter aus Aufgabe 1 zu den Fragen.
Schreibe so: Wer?: Opa, ich, Struppi
Wo?: ...

- **Wer** kommt in der Geschichte vor?
- **Wo** spielt die Geschichte?
- **Was** passiert?
- **Wie** endet die Geschichte?

3 Schreibe den Anfang von Flos Geschichte ab.
Schreibe die Geschichte weiter. Finde eine passende Überschrift.

> Ich habe mit meinem Hund Struppi meinen Opa besucht.
> Er hat Würstchen für mich gebraten.
> Dann haben wir uns zusammen an den Tisch gesetzt.
> Plötzlich ...

So kannst du eine Geschichte planen:
Sammle Ideen und Stichwörter. Ordne sie und schreibe.

58

Allgemeine Hinweise

Die Kinder planen eine Geschichte und nutzen sowohl Stichwörter als auch gezielte Fragen zur Sammlung ihrer Schreibideen. Geachtet wird auf eine sinnvolle Reihenfolge der gesammelten Informationen *(Wer? Wo? Was? Wie endet die Geschichte?)*.

Einstieg

- Gemeinsame Bildbetrachtung (Aufg. 1; wenn möglich, Stichwörter vorerst abdecken), Kinder erzählen, was auf dem Bild zu sehen ist

Hinweise zu den Aufgaben

- Aufg. 1: Nun werden die Stichwörter aufgedeckt und mit dem Partnerkind erlesen
- Aufg. 2: In einem Gespräch wird herausgearbeitet, dass Stichwörter alleine noch keine Geschichte ergeben → sie müssen sinnvoll geordnet werden, die Lehrkraft notiert die Fragen aus Aufg. 2 an der Tafel; beispielhaft werden einzelne Stichwörter den Fragen zugeordnet, die SuS schreiben diese und die restlichen Wörter passend zu den Fragen ins Heft
- Aufg. 3: Der Anfang von Flos Geschichte wird in das Heft abgeschrieben, die Kinder schreiben die Geschichte weiter und finden eine passende Überschrift

Differenzierung

Sprachförderung

- Aufg. 3: Kindern verschiedene Satzanfänge anbieten, ggf. in einer Kartei sammeln

Fördern

- Aufg. 3: Kindern, die aufgrund von motorischen Schwierigkeiten große Mühe beim Abschreiben eines Textes haben, kann man den Anfang der Geschichte ins Heft schreiben

Ideen für die Weiterarbeit

- Kinder planen selbst zu einem ihre Erlebnisse eine Geschichte; sie sammeln Ideen und Stichwörter, mithilfe gezielter Fragen werden sie geordnet und die Geschichte kann geschrieben werden

Sprachstudio

Adjektive ▲

1 Beschreibt die Kätzchen. Verwendet passende Adjektive.

Pinki Lea Hinzi

Fell: gestreift schwarz rot **Augen**: blau grün grau

2 Schreibe auf, wie die Kätzchen aussehen.
Markiere die Adjektive. Schreibe so: Pinki hat ein rotes Fell. Ihre...

1. Beweis: Adjektive antworten auf die Frage: Wie ist etwas?
Wie ist Pinkis Fell? rot
▲ Das ist das Zeichen für Adjektive.

3 Schreibe die Tiere mit den passenden Adjektiven auf.
Schreibe so: Die Schnecke ist langsam. – eine langsame Schnecke

Schnecke Reh Hase Fuchs Eichhörnchen

langsam scheu schlau schnell flink

59

Kompetenzen/Lernziele

- Adjektive nutzen, um genau zu beschreiben und wirkungsvoll zu erzählen
- Adjektive bestimmen, indem Strategien angewendet werden

Vorbereitung und Material

- Vorausgehende Hausaufgabe: Kinder bringen Bilder von ihrem Haustier/ihrem Lieblingstier mit
- Tierbücher

KV 56: Wort-Bildkarten: Adjektive

Allgemeine Hinweise

Die Kinder nutzen Adjektive zur genaueren Beschreibung sowohl prädikativ (der Affe ist schlau) als auch attributiv (der schlaue Affe). Nur die attributiven Adjektive haben verschiedene Deklinationsformen (schlau-der schlaue Affe).

Hinweise zu den Aufgaben

- Aufg. 1: Unterrichtsgespräch zu den Kätzchen-Bildern sowie einer Auswahl an Adjektiven an der Tafel: *Ordne den Tieren aus dem Buch passende Adjektive zu. Begründe deine Zuordnung und erzähle zum Tier.*
- Aufg. 2: Kinder verschriften das Aussehen der Kätzchen ins Heft: ... *hat ein ... Fell; Ihre Augen sind ...;* sie markieren das Adjektiv mit dem passenden Zeichen (dunkelblaues kleines Dreieck), lernen den ersten Beweis für Adjektive kennen → Adjektive antworten auf die Frage: *Wie ist etwas?*
- Aufg. 3: Verbinden von Nomen (Tiere) und passenden Adjektiven durch das Schreiben von Sätzen, Adjektive werden mit ihrem Wortartenzeichen markiert

Differenzierung

Sprachförderung

- Kinder ordnen Bildkarten passende Adjektive zu (KV 56)

Fordern

- Sich passende Adjektive zu einem frei gewählten Tier überlegen
- Zu Aussehen, Lebensgewohnheiten, Lebensraum des Tieres kurze Sätze oder kurze Texte formulieren bzw. aus Tierbüchern passende Beschreibungen heraussuchen, Adjektive immer kennzeichnen
- Gestaltung eines Tierplakats mit den vorher erarbeiteten kleinen Texten. Gerne darf noch ein Tierbild dazu gemalt werden

Seite 60

Kompetenzen/Lernziele
- Angleichung der Adjektivendungen bei attributivem Gebrauch an das Nomen
- Adjektive bestimmen, indem Strategien angewendet werden

Vorbereitung und Material
- KV 57, 58: Adjektive erkennen
- KV 59: Adjektive erkennen und beweisen

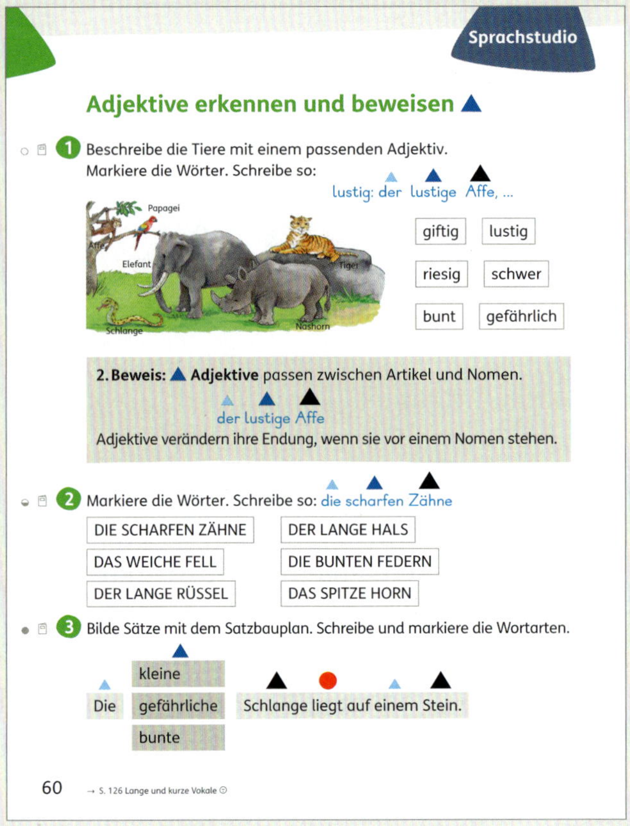
Sprachstudio

Adjektive erkennen und beweisen ▲

1 Beschreibe die Tiere mit einem passenden Adjektiv. Markiere die Wörter. Schreibe so:
lustig: der lustige Affe, ...

giftig | lustig
riesig | schwer
bunt | gefährlich

2. Beweis: ▲ **Adjektive** passen zwischen Artikel und Nomen.
der lustige Affe
Adjektive verändern ihre Endung, wenn sie vor einem Nomen stehen.

2 Markiere die Wörter. Schreibe so: die scharfen Zähne

DIE SCHARFEN ZÄHNE | DER LANGE HALS
DAS WEICHE FELL | DIE BUNTEN FEDERN
DER LANGE RÜSSEL | DAS SPITZE HORN

3 Bilde Sätze mit dem Satzbauplan. Schreibe und markiere die Wortarten.

Die kleine / gefährliche / bunte Schlange liegt auf einem Stein.

60 → S. 126 Lange und kurze Vokale

Allgemeine Hinweise
Die Kinder sollen in vielfältigen Formen die sprachliche Leistung des Adjektivs erfahren und handelnd erproben. Dabei werden auch die „Beweise“ für die Wortart erarbeitet – heute der 2. Beweis: Adjektive passen zwischen Artikel und Nomen.

Einstieg
- Rückblick letzte Einheit (S. 59): Lehrkraft befestigt das Wortartensymbol für Adjektive an der Tafel, Kinder wiederholen, was sie dazu noch wissen *(Das ist das Zeichen für Adjektive.)*; Bereits erarbeiteter 1. Beweis wird an der Tafel notiert (Adjektive antworten auf die Frage: *Wie ist etwas?*)

Hinweise zu den Aufgaben
- Aufg. 1: Die Aufgabe wird zuerst mündlich gelöst; Erkenntnis: Adjektive stehen zwischen Artikel und Nomen; der 2. Beweis wird an der Tafel festgehalten (wichtig: Wortartensymbole nutzen), im Anschluss schreiben die Kinder ins Heft und markieren die Wörter passend
- Aufg. 2: Verschiedene in Versalien geschriebene Wörter sind vorgegeben, die Kinder wenden ihr erworbenes Wissen im Bereich der Adjektive an und untersuchen die Wörter, dies geschieht mithilfe der bereits erarbeiteten Beweise für Adjektive; Notation ins Heft, Wortarten werden passend markiert
- Aufg. 3.: Kinder bilden Sätze mit dem Satzbauplan, sie schreiben und markieren die Wortarten passend

Differenzierung

Sprachförderung
- Kinder finden zu vorgegebenen Tieren weitere Adjektive (KV 58)
- Die Verwendung von sinnvollen Kombinationen von Adjektiven und Nomen (*brauner Bär, grüner Frosch* usw.) wird durch wiederholtes Sprechen gefestigt (siehe auch Schreibstudio S. 56/57)

Fordern
- Kinder schreiben weitere Sätze mit dem Satzbauplan (KV 59)
- Kinder suchen aus dem Wörterbuch selbst 10 Adjektive, sie überprüfen diese mit den bislang erarbeiteten Beweisen

Sprachstudio

Adjektive – Gegenteilwörter ▲

1 Lies den Text. Schreibe den Text ab. Markiere die Adjektive.

Schreibe so: Eins, zwei, drei, alt ist nicht neu, ...

Eins, zwei, drei,
alt ist nicht neu,
neu ist nicht alt.

Warm ist nicht kalt,
kalt ist nicht warm,
reich ist nicht arm.

3. Beweis: ▲ Zu vielen Adjektiven gibt es ein Gegenteilwort.
alt – neu warm – kalt reich – arm

2 Findet die Gegenteilwörter: laut – leise, ...

laut | schmutzig | dick | leicht | traurig | klein
lustig | groß | leise | dünn | sauber | schwer

3 Setze passende Adjektive aus Aufgabe 2 ein. Markiere die Adjektive.

Schreibe so: ein lustiger Clown – ein trauriger Clown, ...

ein ___ Clown – ein ___ Clown
ein ___ Tuch – ein ___ Tuch
eine ___ Katze – eine ___ Katze
eine ___ Kiste – eine ___ Kiste

4 Finde das passende Gegenteilwort. Schreibe so: leer – ...

leer | hungrig | glatt | billig | langweilig

→ S. 127 Offene und geschlossene Silben

61

Kompetenzen/Lernziele

- Adjektive bestimmen, indem Strategien angewendet werden

Vorbereitung und Material

- Wortkarten und Stifte
- KV 60: Adjektive beweisen
- KV 61, 62: Adjektive – Gegenteilwörter

Allgemeine Hinweise

Die Kinder sollen in vielfältigen Formen die sprachliche Leistung des Adjektivs erfahren und handelnd erproben. Dabei werden auch die „Beweise" für die Wortart erarbeitet – heute der 3. Beweis: zu vielen Adjektiven gibt es ein Gegenteilwort.

Einstieg

- Rückblick auf letzte Einheiten (S. 59/60): Lehrkraft befestigt das Wortartensymbol für Adjektive an der Tafel, Kinder wiederholen, was sie dazu noch wissen *(Das ist das Zeichen für Adjektive.)*; bereits erarbeiteter 1. Beweis (Adjektive antworten auf die Frage: *Wie ist etwas?*) und 2. Beweis (Adjektive passen zwischen Artikel und Nomen) werden an der Tafel notiert

Hinweise zu den Aufgaben

- Aufg. 1: Gemeinsames Erlesen des Textes, Kinder entdecken viele Adjektive und das Gegenteilwort dazu; Erkenntnis: zu vielen Adjektiven gibt es ein Gegenteilwort (3. Beweis – Ergänzung an der Tafel)
- Aufg. 2: Adjektive auf Wortkarten in der Gruppe zu Gegenteilwörtern zuordnen lassen
- Aufg. 3: Adjektive aus Aufg. 2 werden passend in den Lückentext eingesetzt
- Aufg. 4: Kinder finden passende Gegenteilwörter

Differenzierung

Sprachförderung

- Aufg. 4: Kinder ordnen vorgegebene Gegenteilwörter zu (KV 61)
- Lernmarkt (Stationen) zur Steigerung des individuellen Sprachkönnens (selbst erstelltes Material oder Sprachlernspiele aus diversen Verlagen an Stationen): 1. Adjektive beschreiben Nomen genau, 2. Adjektive haben häufig ein Gegenteil, 3. Adjektive sagen, wie wir uns fühlen

Fördern

- Kinder bilden Gegenteilpaare, Notation der Adjektive (KV 62)

Fordern

- Kinder überprüfen Adjektive mit Beweisen (KV 60)

Ideen für die Weiterarbeit

- Kinder gestalten eigenes Paare-finden-Spiel mit Adjektiven und deren Gegenteilwörtern

Seite 62

Kompetenzen/Lernziele
- Zum Sprechanlass „Traumschulhaus" frei erzählen
- Ein Bild verständlich und deutlich beschreiben
- Mit Sprache und Wörtern spielen – eigene Worterfindungen zum Thema machen

Vorbereitung und Material
- Papier ca. DIN-A6 für alle SuS zum Erfinden, Malen und Beschreiben eines Traumschulhauszimmers
- KV 63: Mein Traumschulhaus

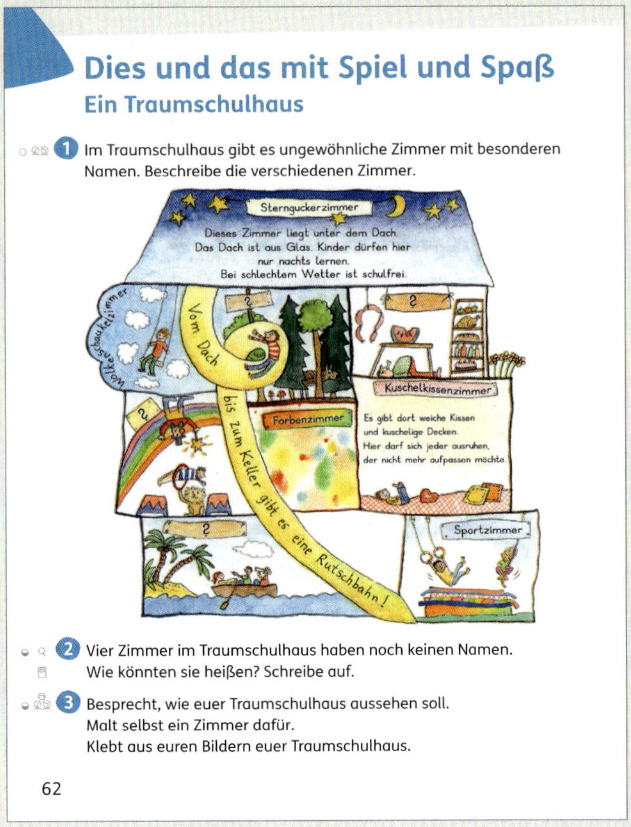
Dies und das mit Spiel und Spaß

Ein Traumschulhaus

1 Im Traumschulhaus gibt es ungewöhnliche Zimmer mit besonderen Namen. Beschreibe die verschiedenen Zimmer.

2 Vier Zimmer im Traumschulhaus haben noch keinen Namen. Wie könnten sie heißen? Schreibe auf.

3 Besprecht, wie euer Traumschulhaus aussehen soll. Malt selbst ein Zimmer dafür. Klebt aus euren Bildern euer Traumschulhaus.

62

Allgemeine Hinweise
Die Kinder sollen mit einem bekannten Sachverhalt (Schule) kreativ und fantasievoll umgehen. Dabei nutzen sie Sprache kreativ und schaffen „Wortneuschöpfungen". Gemeinsam soll ein neues eigenes Traumschulhaus entworfen werden.

Einstieg
- Fantasiereise; anschließendes Erzählen

Hinweise zu den Aufgaben
- Aufg. 1: Gemeinsames Betrachten und Beschreiben des Bildes vom Traumschulhaus
- Unterrichtsgespräch: *Wie würdest du dir dein Kinderzimmer wünschen?* (z. B. als Piratenzimmer, Dinozimmer, Urwaldzimmer)
- Aufg. 2: Jeder SuS überlegt sich passende Namen zu den Zimmern, anschließend Austausch mit dem Partnerkind, dabei wird auch die Auswahl des Zimmernamens begründet
- Partnerkinder einigen sich auf einen Namen pro Zimmer, dieser wird anschließend im Klassenplenum vorgestellt und begründet
- Aufg. 3: Jeder SuS der Gruppe erfindet, malt und beschreibt ein Zimmer; aus den einzelnen Bildern der Gruppe wird dann pro Gruppe ein Traumschulhaus geklebt; die Erfindung des Zimmers kann auch als Hausaufgabe gegeben werden

Differenzierung

Sprachförderung
- Aufg. 2: Formulierungshilfen anbieten: *Mein Zimmer heißt ..., weil ...; Das Zimmer unten/in der Mitte/neben der Rutsche heißt ..., weil ...*

Fördern
- Aufg. 3: Ein Zimmer im Traumschulhaus malen (KV 63)

Fordern
- Aufg. 2: Genaues Beschreiben der Zimmer: *Was sind die Besonderheiten in diesem Zimmer? Wie sieht es aus?*

Ideen für die Weiterarbeit
- Ausstellung mit den Traumschulhäusern aufbauen

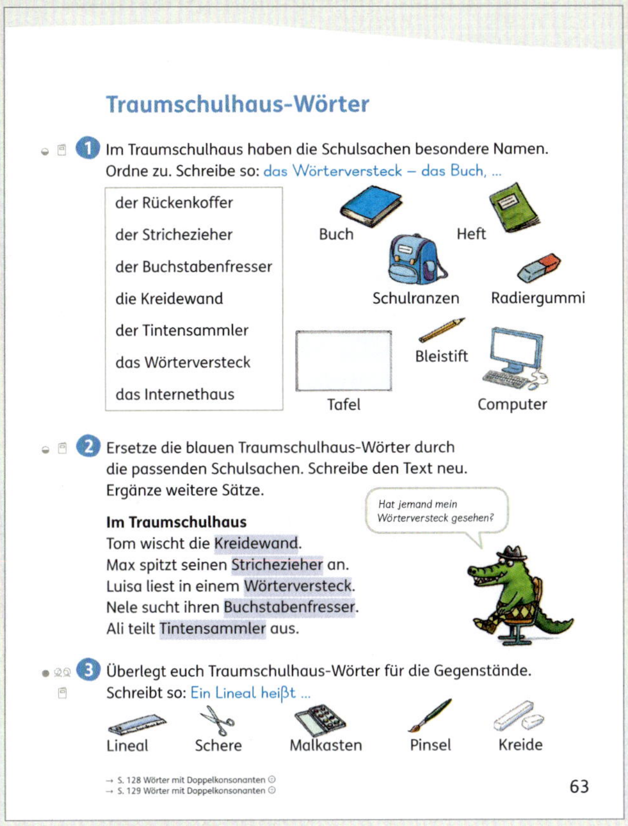

Traumschulhaus-Wörter

1 Im Traumschulhaus haben die Schulsachen besondere Namen.
Ordne zu. Schreibe so: das Wörterversteck – das Buch, ...

der Rückenkoffer
der Strichezieher
der Buchstabenfresser
die Kreidewand
der Tintensammler
das Wörterversteck
das Internethaus

2 Ersetze die blauen Traumschulhaus-Wörter durch die passenden Schulsachen. Schreibe den Text neu.
Ergänze weitere Sätze.

Im Traumschulhaus
Tom wischt die Kreidewand.
Max spitzt seinen Strichezieher an.
Luisa liest in einem Wörterversteck.
Nele sucht ihren Buchstabenfresser.
Ali teilt Tintensammler aus.

3 Überlegt euch Traumschulhaus-Wörter für die Gegenstände.
Schreibt so: Ein Lineal heißt ...

→ S. 128 Wörter mit Doppelkonsonanten
→ S. 129 Wörter mit Doppelkonsonanten

63

Kompetenzen/Lernziele

- Kreativer Umgang mit Wörtern und Wortbedeutungen
- Mit Sprache und Wörtern spielen – eigene Worterfindungen zum Thema machen

Vorbereitung und Material

- KV 64: Traumschulhaus-Wörter

Allgemeine Hinweise

Ausgehend vom Fantasiegebilde des Traumschulhauses gehen die Kinder Schritt für Schritt ins Detail und kreieren fantastische Wörter für Alltagsgegenstände aus dem schulischen Bereich. Dabei lernen sie, kreativ mit Sprache zu spielen.

Hinweise zu den Aufgaben

- Aufg. 1: Die mündlich besprochenen Ergebnisse werden im Heft verschriftlicht
- Aufg. 2: Kurze Murmelrunde vorab mit dem Partnerkind, anschließend wird der Text abgeschrieben und durch weitere eigene Sätze ergänzt
- Aufg. 3: Austausch mit dem Partnerkind, die Ideen werden ins Heft notiert und anschließend einem anderen Tandem vorgestellt

Differenzierung

Sprachförderung

- Vorgegebenen Gegenständen die richtigen Traumschulhaus-Wörter zuordnen (KV 64)

Fordern

- Vorgegebene Gegenstände mit Traumschulhaus-Wörtern beschreiben und eigene Gegenstände finden und beschreiben

Seite 64

Kompetenzen/Lernziele

- Ein Schreibgerüst zur einfacheren Planung der Geschichte erstellen und nutzen
- Eigene beschreibende Texte (über das Fantasietier) verfassen
- Vor dem Schreiben Nomen für Fantasietiere sammeln und für das spätere Schreiben nutzen

Vorbereitung und Material

- DUA: Fantasietier – Nomen
- KV 65: Fantasietiere
- DUA: Ideensammlung zum Schreibgerüst

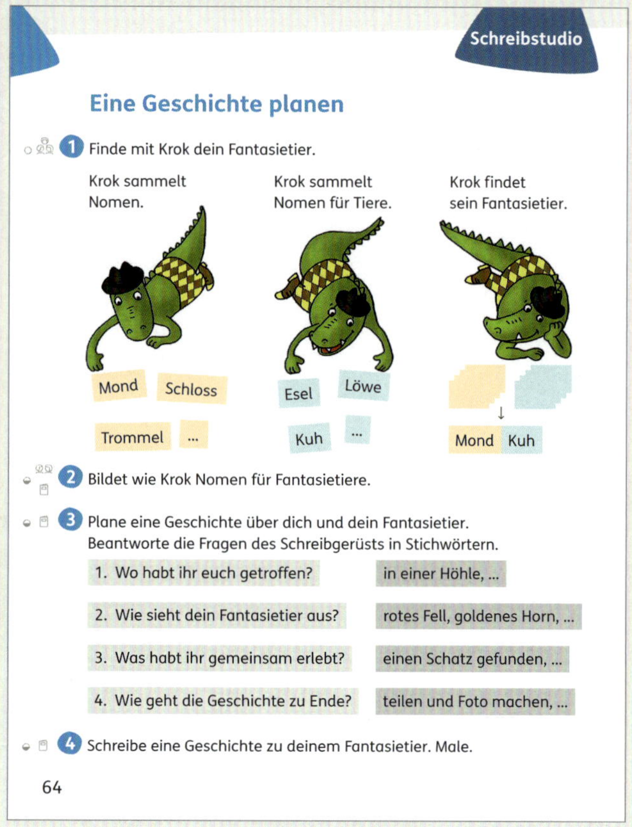
Schreibstudio

Eine Geschichte planen

1 Finde mit Krok dein Fantasietier.

Krok sammelt Nomen.
Krok sammelt Nomen für Tiere.
Krok findet sein Fantasietier.

2 Bildet wie Krok Nomen für Fantasietiere.

3 Plane eine Geschichte über dich und dein Fantasietier.
Beantworte die Fragen des Schreibgerüsts in Stichwörtern.

1. Wo habt ihr euch getroffen?	in einer Höhle, ...
2. Wie sieht dein Fantasietier aus?	rotes Fell, goldenes Horn, ...
3. Was habt ihr gemeinsam erlebt?	einen Schatz gefunden, ...
4. Wie geht die Geschichte zu Ende?	teilen und Foto machen, ...

4 Schreibe eine Geschichte zu deinem Fantasietier. Male.

64

Allgemeine Hinweise

Im Mittelpunkt des Schreibstudios steht das Schreiben einer Geschichte über ein Fantasietier, also ein Tier, das es nicht gibt. Vor dem Schreiben planen die Kinder ihre Geschichte und erstellen dazu Wortsammlungen mit Nomen sowie ein Schreibgerüst. Dieses hilft beim späteren Schreiben der Geschichte zum Fantasietier.

Einstieg

- Unterrichtsgespräch zu Nomen an der Tafel (oder DUA): *Hier siehst du Nomen und Nomen für Tiere. Welche Tiere kannst du daraus bilden?*
- Lehrkraft kann hier ein Beispiel vormachen, Ideen der Kinder werden an der Tafel notiert

Hinweise zu den Aufgaben

- Aufg. 1: Die SuS sammeln in ihrer Gruppe weitere Nomen und Nomen für Tiere
- Aufg. 2: Gemeinsam mit dem Partnerkind werden verschiedene Fantasietiere aus den Wortsammlungen gebildet und im Heft notiert
- Aufg. 3: Die Kinder planen ihre Geschichte, vorab bietet sich hier ein kurzes Unterrichtsgespräch über die Fragen des Schreibgerüsts an, evtl. können auch Ideen der Kinder an der Tafel gesammelt und fixiert werden
- Aufg. 4: Schreiben der Geschichte, dabei suchen sich die KInder zu jeder Frage des Schreibgerüsts ein bis zwei Stichpunkte aus, die sie in ihre Geschichte einbauen

Differenzierung

Sprachförderung

- Aufg. 1, 2: Je nach Sprachstand der Kinder kann auch hier KV 65 genutzt werden
- Aufg. 3: Für sprachschwächere Kinder ist eine Ideensammlung zu den einzelnen Schreibgerüstfragen sehr sinnvoll (siehe hierzu auch Ideensammlung im DUA)

Fördern

- Aufg. 1, 2: Vorgegebene Nomen zu Fantasietieren zusammensetzen (KV 65)

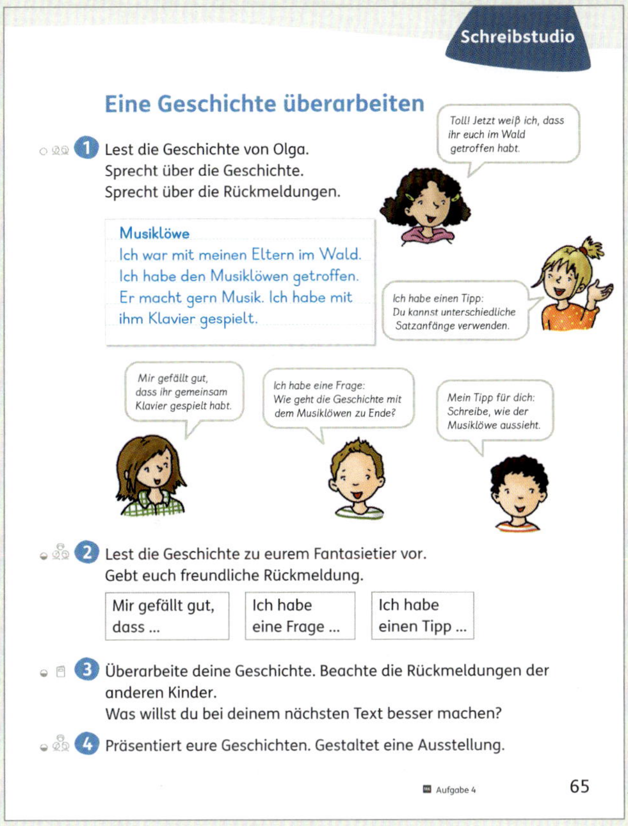
Schreibstudio

Eine Geschichte überarbeiten

1 Lest die Geschichte von Olga.
Sprecht über die Geschichte.
Sprecht über die Rückmeldungen.

Musiklöwe
Ich war mit meinen Eltern im Wald.
Ich habe den Musiklöwen getroffen.
Er macht gern Musik. Ich habe mit ihm Klavier gespielt.

2 Lest die Geschichte zu eurem Fantasietier vor.
Gebt euch freundliche Rückmeldung.

Mir gefällt gut, dass ...	Ich habe eine Frage ...	Ich habe einen Tipp ...

3 Überarbeite deine Geschichte. Beachte die Rückmeldungen der anderen Kinder.
Was willst du bei deinem nächsten Text besser machen?

4 Präsentiert eure Geschichten. Gestaltet eine Ausstellung.

Aufgabe 4 65

Kompetenzen/Lernziele

- Überarbeitung der eigenen Geschichte zum Fantasietier
- Konkrete Überarbeitungshinweise für Texte erarbeiten und diese freundlich rückmelden
- Anregungen für die Überarbeitung aufnehmen und umsetzen

Vorbereitung und Material

- Papier mit Zeilen, auf das die Geschichte zur Veröffentlichung geschrieben und gestaltet werden kann

Allgemeine Hinweise

Im Mittelpunkt des Schreibstudios steht das Überarbeiten einer Geschichte über ein Fantasietier, also ein Tier, das es nicht gibt. Es wurde ein Schreibgerüst erarbeitet anhand dessen nun Rückmeldung zu verschiedenen Geschichten der Kinder gegeben wird. Die Kinder nehmen Tipps und Anregungen ihrer Mitschüler auf und überarbeiten ihre Geschichte entsprechend.

Einstieg

- Kurze Wiederholung, was bei der Geschichte zum Fantasietier wichtig ist: *Ort, Aussehen, gemeinsames Erlebnis, Ende der Geschichte/Wie geht die Geschichte aus?*

Hinweise zu den Aufgaben

- Aufg. 1: Gespräch über die Geschichte zum Musiklöwen in Partnerarbeit, Gruppenarbeit oder im Klassenverband
- Aufg. 2: Jedes Kind liest seine Geschichte in der Gruppe vor und lässt sich Rückmeldung geben, dabei können die Kinder auf die Satzanfänge im Schulbuch zurückgreifen
- Aufg. 3: Jedes Kind überarbeitet seine Geschichte nun im Heft
- Aufg. 4: Gegenseitiges Präsentieren der Geschichte, Gestalten einer Ausstellung

- Aufg. 4: Gegenseitiges Präsentieren der Geschichte, Gestalten einer Ausstellung

Differenzierung

Sprachförderung

- Aufg. 3: Die Geschichte kann gemeinsam mit der Lehrkraft oder einem anderen Kind überarbeitet werden

Ideen zur Weiterarbeit

- Aufg. 4: Präsentation der Geschichten an einer Geschichtenwand oder für eine andere Klasse; dazu bietet es sich auch an, dass die Kinder ihre Geschichte ansprechend und rechtschriftlich korrekt für die Veröffentlichung gestalten
- Kriterien zur Veröffentlichung: *lesbare Schrift, Abstand zwischen den Wörtern, Punkt am Satzende, Großschreibung am Satzanfang, Überschrift, Farben benutzen, evtl. ein Bild dazu malen*

Seite 66

Kompetenzen/Lernziele

- Überarbeitung eines Textes mithilfe von Anregungen
- Nutzen von Tipps aus der Schreibkonferenz für die Überarbeitung

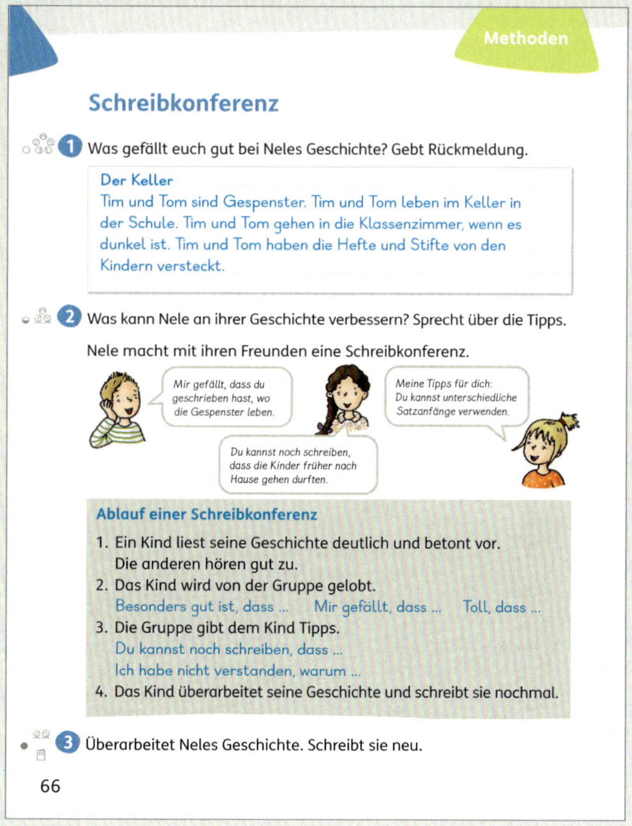

Methoden

Schreibkonferenz

1 Was gefällt euch gut bei Neles Geschichte? Gebt Rückmeldung.

Der Keller
Tim und Tom sind Gespenster. Tim und Tom leben im Keller in der Schule. Tim und Tom gehen in die Klassenzimmer, wenn es dunkel ist. Tim und Tom haben die Hefte und Stifte von den Kindern versteckt.

2 Was kann Nele an ihrer Geschichte verbessern? Sprecht über die Tipps.

Nele macht mit ihren Freunden eine Schreibkonferenz.

Ablauf einer Schreibkonferenz

1. Ein Kind liest seine Geschichte deutlich und betont vor. Die anderen hören gut zu.
2. Das Kind wird von der Gruppe gelobt.
   Besonders gut ist, dass ... Mir gefällt, dass ... Toll, dass ...
3. Die Gruppe gibt dem Kind Tipps.
   Du kannst noch schreiben, dass ...
   Ich habe nicht verstanden, warum ...
4. Das Kind überarbeitet seine Geschichte und schreibt sie nochmal.

3 Überarbeitet Neles Geschichte. Schreibt sie neu.

66

Allgemeine Hinweise

Den Mittelpunkt des Schreibstudios in diesem Kapitel stellen das Schreiben und Überarbeiten einer eigenen Geschichte dar. Dabei lernen die Kinder die Methode der sog. „Schreibkonferenz" als hilfreiches Mittel zur Überarbeitung eigener Texte kennen.

Einstieg

- Aufg. 1: Neles Geschichte wird gemeinsam gelesen, anschließendes Unterrichtsgespräch: *Was gefällt euch gut bei Neles Geschichte?*

Hinweise zu den Aufgaben

- Aufg. 2: Tipps zu Neles Geschichte werden gelesen, in der Gruppe wird über die Tipps gesprochen: *Was ist gemeint? Kannst du ein Beispiel für den Tipp nennen?*
- Anschließendes Unterrichtsgespräch über den Ablauf einer Schreibkonferenz, dabei betonen, dass die Rückmeldung immer freundlich sein muss, auch wenn etwas nicht genau verstanden wurde, die Satzanfänge im Buch können dabei helfen
- Aufg. 3: Gemeinsam mit dem Partnerkind wird die Geschichte mithilfe der Tipps aus der Schreibkonferenz überarbeitet und ins Heft verschriftlicht, anschließend kann noch ein Austausch mit einem anderen Tandem erfolgen

Differenzierung

Sprachförderung

- Hier ist es sinnvoll, wenn ein sprachlich schwächeres Kind mit einem sprachstarken Partnerkind zusammenarbeitet.

Ideen zur Weiterarbeit

- Schreibkonferenzen für zukünftige Geschichten, Texte etc. durchführen
- Hierbei helfen den Kindern Kriterien für die einzelnen „Textarten", anhand derer sie wiederum eine kriteriengeleitete und damit freundliche Rückmeldung in der Schreibkonferenz geben können

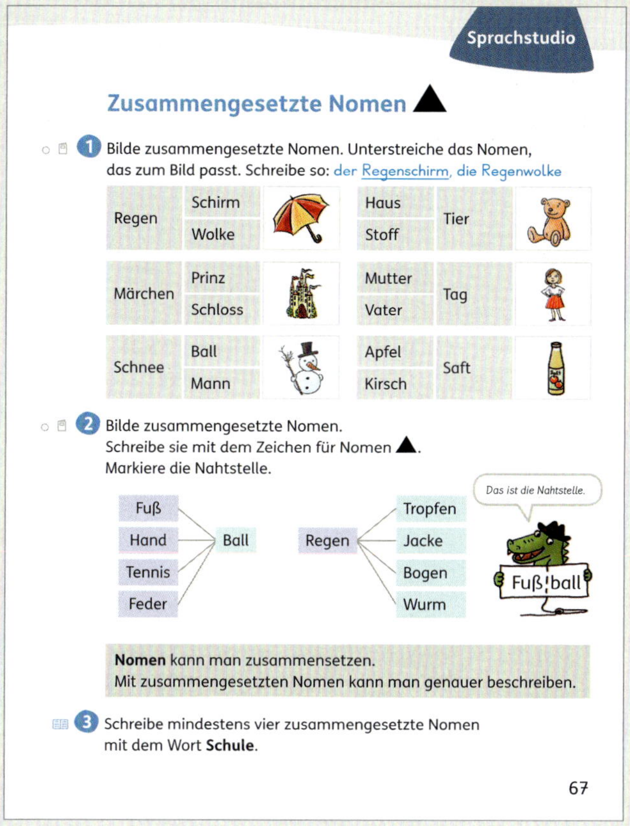

Sprachstudio

Zusammengesetzte Nomen ▲

1 Bilde zusammengesetzte Nomen. Unterstreiche das Nomen, das zum Bild passt. Schreibe so: der Regenschirm, die Regenwolke

Regen	Schirm / Wolke	Haus / Stoff	Tier	
Märchen	Prinz / Schloss	Mutter / Vater	Tag	
Schnee	Ball / Mann	Apfel / Kirsch	Saft	

2 Bilde zusammengesetzte Nomen.
Schreibe sie mit dem Zeichen für Nomen ▲.
Markiere die Nahtstelle.

Fuß, Hand, Tennis, Feder – Ball

Regen – Tropfen, Jacke, Bogen, Wurm

Nomen kann man zusammensetzen.
Mit zusammengesetzten Nomen kann man genauer beschreiben.

3 Schreibe mindestens vier zusammengesetzte Nomen mit dem Wort **Schule**.

67

Kompetenzen/Lernziele

- Zusammensetzungen als Mittel zur Wortbildung nutzen
- Zusammengesetzte Nomen als genauere Beschreibung von etwas kennenlernen

Vorbereitung und Material

- Korb mit verschiedenen Bällen/Schuhen etc.
- Blanko-Wortkarten

Allgemeine Hinweise

Die Kinder bilden zusammengesetzte Nomen, indem sie zwei Nomen (noch ohne Nahtstelle) zusammenfügen. Dabei sollen sie auch erkennen, dass Dinge mit einem zusammengesetzten Nomen noch genauer beschrieben werden können, z.B. nicht nur eine Jacke, sondern eine besondere Jacke, nämlich eine Regenjacke. Gleichzeitig können die Kinder so ihren Wortschatz erweitern.

Einstieg

- Lehrkraft präsentiert einen Korb voller Bälle/Schuhe etc. und fordert ein Kind auf, ihr einen Gegenstand zu geben
- Unterrichtsgespräch: *Welcher Ball/Schuh ist gemeint? Wie kann man den gemeinten Ball/Schuh genauer beschreiben?*
- Gesammelte Wörter an die Tafel oder auf Wortkarten notieren

Hinweise zu den Aufgaben

- Aufg. 1: Jeweils zwei zusammengesetzte Nomen müssen gebildet werden, anschließend kann ein Vergleich mit einem Partnerkind erfolgen
- Aufg. 2: Zusammengesetzte Nomen bilden, vorab gemeinsam im Klassenplenum besprechen, was genau eine Nahtstelle ist, diese an den Beispielwörtern vom Einstieg kennzeichnen; Überleitung zum Merkkasten im Schulbuch
- Aufg. 3: Zusammengesetzte Wörter werden mit dem passenden Artikel ins Heft notiert

Differenzierung

Sprachförderung

- Hilfreich ist es hier, wenn die Lehrkraft oder ein sprachstärkeres Kind gemeinsam mit einem sprachschwächeren arbeitet, damit unbekannte Wörter gleich erklärt werden können.

Fordern

- Aufg. 1: Weitere eigene Wörter zu den Wörtern finden, z.B. *Regenschirm, Regenwolke, Regenjacke, Regenwetter, Regenguss,* diese anschließend mit einem Partnerkind austauschen

Ideen zur Weiterarbeit

- Einen Text aus dem Lesebuch nehmen und auf die Suche nach zusammengesetzten Nomen gehen, diese notieren und mit einem Partnerkind vergleichen; Aufgabe kann sehr gut in die Wochenplanarbeit eingebaut werden

Seite 68

Kompetenzen/Lernziele

- Zusammensetzungen als Mittel zur Wortbildung nutzen
- Sprachliche Strukturen bei der Bildung zusammengesetzter Nomen verwenden
- Wortschatz erweitern und lebendig umschreiben

Vorbereitung und Material

- KV 66: Zuordnungsspiel
- DUA : Artikelsymbole
- KV 67: Zusammengesetzte Nomen
- KV 68: Wörter bauen

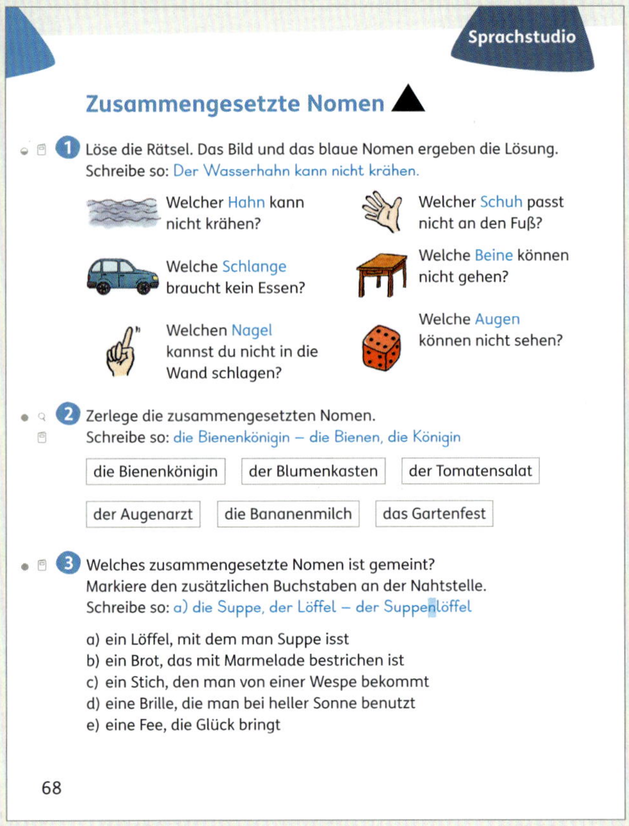
Sprachstudio

Zusammengesetzte Nomen ▲

1 Löse die Rätsel. Das Bild und das blaue Nomen ergeben die Lösung.
Schreibe so: Der Wasserhahn kann nicht krähen.

Welcher Hahn kann nicht krähen?
Welcher Schuh passt nicht an den Fuß?
Welche Schlange braucht kein Essen?
Welche Beine können nicht gehen?
Welchen Nagel kannst du nicht in die Wand schlagen?
Welche Augen können nicht sehen?

2 Zerlege die zusammengesetzten Nomen.
Schreibe so: die Bienenkönigin – die Bienen, die Königin

die Bienenkönigin | der Blumenkasten | der Tomatensalat
der Augenarzt | die Bananenmilch | das Gartenfest

3 Welches zusammengesetzte Nomen ist gemeint?
Markiere den zusätzlichen Buchstaben an der Nahtstelle.
Schreibe so: a) die Suppe, der Löffel – der Suppenlöffel

a) ein Löffel, mit dem man Suppe isst
b) ein Brot, das mit Marmelade bestrichen ist
c) ein Stich, den man von einer Wespe bekommt
d) eine Brille, die man bei heller Sonne benutzt
e) eine Fee, die Glück bringt

68

Allgemeine Hinweise

Der Aufbau zusammengesetzter Nomen wird erarbeitet. Dabei wird deutlich, dass sich die Bedeutung des Grundwortes je nach Bestimmungswort ändert und dass sich der Begleiter nach dem Grundwort richtet. Zusammengesetzte Nomen können aus zwei, drei oder mehr Nomen bestehen.

Einstieg

- Zuordnungsspiel (KV 66) in Partnerarbeit oder in der Gruppe; Antworten werden mit Begleiter ins Heft notiert

Hinweise zu den Aufgaben

- Aufg. 1: Aufschreiben der erarbeiteten Rätsel nach vorgegebenem Satzmuster, anschließend Austausch mit einem Partnerkind
- Aufg. 2: Zerlegen zusammengesetzter Nomen, vorab noch einmal im Klassenplenum erarbeiten, dass sich der Begleiter immer nach dem Grundwort (2. Nomen) richtet, das erste Nomen kann einen anderen Artikel haben; diese Aufgabe kann anschließend auch gemeinsam erarbeitet werden, die Kinder notieren anschließend die Ergebnisse in ihr Heft
- Aufg. 3: Bilden zusammengesetzter Nomen, Erkenntnis, dass ein zusammengesetztes Nomen eine verkürzte Umschreibung sein kann

Differenzierung

Sprachförderung

- Bestimmte Artikel in den Artikelfarben kennzeichnen, SuS schreiben die Artikel auch in diesen Farben: *der* – blau, *die* – rot, *das* – grün (siehe dazu auch DUA – Artikelsymbole), diese können den Kindern auch in klein an die Tischecke geklebt werden

Fördern

- Zusammengesetzte Nomen schreiben (KV 67)

Fordern

- Aufg. 1: Erstellen von eigenen Rätseln und Lösungskarten
- Weitere eigene zusammengesetzte Nomen suchen, evtl. auch mit drei Nomen, die zusammengesetzt sind

Ideen zur Weiterarbeit

- Wörter bauen (KV 68)

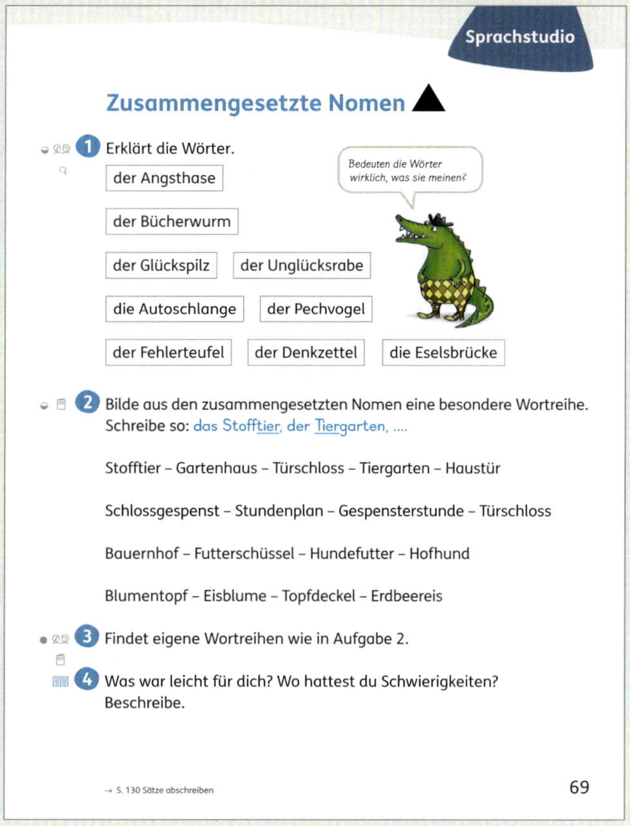
Sprachstudio

Zusammengesetzte Nomen ▲

1 Erklärt die Wörter.

der Angsthase

der Bücherwurm

der Glückspilz | der Unglücksrabe

die Autoschlange | der Pechvogel

der Fehlerteufel | der Denkzettel | die Eselsbrücke

2 Bilde aus den zusammengesetzten Nomen eine besondere Wortreihe. Schreibe so: das Stofftier, der Tiergarten, …

Stofftier – Gartenhaus – Türschloss – Tiergarten – Haustür

Schlossgespenst – Stundenplan – Gespensterstunde – Türschloss

Bauernhof – Futterschüssel – Hundefutter – Hofhund

Blumentopf – Eisblume – Topfdeckel – Erdbeereis

3 Findet eigene Wortreihen wie in Aufgabe 2.

4 Was war leicht für dich? Wo hattest du Schwierigkeiten? Beschreibe.

→ S. 130 Sätze abschreiben

69

Kompetenzen/Lernziele

- Zusammensetzungen als Mittel zur Wortbildung nutzen
- Die Bedeutung von Grundwort und Bestimmungswort unterscheiden
- Wortschatz erweitern und lebendig umschreiben

Vorbereitung und Material

- Zusammengesetzte Nomen auf Wortkarten oder an der Tafel
- KV 69: Drehwörter

Allgemeine Hinweise

Die Kinder lernen die Bedeutung von ihnen vielleicht noch unbekannten zusammengesetzten Nomen genauer kennen (Glückspilz, Pechvogel). Da es sich dabei um Wörter handelt, die die Kinder nicht bzw. nicht häufig in ihrem Alltag verwenden, können sie so ihren Wortschatz ausbauen.

Einstieg

- Lehrkraft präsentiert den SuS einige zusammengesetzte Nomen (Glückspilz, Denkzettel, Autoschlange, Angsthase), die die Kinder versuchen zu erklären
- Unterrichtsgespräch: *Bedeuten die Wörter wirklich, was sie meinen? Ist ein Glückspilz ein Pilz mit Glück darin?*

Hinweise zu den Aufgaben

- Aufg. 1: Ein Kind erklärt seinem Partnerkind diese und weitere solcher Wörter; gemeinsam wird ein Wort ausgewählt, das dem Tandem am besten gefällt, dieses wird dann im Plenum erklärt
- Aufg. 2: Vorab ein Beispiel gemeinsam an der Tafel erarbeiten; ist ein Kind fertig, sucht es sich ein Partnerkind und die beiden kontrollieren und vergleichen ihre Ergebnisse
- Aufg. 3: Anschließend werden eigene solcher Wortreihen erfunden
- Aufg. 4: Reflexion über die vorangegangenen Aufgaben, die Aufgabe kann auch als Knobel-Hausaufgabe gegeben werden

Differenzierung

Sprachförderung

- Aufg. 2: Gemeinsam mit einem Partnerkind arbeiten, so können unbekannte Wörter ge- und erklärt werden

Fordern

- Aufg. 1: Auf die Suche nach weiteren solchen Wörtern gehen: zu Hause bei den Eltern nachfragen, ältere SuS fragen etc.

Ideen zur Weiterarbeit

- Drehwörter (KV 69) können im Rahmen der Wochenplanarbeit verwendet werden

Seite 70

Kompetenzen/Lernziele

- Bildbetrachtung und darüber sprechen
- Fantastische Geschichten erzählen
- Vorbereiten eigener Beiträge, indem sie einfache Notizen oder Bilder verwenden, ihre Vorträge üben und Rückmeldungen beachten
- Ergebnisse des eigenen Lernens präsentieren

Vorbereitung und Material

- Einzelne Comic-Bilder

So fern und doch so nah

Die Zeitreise mit der Zeitmaschine

1 Zwei Kinder gehen auf Zeitreise. Gebt den Kindern im Comic Namen und wandert mit ihnen mit. Erzählt.

70

Allgemeine Hinweise

Eine Zeitreise in die Vergangenheit zur Lebzeit der Dinosaurier löst bei den Kindern Bewunderung und Faszination aus. Die Kinder sollen diese Faszination erleben und ihre Fantasie einsetzen, um den Comic nachzuerzählen und mit eigenen Gedanken zu füllen.

Einstieg

- Zeitreise mit einer Zeitmaschine: *Stell dir vor, ihre findet eine Zeitmaschine. Wo würdet ihr hinreisen? Was würde euch dort erwarten? Was würdet ihr für Abenteuer erleben?* Spontane Aussprache; Verschriftlichung; Darstellung in Form von Zeichnungen

Hinweise zu den Aufgaben

- Aufg. 1: Erzählen zu Bildern; Erfinden von Namen für die beiden Kinder

Differenzierung

Sprachförderung

- Satzanfänge zur einfacheren Gesprächsteilnahme: *Ich sehe ..., Die Kinder heißen ..., Sie finden ..., Die Kinder treffen ..., Die Kinder erleben/machen ...*

Fördern

- Aufg. 1: Die Bildkarten einzeln präsentieren und in die richtige Reihenfolge bringen lassen, dabei gleich zu jedem Bild erzählen lassen (Schulbuch S. 70 oder DUA)

Fordern

- Aufg. 1: Schreiben zum Comic (Wörter und Sätze)

2 Betrachtet die Bildergeschichte genau.
- Wo entdecken die Kinder die Zeitmaschine?
- Was haben sie vor?
- Was geschieht dann?
- In welcher Zeit landen sie?

3 Erzählt die Geschichte. Verwendet passende Adjektive.

neugierig	mutig	vergnügt	erschrocken	gespannt
ängstlich	tapfer	freundlich	lustig	froh

4 Wie könnte die Geschichte weitergehen? Malt das letzte Comic-Bild und schreibt dazu. Stellt eure Ideen der Klasse vor.

→ S. 132 Wörter mit St/st und Sp/sp Aufgabe 4 71

Kompetenzen/Lernziele
- Zu sich und anderen sprechen
- Weitererzählen/Ergänzen von Geschichten
- Präsentation eigener Geschichten

Vorbereitung und Material
- Bücher zum Thema „Dinosaurier/Steinzeit“
- Computer zur Internetrecherche

Differenzierung
- KV 70: Zeitreise mit der Zeitmaschine

Hinweise zu den Aufgaben
- Aufg. 2: Genaue Betrachtung der Bildergeschichte, Beantwortung der Fragen
- Aufg. 3: Erzählen der Geschichte mit der Verwendung passender Adjektive
- Aufg. 4: Malen eines weiteren Bildes und dazu schreiben; Vorstellung der entstandenen Geschichten

Differenzierung

Sprachförderung
- Hilfreich ist es hier, wenn die Lehrkraft oder ein sstärkeres Kind gemeinsam mit einem sprachschwächeren Kind arbeitet, damit unbekannte Wörter gleich erklärt werden können.
- Begriffsklärung/Bedeutung der Adjektive
- Aufg. 4: Kinder füllen Lückensätze zu den Comic-Bildern (KV 70)

Ideen für die Weiterarbeit
- Eigene Comics zu Zeitreisen an verschiedene Orte malen und dazu schreiben
- Internetrecherche zur Zeit der Dinosaurier

Seite 72

Kompetenzen/Lernziele
- Erzählstruktur von Spielanleitungen kennenlernen, erproben und erweitern
- Spielanleitungen nachvollziehen und erklären
- Mit Schrift gestalterisch umgehen und um auf Übersichtlichkeit achten
- Medien zur Recherchearbeit nutzen

Vorbereitung und Material
- Vorbereitende Hausaufgabe: Jedes Kind bringt ein Lieblingsspiel mit und stellt es in Gruppenarbeit der Klasse vor
- Bilder zu schwierigen Begriffen vorbereiten
- Aufgabenkarten zuschneiden
- KV 71: Kleines Dinosaurier-Lexikon

Schreibstudio

Das Zeitreisespiel

1 Die Kinder haben ein Zeitreisespiel gebastelt.
Beschreibt den Spielplan.

2 Sie haben Aufgabenkarten geschrieben. Auf der Rückseite stehen die Antworten. Sprecht darüber, welche Antworten zu den Aufgaben passen.

Was sind Fossilien?
Wann gab es die ersten Dinosaurier?
Vulkane
Wie heißen Berge, die Feuer spucken?
vor 250 Millionen Jahren
Nenne zwei Arten von Dinosauriern.
Stegosaurus, Spinosaurus
versteinerte Lebewesen

3 Schreibt Aufgabenkarten für das Zeitreisespiel.
Sucht im Internet auf einer Kindersuchseite nach interessanten Informationen für eure Mitspieler.

72 Aufgabe 3

Allgemeine Hinweise
Die inhaltliche Thematik der Dinosaurier, verbunden mit einem Spiel, schafft einen großen Motivationscharakter für die anstehenden Schreibaufgaben. Das Beantworten und Erstellen von Wissens-Fragen erweitert außerdem die Allgemeinbildung.

Einstieg
- Unterrichtsgespräch über Lieblingsspiele, Spielfelder und Spielregeln, Kinder bringen ihr Vorwissen ein und teilen es in einer freien Aussprache mit dem Rest der Klasse

Hinweise zu den Aufgaben
- Aufg. 1: Betrachtung und Beschreibung des Spielplans (Schulbuch S. 72 oder DUA)
- Aufg. 2: Zuordnung von Fragen und passenden Antworten
- Aufg. 3: Schreiben eigener Aufgabenkarten für das Zeitreisespiel; Bücher und Computer zur Recherche anbieten

Differenzierung

Sprachförderung
- Bilder zu schwierigen Begriffen bereitlegen, in Büchern oder im Internet zeigen: *Fossilien; Vulkane; Stegosaurus und Spinosaurus*

Fördern
- Aufg. 3: Kleines Dinosaurier-Lexikon nutzen (KV 71) um Informationen zur Erstellung der Aufgabenkarten zu finden

Fordern
- Aufgabenkarte mit Antwortmöglichkeiten für die Mitschüler erstellen lassen

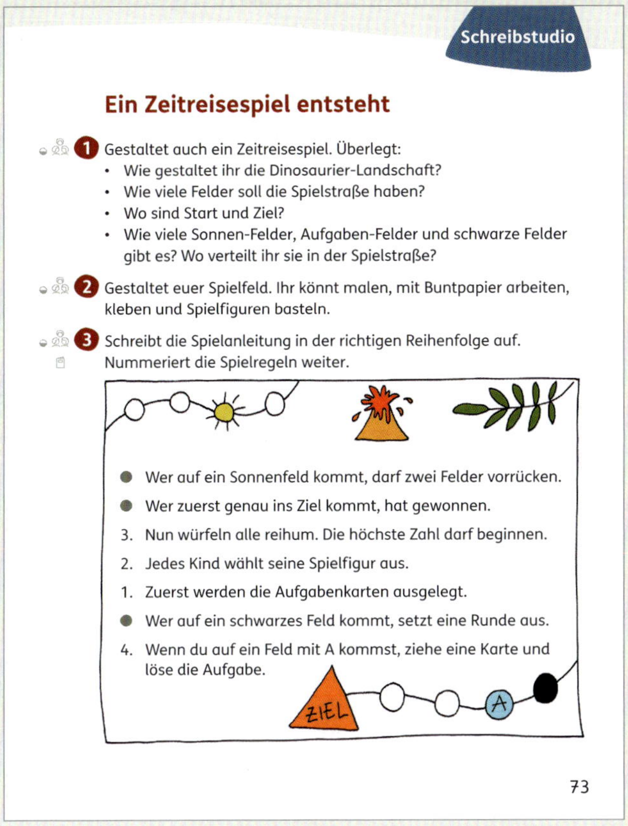

Schreibstudio

Ein Zeitreisespiel entsteht

1 Gestaltet auch ein Zeitreisespiel. Überlegt:
- Wie gestaltet ihr die Dinosaurier-Landschaft?
- Wie viele Felder soll die Spielstraße haben?
- Wo sind Start und Ziel?
- Wie viele Sonnen-Felder, Aufgaben-Felder und schwarze Felder gibt es? Wo verteilt ihr sie in der Spielstraße?

2 Gestaltet euer Spielfeld. Ihr könnt malen, mit Buntpapier arbeiten, kleben und Spielfiguren basteln.

3 Schreibt die Spielanleitung in der richtigen Reihenfolge auf. Nummeriert die Spielregeln weiter.

- ● Wer auf ein Sonnenfeld kommt, darf zwei Felder vorrücken.
- ● Wer zuerst genau ins Ziel kommt, hat gewonnen.
- 3. Nun würfeln alle reihum. Die höchste Zahl darf beginnen.
- 2. Jedes Kind wählt seine Spielfigur aus.
- 1. Zuerst werden die Aufgabenkarten ausgelegt.
- ● Wer auf ein schwarzes Feld kommt, setzt eine Runde aus.
- 4. Wenn du auf ein Feld mit A kommst, ziehe eine Karte und löse die Aufgabe.

73

Kompetenzen/Lernziele
- Erstellen und Gestalten von Spielplänen
- Verschiedenartige Texte lesen und erschließen (Spielanleitungen/Spielregeln)
- Sätze lesen und ordnen
- Mit Schrift gestalterisch umgehen und auf Übersichtlichkeit achten

Vorbereitung und Material
- Bild Spielplan S. 72
- Buntpapier, Kleber und Stifte

Allgemeine Hinweise
Nach dem Beschreiben und Spielen vorgegebener Spielpläne, steht nun das eigene Erstellen von Spielplänen im Fokus dieser Sprachbuchseite. Die Kinder können dabei viel Kreativität einbringen, müssen aber trotzdem einen Plan erstellen, der logisch und nachvollziehbar für andere ist.

Einstieg
- Bildbetrachtung Spielplan S. 72, Details des Spielplans besprechen
- Kriterien besprechen, die wichtig und notwendig für ein funktionierendes Spiel sind

Hinweise zu den Aufgaben
- Aufg. 1: Planung eines eigenen Zeitreisespiels, Fragen als Grundlage/Hilfe nutzen
- Aufg. 2: Gestaltung eines eigenen Spielplans
- Aufg. 3: Ordnung der Spielanleitung in eine passende Reihenfolge, Nummerierung der Spielregeln

Ideen für die Weiterarbeit
- Weitere Spielpläne mit eigenen Spielregeln gestalten und erstellen
- Spielen der eigenen Spiele in Kleingruppen
- Ausstellung/Verleihen der eigenen Spielpläne an andere Klassen

Seite 74

Kompetenzen/Lernziele

- Bildbetrachtung und darüber sprechen
- Einhalten einer sinnvollen Reihenfolge
- Sätze lesen und ordnen
- Kennenlernen der Methode „der rote Faden“ als Orientierungshilfe für das Erzählen und Schreiben von Geschichten

Vorbereitung und Material

- Bilder der Seite einzeln vergrößert (Print- oder digitale Version)
- Roter Faden (Wäscheleine) und Wäscheklammern

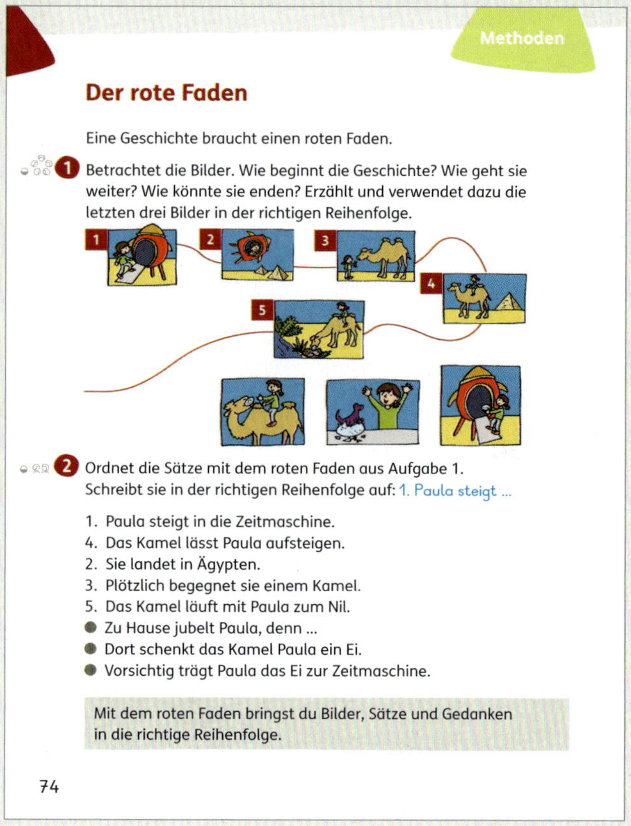

Methoden

Der rote Faden

Eine Geschichte braucht einen roten Faden.

1 Betrachtet die Bilder. Wie beginnt die Geschichte? Wie geht sie weiter? Wie könnte sie enden? Erzählt und verwendet dazu die letzten drei Bilder in der richtigen Reihenfolge.

2 Ordnet die Sätze mit dem roten Faden aus Aufgabe 1.
Schreibt sie in der richtigen Reihenfolge auf: 1. Paula steigt ...

1. Paula steigt in die Zeitmaschine.
4. Das Kamel lässt Paula aufsteigen.
2. Sie landet in Ägypten.
3. Plötzlich begegnet sie einem Kamel.
5. Das Kamel läuft mit Paula zum Nil.
- Zu Hause jubelt Paula, denn ...
- Dort schenkt das Kamel Paula ein Ei.
- Vorsichtig trägt Paula das Ei zur Zeitmaschine.

Mit dem roten Faden bringst du Bilder, Sätze und Gedanken in die richtige Reihenfolge.

74

Allgemeine Hinweise

Auf dieser Sprachbuchseite lernen die Kinder die Methode des „roten Fadens“ kennen. Durch jede Geschichte zieht sich ein „roter Faden“ und auch beim Erzählen eigener Geschichten lernen die Kinder eine Geschichte in einer passenden Reihenfolge von Anfang bis zum Ende zu beschreiben.

Einstieg

- Bilder einzeln und durcheinander an der Tafel präsentieren, gemeinsames Ordnen der Bilder in einer sinnvollen Reihenfolge, Befestigen der Bilder an einer roten Wäscheleine „roter Faden“ (Schulbuchseite 74 oder DUA)

Hinweise zu den Aufgaben

- Aufg. 1: Betrachten der Bilder und Erzählen der Geschichte
- Aufg. 2: Sätze den Bildern der Geschichte in der passenden Reihenfolge zuordnen, Sätze aufschreiben und nummerieren

Differenzierung

Sprachförderung

- Satzanfänge zur einfacheren Gesprächsteilnahme: *Am Anfang ..., Dann ..., Danach ..., Das Kind steigt in ..., Das Kind fliegt/landet ..., Das Kind entdeckt ..., Das Kamel ..., Am Ende ..., Zum Schluss ...*

Fordern

- Aufg. 2: Gesamte Geschichte weiter ausbauen, nicht nur einzelne Sätze, sondern einen Text schreiben lassen

Ideen für die Weiterarbeit

- Weitere Bildergeschichten an einem roten Faden ordnen, präsentieren, erzählen und dazu schreiben lassen

Sprachstudio

Wortfamilien

1 Hier sind die Wortfamilien **reisen** und **fahren**. Schreibe die Wörter auf. Markiere den Wortstamm: reis / Reis, fahr / Fahr.
Schreibe so: reisen, ...

Wörter mit dem gleichen Wortstamm gehören zu einer **Wortfamilie**.
reisen, abreisen, Reise ...

2 Schreibe die Wörter nach drei Wortfamilien geordnet auf. Markiere in jedem Wort den Wortstamm: spiel / Spiel, rutsch / Rutsch, mal / Mal. Schreibe so: spielen, ...

malen spielen anmalen rutschen ausrutschen
ausmalen abmalen Spiel rutschig Maler Anspiel
Rutsche zuspielen gemalt gespielt gerutscht Spieler

3 Schreibe die Sätze mit den passenden Wörtern aus der Wortfamilie **spielen** auf. Markiere den Wortstamm.

Fußball ist ein tolles ______.
Hannah hat heute sehr gut ______.
Emil ist ein toller ______.
Ich ______ sehr gern Handball.
______ du in meinem Team mit?

75

Kompetenzen/Lernziele

- Finden des gleichen Wortstamms als gemeinsamem Wortbaustein von Wörtern einer Wortfamilie
- Wortschatzerweiterung über Wissen von Wortfamilien und Wortstämmen

Vorbereitung und Material

- Plakate und Stifte

Differenzierung

- KV 72: Den Wortstamm finden

Allgemeine Hinweise

Die SuS sollen dafür sensibilisiert werden, dass sich über Wortstämme verwandte Wörter entwickeln lassen und diese Erfahrung orthographische Sicherheit bringt. Außerdem lernen sie, dass Wörter mit dem gleichen Wortstamm zu einer Wortfamilie gehören.

Einstieg

- Wörter der Wortfamilie „reisen“ an der Tafel präsentieren, Unterrichtsgespräch: *Was haben diese Wörter gemeinsam?*
- Klärung des Begriffs „Wortstamm“
- Wortstamm gemeinsam markieren

Hinweise zu den Aufgaben

- Aufg. 1: Wörter aufschreiben und Wortstamm der beiden Wortfamilien markieren
- Aufg. 2: Wörter nach Wortfamilien sortieren, aufschreiben und Wortstamm markieren
- Aufg. 3: Wörter aus der Wortfamilie „spielen“ passend in die Lückensätze einfügen und aufschreiben

Differenzierung

Fördern

- Aufg. 2: (KV 72) Wortstamm finden
- Aufg. 3: Kinder darauf hinweisen auf die Wortart zu achten; Groß und Kleinschreibung beachten

Fordern

- Aufg. 2: Zu Wörtern einer Wortfamilie Sätze schreiben lassen

Ideen für die Weiterarbeit

- In Gruppenarbeiten weitere Wortfamilien finden lassen
- Plakate gestalten, präsentieren

Seite 76

Kompetenzen/Lernziele

- Finden des gleichen Wortstamms als gemeinsamen Wortbaustein von Wörtern einer Wortfamilie
- Wortschatzerweiterung über Wissen von Wortfamilien und Wortstämmen
- Wörter einer Wortfamilie passend in Sätze einsetzen, dabei auf Vor- und Endsilben achten

Vorbereitung und Material

- Ggf. Plakate der Kinder mit eigenen Wortfamilien
- Vorbereitende Hausaufgabe: Finden eigener Wortfamilien

Differenzierung

- KV 73: Wortfamilie hören

Sprachstudio

Wortstamm

Achtet bei den Nomen auf die Großschreibung und den Wortstamm.

1 Bildet Wörter zur Wortfamilie **lesen**. Schreibt so: vorlesen, ...

Anfangsbaustein	Wortstamm	Endbaustein
vor ge ver un	les	en er e bar

Jedes Wort hat einen **Wortstamm** als Hauptbaustein.
Der Wortstamm bleibt meist gleich: vorlesen, lesen, lesbar

2 Setzt Wörter aus der Wortfamilie **lesen** ein. Schreibt die Sätze. Markiert den Wortstamm.

In der Schule ___ wir eine Geschichte.
Ich darf der Klasse ___. Am liebsten ___ ich Märchen.
Ich bin ein fleißiger ___. Was ___ ihr?
Heute habe ich schon einen Comic ___.

3 Bilde Wörter zur Wortfamilie **hören**. Markiere den Wortstamm und die Wortart mit den Symbolen.
Schreibe so: Zuhörer ▲, hören ●, hörbar ▲, ...

Anfangsbaustein	Wortstamm	Endbaustein
zu ver an un	hör	en t er bar

4 Bilde Sätze mit den Wörtern aus der Wortfamilie **hören**. Schreibe sie auf. Markiere den Wortstamm.

hören | hörbar | zuhören | anhören | Hörer | das Verhör

76

→ S. 133 Wörter mit Ä/ä
→ S. 134 Wörter mit Äu/äu

Allgemeine Hinweise

Auf dieser Sprachbuchseite wird das Wissen über Wortfamilien und Wortstämme noch weiter vertieft. Die Kinder lernen nun zusätzlich noch das Erkennen von Anfangs- und Endbausteinen und wenden dieses Wissen an verschiedenen Wortfamilien an.

Einstieg

- Wortfamilie „malen“ von Seite 75 an der Tafel präsentieren oder die selbstgefundenen Wortfamilien der SuS aus der vorangegangenen Stunde nutzen
- Wortstamm gemeinsam markieren
- Begriffsklärung „Anfangs- und Endbausteine“
- Finden von Anfangs- und Endbausteinen in der Wortfamilie „malen“ oder anderen Wortfamilien

Hinweise zu den Aufgaben

- Aufg. 1: Bilden von Wörtern der Wortfamilie „lesen“; Wörter mit Anfangs- und Endbausteinen lesen und aufschreiben; Wortstamm markieren
- Aufg. 2: Wörter der Wortfamilie „lesen“ passend in die Lückensätze einsetzen
- Aufg. 3: Wörter der Wortfamilie „hören“ mit Anfangs- und Endbausteinen bilden; mit dem passenden Wortartensymbol aufschreiben
- Aufg. 4: Mit den Wörtern der Wortfamilie „hören“ Sätze bilden

Differenzierung

Sprachförderung

- Hilfreich ist es hier, wenn die Lehrkraft oder ein sprachstärkeres Kind gemeinsam mit einem sprachschwächeren arbeitet, damit unbekannte Wörter gleich erklärt werden können.

Fördern

- Aufg. 4: (KV 73) Wortfamilie hören

Fordern

- Weitere eigenen Wortfamilien finden; Plakate oder Karteikarten dazu erstellen lassen

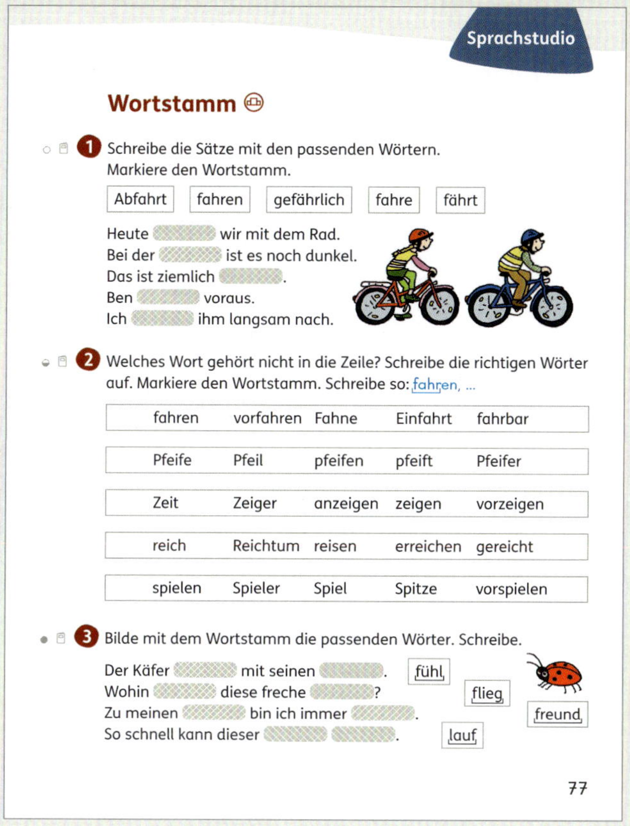
Sprachstudio

Wortstamm

1 Schreibe die Sätze mit den passenden Wörtern. Markiere den Wortstamm.

Abfahrt | fahren | gefährlich | fahre | fährt

Heute ___ wir mit dem Rad.
Bei der ___ ist es noch dunkel.
Das ist ziemlich ___.
Ben ___ voraus.
Ich ___ ihm langsam nach.

2 Welches Wort gehört nicht in die Zeile? Schreibe die richtigen Wörter auf. Markiere den Wortstamm. Schreibe so: fahren, …

fahren	vorfahren	Fahne	Einfahrt	fahrbar
Pfeife	Pfeil	pfeifen	pfeift	Pfeifer
Zeit	Zeiger	anzeigen	zeigen	vorzeigen
reich	Reichtum	reisen	erreichen	gereicht
spielen	Spieler	Spiel	Spitze	vorspielen

3 Bilde mit dem Wortstamm die passenden Wörter. Schreibe.

Der Käfer ___ mit seinen ___.
Wohin ___ diese freche ___?
Zu meinen ___ bin ich immer ___.
So schnell kann dieser ___ ___.

fühl | flieg | freund | lauf

77

Kompetenzen/Lernziele

- Finden des gleichen Wortstamms als gemeinsamen Wortbaustein von Wörtern einer Wortfamilie
- Wortschatzerweiterung über Wissen von Wortfamilien und Wortstämmen
- Wörter eines Wortstammes im Satzzusammenhang passend bilden

Vorbereitung und Material

- KV 74: Wörter mit gleichem Wortstamm
- KV 75 Wortfamilien

Allgemeine Hinweise

Die Kinder erweitern ihren Wortschatz durch weitere Wortfamilien. Sie vertiefen ihr Wissen und wenden dieses an.

Hinweise zu den Aufgaben

- Aufg. 1: Vorgegebene Wörter passend in die Sätze einsetzen, Wortstamm markieren
- Aufg. 2: Erkennen, welche Wörter nicht in die Wortfamilie passen; passende Wörter aufschreiben und Wortstamm markieren
- Aufg. 3: Aus den vorgegebenen Wortstämmen passende Wörter für Lückensätze bilden

Differenzierung

Sprachförderung

- Hilfreich ist es hier, wenn die Lehrkraft oder ein stärkerer SuS gemeinsam mit einem sprachschwächeren Kind arbeitet, damit unbekannte Wörter gleich erklärt werden können.

Fördern

- Aufg. 3: Kinder können als Alternative KV 74 bearbeiten

Fordern

- Aufg. 2: Eigene Fehlerleisten ausdenken und erstellen, gegenseitig in der Klasse bearbeiten lassen
- Aufg. 3: Weitere Wörter zu den Wortstämmen finden und passende Sätze bilden

Ideen zur Weiterarbeit

- KV 75 zu Wortfamilien bearbeiten lassen
- Karteikarten oder kleine Plakate zu Wörtern mit gleichem Wortstamm in Gruppen- oder Partnerarbeit erstellen lassen

Seite 78

Kompetenzen/Lernziele
- Sich differenziert über Gefühle äußern können
- Gefühle darstellen
- Über Gefühle schreiben

Vorbereitung und Material
- Bild „großes Kleeblatt“
- KV 76: Gefühle zeigen
- KV 77: Gefühlsbarometer

Kunterbunte Gefühle
Gefühle zeigen

1 Singt und klatscht das „Lied von den Gefühlen“.
Macht Bewegungen und Geräusche dazu.

Text & Melodie: Klaus W. Hoffmann

Wenn ich wütend bin, sag ich dir,
ja, dann stampf und brüll ich
wie ein wilder Stier ...

Wenn ich albern bin, fällt mir ein,
ja, dann quiek ich manchmal
wie ein kleines Schwein ...

Wenn ich traurig bin, stell dir vor,
ja, dann heul ich wie ein Hofhund
vor dem Tor ...

Wenn ich fröhlich bin, hör mal zu,
ja, dann pfeif ich wie ein bunter
Kakadu ...

2 Was tust du, wenn du mutig oder ängstlich bist?
Erzähle und schreibe.

Wenn ich mutig bin, dann ... | Wenn ich ängstlich bin, dann ...

3 Wann und wie macht dir Lernen Spaß? Schreibe auf.

78 Aufgabe 1

Allgemeine Hinweise
Das Lied gibt den Kindern die Möglichkeit über den Einsatz von Gestik und Mimik, Gefühle sichtbar machen. Mimik und Gestik werden gedeutet und Gefühle thematisiert. Gefühle (z.B. Mut, Angst, Glück ...) bieten auch Anlass zum Verfassen von Texten.

Einstieg
- Bildimpuls: „großes Kleeblatt“ als Zeichen für Glück
- Unterrichtsgespräch: *Wann bist du glücklich? Was bedeutet Glück für dich?*

Hinweise zu den Aufgaben
- Aufg. 1: Gemeinsam wird das „Lied von den Gefühlen“ gesungen, passende Bewegungen und Geräusche unterstützen dabei
- Aufg. 2: Kinder erzählen und schreiben, was sie tun, wenn sie mutig/ängstlich sind
- Aufg. 3: Kinder schreiben auf, wann ihnen Lernen Freude bereitet und wie ihnen das gelingt

Differenzierung

Sprachförderung
- Aufg. 1–3: Unbekannte Wörter zu Beginn der Unterrichtseinheit klären
- Satzanfänge zur einfacheren Gesprächsteilnahme: *Wenn ich mutig/ängstlich/traurig/albern/wütend/glücklich bin, dann ...*

Fördern
- Gefühle zeigen: Kinder malen und schreiben, was zu ihnen passt, wenn sie glücklich/traurig sind (KV 76)

Ideen für die Weiterarbeit
- Wut-/Angstmonster: aus Schuhkarton ein Wut-Angstmonster bauen; Kinder schreiben ihre Sorgen auf Zettel und werfen sie in das Monster
- Gefühlsbarometer im Klassenzimmer: Sonne und Wolke als Bild gestalten, dazwischen Wäscheleine spannen, an die Klammern mit Namen befestigt werden können (KV 77)

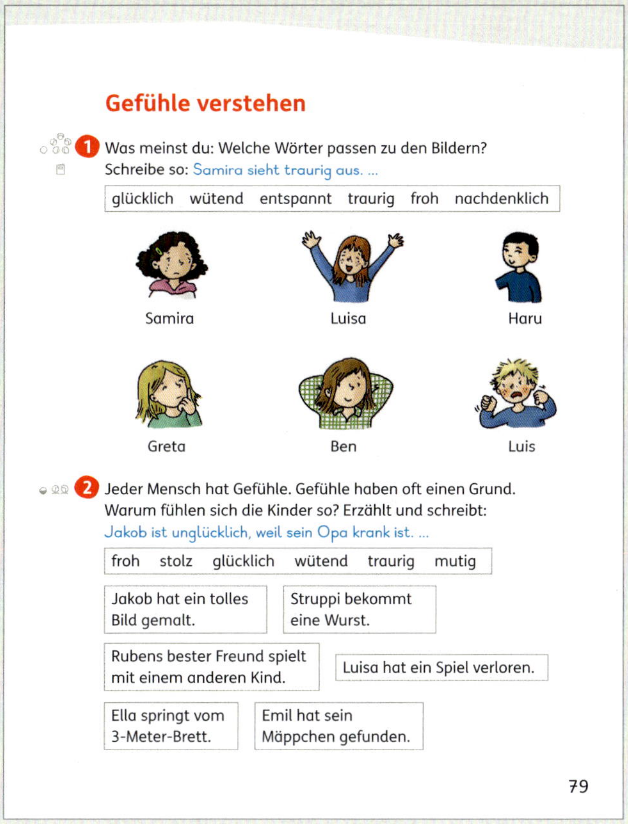

Gefühle verstehen

1 Was meinst du: Welche Wörter passen zu den Bildern?
Schreibe so: Samira sieht traurig aus. ...

glücklich wütend entspannt traurig froh nachdenklich

Samira Luisa Haru

Greta Ben Luis

2 Jeder Mensch hat Gefühle. Gefühle haben oft einen Grund.
Warum fühlen sich die Kinder so? Erzählt und schreibt:
Jakob ist unglücklich, weil sein Opa krank ist. ...

froh stolz glücklich wütend traurig mutig

Jakob hat ein tolles Bild gemalt.

Struppi bekommt eine Wurst.

Rubens bester Freund spielt mit einem anderen Kind.

Luisa hat ein Spiel verloren.

Ella springt vom 3-Meter-Brett.

Emil hat sein Mäppchen gefunden.

79

Kompetenzen/Lernziele

- Sich differenziert über Gefühle äußern können
- Gefühle darstellen
- Über Gefühle schreiben

Vorbereitung und Material

- Blanko-Karten
- Ggf. Wasserfarben

- KV 78: Gefühle verstehen

Allgemeine Hinweise

Die Darstellungen zeigen Kinder in verschiedenen Situationen, die Gefühle sichtbar machen. Mimik und Gestik werden gedeutet und Gefühle thematisiert. Gefühle (z.B. Mut, Angst, Glück ...) bieten auch Anlass zum Verfassen von Texten.

Einstieg

- Unterrichtsgespräch: *Welche Gefühle empfindest du als angenehm, welche als unangenehm?*
- Bildbetrachtung: Gefühle (→ Schulbuch S. 79)

Hinweise zu den Aufgaben

- Aufg. 1: Zuordnen entsprechender Adjektive zu den Gefühlsbildern, Notation ins Heft
- Aufg. 2: Unterrichtsgespräch: *Wie fühlst du dich, wenn ...?* Kinder erfahren, dass Gefühle oft einen Grund haben; Kinder bilden Sätze, indem sie das Adjektiv der passenden Situation zuordnen, anschließend notieren sie diese ins Heft

Differenzierung

Sprachförderung

- Um den Wortschatz rund um die Thematik „Gefühle" zu sichern, helfen Gefühlsbilder mit passenden Adjektiven (Vorderseite Gefühlsbild – Rückseite Adjektiv)

Fördern

- Gefühle verstehen: Kinder schreiben zu Bildern, wie sich andere fühlen und erzählen, wie sie das Gefühl erkennen (KV 78)

Fordern

- Kinder notieren auf Blanko-Kärtchen verschiedene Gefühle (z.B. wütend, traurig, glücklich usw.), dann zieht ein Kind ein Kärtchen und versucht das Gefühl vorzuspielen, sodass das Partnerkind das Gefühl erkennt; dabei muss man auf den Gesichtsausdruck und die Körperhaltung achten

Ideen für die Weiterarbeit

- Kinder gestalten eigene Gefühlsbilder mit Wasserfarben zu einem Gefühl ihrer Wahl
- Paare finden: Kinder gestalten eigenes Spiel mit Gefühlsbildern und Adjektiven (jedes auf eine eigene Karte) und spielen im Anschluss nach den bekannten Regeln

Seite 80

Kompetenzen/Lernziele

- Gedicht (literarisches Vorbild) kennenlernen, auswendig lernen und verändern
- Texte/Gedichte rhythmisch und lautmalerisch lesen
- Ähnliche Texte vergleichen

Vorbereitung und Material

- Gedichtvortrag „Hausspruch“
- Lesetandems einteilen
- KV 79: Hausspruch – Gedicht ordnen

Schreibstudio

Ein Gedicht verändern

1 Lest das Gedicht. Wechselt euch ab. Lernt es auswendig.

Hausspruch

In meinem Haus,
da wohne ich,
da esse ich,
da schlafe ich.

Und wenn du willst,
dann öffne ich
die Tür
und lasse dich ein.

In meinem Haus,
da lache ich,
da weine ich,
da träume ich.

Und wenn ich will,
dann schließe ich
die Tür
und bin allein.

Gina Ruck-Pauquèt

2 Schreibe Julians Gedicht ab. Vergleiche es mit dem Gedicht aus Aufgabe 1. Unterstreiche die Wörter, die sich verändert haben.

In meinem Haus,
da spiele ich,
da koche ich,
da tanze ich.

Und wenn du willst,
dann öffne ich
die Tür
und lasse dich ein.

In meinem Haus,
da lache ich,
da zittere ich,
da tobe ich.

Und wenn ich will,
dann schließe ich
die Tür
und bin allein.

von Julian

80

Allgemeine Hinweise

Nach einem literarischen Vorbild wird ein Gedicht gelesen, gesprochen und auswendig gelernt. Weiter findet anhand des Gedichts eine generative Textproduktion statt. Auf der Grundlage des Originaltextes werden Wörter ausgetauscht. Die grammatischen Strukturen sollen dabei erhalten bleiben.

Einstieg

- Die Lehrkraft trägt das Gedicht „Hausspruch“ vor
- Unterrichtsgespräch: *Was haben sich die Kinder gemerkt?*

Hinweise zu den Aufgaben

- Aufg. 1: Wechselseitiges Lesen des Gedichts; Auswendiglernen des Gedichts
- Aufg. 2: Vergleichen des Originalgedichts mit dem veränderten Gedicht von Julian
  Abschreiben des Gedichts und Unterstreichen der veränderten Wörter; Fokus auch auf die unveränderten Wörter und grammatischen Strukturen legen und begründen

Differenzierung

Sprachförderung

- Klärung unbekannter Wörter/Tätigkeiten
- Kinder sprechen und lesen das Gedicht immer wieder gemeinsam mit einem sprachlich starken Kind; auf die richtigen grammatischen Strukturen und damit vor allem auf die richtige verwendete Personalform sollte geachtet werden

Fördern

- Ordnen der einzelnen Zeilen des Gedichts in die richtige Reihenfolge (KV 79); Selbstkontrolle durch das Gedicht

Schreibstudio

Ein Gedicht verändern

1 Sammelt Wörter.

Dort darf ich wohnen:
in meinem Schloss, in meiner Hütte,
in meinem Baumhaus, in meinem Raumschiff, ...

Das kann ich dort tun:
turnen, pfeifen, klettern, fliegen, tanzen, schweben, ...

2 Schreibe dein eigenes Gedicht schön und übersichtlich.

In ___ ___,
da ___ ich,
da ___ ich,
da ___ ich.

Und wenn du willst,
dann öffne ich
die Tür
und lasse dich ein.

In ___ ___,
da ___ ich,
da ___ ich,
da ___ ich.

Und wenn ich will,
dann schließe ich
die Tür
und bin allein.

3 Lest eure Gedichte vor. Gebt euch freundliche Rückmeldung.

Was gefällt dir an dem Gedicht besonders gut?

Wurde das Gedicht gut vorgetragen? Warum?

4 Schreibe das Gedicht aus Aufgabe 2 in der du-Form auf. Schreibe so:
In deinem Haus,
da ___ du, ...

→ Methode S. 10 Freundliche Rückmeldung

81

Kompetenzen/Lernziele

- Gedicht (literarisches Vorbild) verändern
- Eigene Gedichte verfassen
- In eigenen und fremden Gedichten Gelungenes benennen und Vortrag beurteilen
- KV 80: Ein Gedicht verändern

Allgemeine Hinweise

Im Rahmen des generativen Schreibens ändern und verschriften die Kinder nun angelehnt an das Original-Gedicht eigene Texte.

Einstieg

- Wiederholung des Gedichts „Hausspruch“
- Vortrag durch einige Kinder
- Präsentation des Gedichts an der Tafel oder Beamer (austauschen von Wörtern sollte dabei möglich sein)

Hinweise zu den Aufgaben

- Aufg. 1: Wortsammlung erstellen unter den beiden Kategorien „Dort darf ich wohnen“ und „Das kann ich dort tun“
- Aufg. 2: Wortsammlung nutzen, um Lücken des Gedichts zu füllen
- Mithilfe des Gedichts an der Tafel kann gemeinsam das Verändern und Ersetzen einzelner Wörter besprochen und vorgeführt werden; Kinder schreiben eigene Gedichte (KV 80)
- Aufg. 3: Vorlesen der Gedichte und Bewertung des Lesevortrags
- Aufg. 4: Das Gedicht aus Aufg. 2 in der du-Form aufschreiben

Differenzierung

Sprachförderung

- Grammtische Strukturen des Gedichts an der Tafel hervorheben.

In **meinem** Haus,
da spiel**e** **ich**,
da koch**e** **ich**, ...

Fordern

- Aufg. 2: Kinder schreiben eigene Texte ohne vorgegebene Lücken

Ideen für die Weiterarbeit

- Die entstandenen Gedichte ansprechend gestalten und für eine Veröffentlichung aufbereiten, Ausstellung der Gedichte; Gedichtbuch entstehen lassen

Seite 82

Kompetenzen/Lernziele

- Kennenlernen einer neuen Methode zur übersichtlichen Darstellung von Lerninhalten
- Praktische Umsetzung einer Anleitung in Form von Bildern
- Gestalterischer Umgang mit Schrift

Vorbereitung und Material

- Papier DIN-A4 weiß oder bunt
- Scheren, Kleber und Stifte

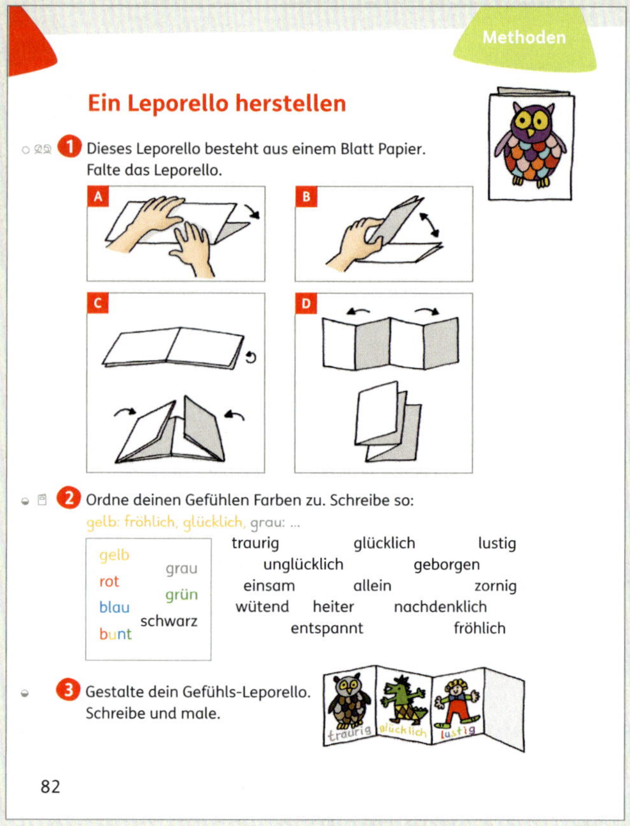

Methoden

Ein Leporello herstellen

1 Dieses Leporello besteht aus einem Blatt Papier. Falte das Leporello.

A B C D

2 Ordne deinen Gefühlen Farben zu. Schreibe so:
gelb: fröhlich, glücklich, grau: ...

gelb, rot, blau, bunt, grau, grün, schwarz

traurig, glücklich, lustig, unglücklich, geborgen, einsam, allein, zornig, wütend, heiter, nachdenklich, entspannt, fröhlich

3 Gestalte dein Gefühls-Leporello. Schreibe und male.

traurig glücklich lustig

82

Allgemeine Hinweise

Ein Leporello ist ein Faltbuch in Form eines langen Papier- oder Kartonstreifens zu einem bestimmten Thema, das ziehharmonikaartig gefaltet ist. Auf den einzelnen Seiten werden verschiedene Bereiche eines Themas übersichtlich dargestellt. Das Leporello kann damit als Lernhilfe zu den verschiedensten Themen erstellt und eingesetzt werden.

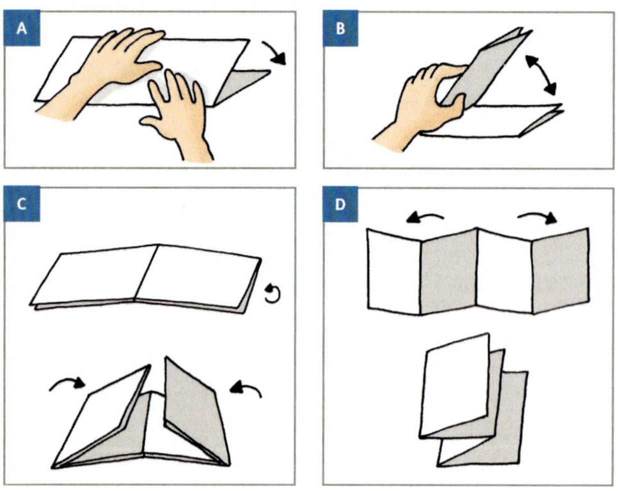

Einstieg

- Präsentation eines fertigen Leporellos
- Kennenlernen des Begriffs „Leporello“ mit seinem Aufbau und der Verwendung beim Lernen

Hinweise zu den Aufgaben

- Aufg. 1: Falten eines Leporellos mithilfe der Bild-Anleitung Schritt für Schritt
- Aufg. 2: Gefühle passenden Farben zuordnen und aufschreiben
- Aufg. 3: Gefühls-Leporello gestalten

Differenzierung

Sprachförderung

- Hilfreich ist es hier, wenn die Lehrkraft oder ein stärkeres Kind gemeinsam mit einem sprachschwächeren Kind arbeitet, damit unbekannte Wörter gleich erklärt werden können.

Ideen für die Weiterarbeit

- Weitere Leporellos zu anderen Themen erstellen
- Methode auch fächerübergreifend z. B. für Inhalte in HSU nutzen

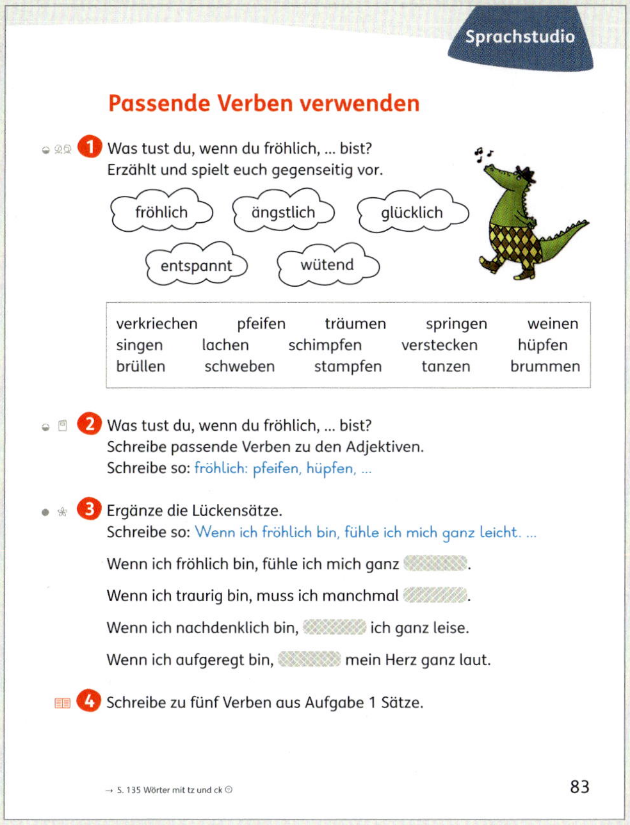

Sprachstudio

Passende Verben verwenden

1 Was tust du, wenn du fröhlich, ... bist?
Erzählt und spielt euch gegenseitig vor.

fröhlich ängstlich glücklich entspannt wütend

verkriechen	pfeifen	träumen	springen	weinen
singen	lachen	schimpfen	verstecken	hüpfen
brüllen	schweben	stampfen	tanzen	brummen

2 Was tust du, wenn du fröhlich, ... bist?
Schreibe passende Verben zu den Adjektiven.
Schreibe so: fröhlich: pfeifen, hüpfen, ...

3 Ergänze die Lückensätze.
Schreibe so: Wenn ich fröhlich bin, fühle ich mich ganz leicht. ...

Wenn ich fröhlich bin, fühle ich mich ganz ___.

Wenn ich traurig bin, muss ich manchmal ___.

Wenn ich nachdenklich bin, ___ ich ganz leise.

Wenn ich aufgeregt bin, ___ mein Herz ganz laut.

4 Schreibe zu fünf Verben aus Aufgabe 1 Sätze.

→ S. 135 Wörter mit tz und ck

83

Kompetenzen/Lernziele

- Mit Adjektiven Gefühle passend beschreiben
- Verben sammeln und dadurch den Wortschatz erweitern

Vorbereitung und Material

- Material zur Plakaterstellung bereithalten

Allgemeine Hinweise

Der Zusammenhang zwischen Verben und Adjektiven wird den Kindern über die bereits besprochenen Gefühlslagen bewusster gemacht. Die Kinder sammeln passende Verben zu ihren verschiedenen Gefühlen und erweitern dadurch auch ihren Wortschatz. Vor allem für Kinder mit einer anderen Muttersprache ist diese Verknüpfung wichtig, um so zunehmend auch ihre Gefühle bewusst ausdrücken zu können.

Einstieg

- Die Lehrkraft zeigt einem Kind verdeckt eine Wortkarte mit einem Gefühl (fröhlich, ängstlich, glücklich, entspannt, wütend), das Kind stellt das Gefühl pantomimisch dar, die Klasse rät
- Unterrichtsgespräch: *Wie hast du das Gefühl erraten/ Woran hast du es erkannt? Was war besonders gut dargestellt?*

Hinweise zu den Aufgaben

- Aufg. 1: Gefühlszustände darstellen, vorgegebene Verben als Hilfe nutzen; diese Aufgabe kann auch in einer Kleingruppe bearbeitet werden
- Aufg. 2: Tätigkeiten aufschreiben, die bei bestimmten Gefühlsreaktionen stattfinden; Kinder darauf hinweisen, dass sie hier die Verben aus Aufg. 1 und eigene Verben verwenden können
- Aufg. 3: Verbsammlung aus Aufg. 1 nutzen
- Aufg. 4: Vorab zwei bis drei Beispielsätze an der Tafel gemeinsam erarbeiten, z. B. *Wenn ich lachen muss, bin ich ganz fröhlich. Ich bin traurig, wenn mich meine Mama schimpft.*

Differenzierung

Sprachförderung

- Aufg. 1: Verben je nach Sprachstand vorab klären
- Aufg. 4: Zu jedem Satz zwei Wörter vorgeben, das richtige muss gefunden und notiert werden: leicht/ schwer, weinen/lachen, sehen/werden

Fördern

- Aufg. 4: Lückenwörter als Auswahl an der Tafel vorgeben: leicht, weinen, werden, klopfen

Fordern

- Aufg. 2: Weitere eigene Verben finden, Verben zum Gefühl „traurig“ finden
- Aufg. 4: Zwei weitere solche Sätze zu einem Gefühl schreiben

Ideen für die Weiterarbeit

- Gefühlsplakate: Jedes Gefühl steht in der Mitte eines Plakats. Jeder SuS sucht sich zwei Gefühle aus und schreibt einen Satz mit folgendem Satzmuster dazu: *Wenn ich ... bin, ...*

Seite 84

Kompetenzen/Lernziele

- Verben in der passenden Personalform verwenden
- Sätze bauen und umstellen
- Das Verb als Satzkern erkennen

Vorbereitung und Material

- KV 81: Sätze bauen

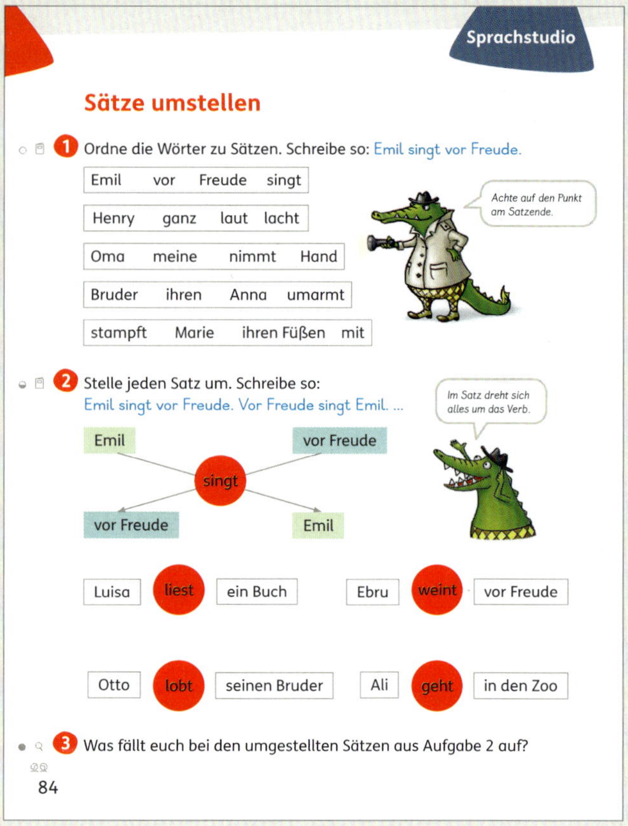
Sprachstudio

Sätze umstellen

1 Ordne die Wörter zu Sätzen. Schreibe so: Emil singt vor Freude.

Emil vor Freude singt
Henry ganz laut lacht
Oma meine nimmt Hand
Bruder ihren Anna umarmt
stampft Marie ihren Füßen mit

2 Stelle jeden Satz um. Schreibe so:
Emil singt vor Freude. Vor Freude singt Emil. ...

Luisa liest ein Buch
Ebru weint vor Freude
Otto lobt seinen Bruder
Ali geht in den Zoo

3 Was fällt euch bei den umgestellten Sätzen aus Aufgabe 2 auf?

84

Allgemeine Hinweise

Die Kinder ordnen Wörter richtig an, sodass ein sinnvoller Satz entsteht. Dabei nutzen sie ihre Kenntnisse über einen Satz und denken an das Satzschlusszeichen. Durch das Umstellen von Sätzen erkennen die Kinder, dass das Verb im Satz immer den Satzkern darstellt, der sich nicht verändert. Nur durch das Verb ergibt der Satz einen Sinn. Die einzelnen Satzglieder können verändert und umgestellt werden.

Einstieg

- An der Tafel heften die Satzglieder mehrerer Sätze als Wortkarten, die Kinder bilden damit sinnvolle Sätze.

Hinweise zu den Aufgaben

- Aufg. 1: Sätze bilden, vorab gemeinsam den ersten Satz bearbeiten
- Zur Hinführung auf Aufg. 2 wird ein Satz an der Tafel genommen; Unterrichtsgespräch: *Wie kannst du den Satz umstellen?* Lehrkraft schiebt die Wortkarten um und notiert beide Sätze; je nach Verständnis der Kinder können an der Tafel auch mehrere Beispielsätze so erarbeitet werden
- Aufg. 2: Sätze umstellen, der Beispielsatz wird vorab gemeinsam besprochen
- Aufg. 3: Die SuS können ihre Entdeckungen zu den umgestellten Sätzen auch farbig in ihren Sätzen von Aufg. 2 darstellen und erklären
- Zum Abschluss werden die Erkenntnisse im Klassenplenum zusammengetragen

Differenzierung

Sprachförderung

- Aufg. 1: Gemeinsam mit der Lehrkraft oder einem sprachlich stärkeren Kind erarbeiten

Fördern

- Aufg. 1: Satzstreifen aus Aufg. 1 kopieren und mehrfach vergrößern, Streifen auseinanderschneiden und die einzelnen Satzglieder eines Satzes mit einer Büroklammer zusammenhalten, das Kind nimmt sich eine Klammer und legt mit den einzelnen Satzgliedern einen Satz

Fordern

- Aufg. 1: Eigene Purzelsätze auf Blanko-Papierstreifen schreiben und mit einem anderen Kind tauschen

Ideen für die Weiterarbeit

- Sätze bauen (KV 81)

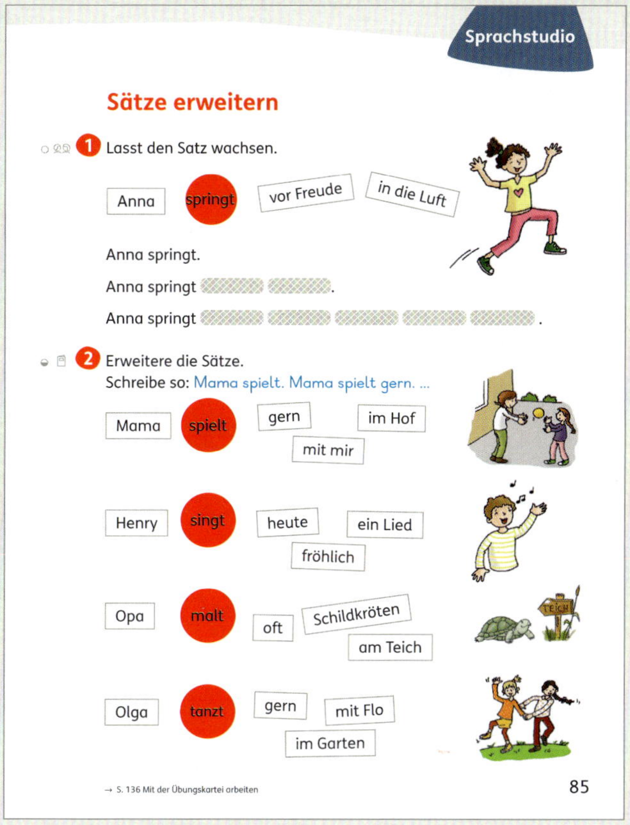
Sprachstudio

Sätze erweitern

1 Lasst den Satz wachsen.

Anna | springt | vor Freude | in die Luft

Anna springt.

Anna springt ___ ___.

Anna springt ___ ___ ___ ___ ___.

2 Erweitere die Sätze.
Schreibe so: Mama spielt. Mama spielt gern. ...

Mama | spielt | gern | im Hof | mit mir

Henry | singt | heute | ein Lied | fröhlich

Opa | malt | oft | Schildkröten | am Teich

Olga | tanzt | gern | mit Flo | im Garten

→ S. 136 Mit der Übungskartei arbeiten

85

Kompetenzen/Lernziele

- Sätze bilden und erweitern
- Das Verb als Satzkern erkennen

Vorbereitung und Material

- KV 82: Sätze erweitern

Allgemeine Hinweise

Die Kinder haben erkannt, dass Sätze umgestellt werden können, ohne dass sich deren Sinn verändert. Nun werden die Sätze durch Objekte, Zeit- und Ortsangaben beliebig erweitert. Hier können die Kinder feststellen, dass sich durch eine Erweiterung eines Satzes sehr wohl dessen Sinn verändern kann.

Einstieg

- An der Tafel steht der Satz „Hugo hüpft.“, dazu sind gezielte Fragen aufgelistet *(Wo? Wohin? Warum? Wann? Wie lange?)*, welche den Kindern beim Finden von Erweiterungen zum Satz helfen
- Gemeinsam mit dem Partnerkind bilden die Kinder einen erweiterten Satz: *Hugo hüpft ...*
- Anschließend Vorstellen im Klassenplenum und Sammeln an der Tafel

Hinweise zu den Aufgaben

- Aufg. 1: Sätze erweitern, je nach Sprachkenntnissen der Klasse Satz und dessen Erweiterungen vorab gemeinsam erarbeiten
- Aufg. 2: Sätze erweitern, gemeinsam den ersten Satz erarbeiten und die einzelnen Sätze an der Tafel notieren

Differenzierung

Fördern

- Aufg. 2: Pro Satz nur zwei Erweiterungen vorgeben

Fordern

- Aufg. 1: Den Satz mit einem anderen Verb sinnvoll erweitern, z. B. *Anna lacht ..., Anna malt ...*
- Aufg. 2: Eigene passende Erweiterungen zu den Sätzen finden; die Sätze aus der Aufgabe zusätzlich einmal umstellen

Ideen für die Weiterarbeit

- Sätze erweitern (KV 82)

Seite 86

Kompetenzen/Lernziele
- Texte lesen und Informationen entnehmen
- Fragen stellen und beantworten
- Fragen zu Texten entwickeln

Vorbereitung und Material
- Bildimpuls, Landkarte oder Weltkugel

- KV 83: Meine Wunschschule
- KV 84: Fragen, die mich interessieren
- KV 85: Schule in aller Welt

Wir Kinder dieser Welt

Schule in aller Welt

1 Lest die Texte. Stellt euch gegenseitig Fragen:
Wie lange haben die Kinder im Senegal an einem Tag Unterricht?

Rumänien
In Rumänien geht ein Teil der Kinder vormittags in die Schule, ein anderer Teil nachmittags. In der Grundschule gibt es nur vier Noten.
„Hund“ heißt auf Rumänisch câine.
„Vogel“ heißt auf Rumänisch pasăre.

Senegal
Im Senegal dauert die Schule von 8 bis 18 Uhr. Auch am Samstagvormittag ist Unterricht.
Die Kinder lernen arabische Schriftzeichen.
بقرة bedeutet „Kuh“.
ثعبان bedeutet „Schlange“.
Manche Kinder dürfen nicht in die Schule gehen. Sie müssen arbeiten und Geld für die Familie verdienen.

Griechenland
In Griechenland gehen die Kinder 6 Jahre lang in die Grundschule.
Die Kinder lernen das griechische Alphabet.
Es beginnt so: Alpha, Beta, Gamma, Delta.
Das sind die Buchstaben a, b, c, d.

α	β	γ	δ
Alpha	Beta	Gamma	Delta

86

Allgemeine Hinweise
In unserer vielsprachigen Welt ist es wichtig, Ähnlichkeiten und Unterschiede verschiedener Kulturen und ihrer Sprachen kennenzulernen und zu vergleichen. Dabei bietet vor allem das Schulsystem jedem Kind einen persönlichen Zugang. Eigene Erfahrungen oder auch bereits erworbenes Wissen über Schule in fremden Ländern bieten Anlass zum Gespräch und zur individuellen Weiterarbeit. Den Kindern werden verschiedene Möglichkeiten der Informationsbeschaffung, der Reduktion und der Bewertung dieser Informationen geboten.

Einstieg
- Unterrichtsgespräch in Klassen mit verschiedenen Kulturen: Austausch eigener Erfahrungen zum Thema „Schule“, ggf. Vorstellen des eigenen Landes (KV 83)
- Bildimpuls/Landkarte oder Weltkugel als Gesprächsanlass

Hinweise zu den Aufgaben
- Aufg. 1: Gemeinsames Lesen der Texte, Fragenkatalog aufstellen, Fragen beantworten; Kinder befragen sich gegenseitig und stellen ihre Ergebnisse vor der Klasse vor (KV 84)

Differenzierung

Sprachförderung
- Satzanfänge zur einfacheren Gesprächsteilnahme: *Wie lange haben die Kinder ..., Wann beginnt ..., Wann kommst du ..., Welche Fächer ..., Wie viele Kinder ..., In meinem Land ...*

Fördern
- Aufg. 1: Kinder beantworten nur Fragestellungen und schreiben eine Frage selbst (bei KV 84)
- Kinder malen und schreiben, wie sie Schulkinder anziehen würden (KV 85)
- Das Lesen des Sachtextes kann im Tandemlesen erfolgen. Dabei kann auch die Lehrkraft abwechselnd mit einem leseschwächeren Kind lesen

Fordern
- Aufg. 1: Kinder entwickeln Fragestellungen selbst und beantworten diese (KV 84)

China

In China müssen die Kinder mindestens 2000 Schriftzeichen lernen. Erst dann können sie ein Buch lesen.

马 bedeutet „Pferd“.

猫 bedeutet „Katze“.

Nach der Schule gehen viele Kinder noch in eine Nachhilfeschule. Danach müssen sie noch Hausaufgaben machen. Gute Noten sind für Familien in China besonders wichtig.

Kanada

In Kanada gehen die Kinder am Vormittag und am Nachmittag in die Schule. Der Unterricht ist auf Englisch oder auf Französisch.

„Baum“ heißt auf Englisch „tree“

und auf Französisch „arbre“.

Jede Lehrkraft hat ihr eigenes Klassenzimmer. Deswegen müssen die Kinder immer wieder das Klassenzimmer wechseln.

2 Informiert euch auf einer Kindersuchseite über die Schule in der Türkei, in Russland, in Mexiko. Gestaltet ein Plakat.

- Wie lernen die Kinder?
- Wie lange dauert der Unterricht an einem Tag?
- Wie viele Jahre besuchen die Kinder eine Schule?
- Tragen die Kinder eine Schuluniform?
- Welche Feste feiern sie? …

3 In welchem Land würdest du gern in die Schule gehen? Begründe.

→ S. 138 Wörter mit er, el   Aufgabe 2   87

Kompetenzen/Lernziele

- Texte lesen und Informationen entnehmen
- Informationen sammeln
- Plakat gestalten

Vorbereitung und Material

- Bildimpuls, Landkarte oder Weltkugel
- Bücher, Lexika über andere Länder
- Computer zur Internetrecherche
- Plakate, verschiedene Stifte

Hinweise zu den Aufgaben

- Aufg. 2: Bildimpuls im Sitzkreis: Schulklasse in einem fremden Land, spontaner Austausch; im Anschluss Recherche im Internet oder in Büchern; Verfassen eigener Steckbriefe oder Sachtexte über andere Länder
- Aufg. 3: Diskussionsrunde: *Wo würdest du gerne in die Schule gehen? In welchem Land und warum? Was findest du an deutschen Schulen gut/nicht so gut? Würdest du gerne eine Besonderheit aus einer anderen Schule in deiner Schule haben?*

Ideen für die Weiterarbeit

- Zusammenstellung einer Bücherkiste zum Thema
- Recherche im Internet und in Büchern
- Verfassen von Steckbriefen oder Sachtexten über andere Länder
- Erstellen von Länderplakaten

Seite 88

Kompetenzen/Lernziele
- Texte lesen und Informationen entnehmen
- Fragen stellen und beantworten
- Einladung schreiben

Vorbereitung und Material
- Beispiele für Einladungen
- Blanko-Wortkarten

- KV 86: Eine Einladung schreiben
- KV 87: Eine Einladung schreiben, Lückentext

Schreibstudio

Eine Einladung schreiben

1 Die Kinder der 2. Klasse laden ihre Eltern zu einer Ausstellung ein. Lest die Einladung. Schreibt in Stichwörtern auf, was ihr erfahrt.

> Liebe Eltern,
> wir laden euch herzlich zu unserer Ausstellung „Schule in aller Welt“ in unsere Aula ein.
> Wir haben tolle Plakate vorbereitet.
> Bitte gebt uns Bescheid, wenn ihr nicht kommen könnt.
> Geschwister und Großeltern sind auch herzlich willkommen.
> Wir freuen uns sehr auf euch!
>
> Eure Kinder der 2. Klasse

2 Welche Fragen des Schreibgerüsts könnt ihr beantworten? Vergleicht mit den Stichwörtern aus Aufgabe 1.

1. **Wer** lädt ein?
2. **Wen** lädt die Klasse ein?
3. **Warum** lädt die Klasse ein?
4. **Wann** ist die Ausstellung?
5. **Wo** ist die Ausstellung?
6. **Was** ist noch wichtig?

3 Schreibe eine Einladung zu deiner Geburtstagsfeier. Die Fragen des Schreibgerüsts aus Aufgabe 2 helfen dir dabei.

88

Allgemeine Hinweise
Die Kinder verfassen anhand eines Textmodells eine Einladung. Dabei achten sie auf die Schreibkriterien für eine Einladung und nutzen ein vorgegebenes Schreibgerüst. Die Kriterien dienen auch der Reflexion und Überarbeitung.

Einstieg
- Die Lehrkraft bringt den SuS eine Einladung (Geburtstag, Familienfest etc.) mit, die Kinder haben nun die Möglichkeit, ihre eigenen Erfahrungen zu der Thematik „Einladung“ mit den anderen zu teilen

Hinweise zu den Aufgaben
- Aufg. 1: Partnergespräch: Jedes Tandem liest die Einladung der 2. Klasse; Kinder notieren auf Wortkärtchen in Stichwörtern, welche Informationen sie erfahren haben; anschließender Austausch darüber, welche wichtigen Punkte eine Einladung enthalten muss; Wortkärtchen mit den Stichwörtern werden an der Tafel gesammelt
- Aufg. 2: Gemeinsam mit dem Partnerkind und den gesammelten Stichpunkten aus Aufg. 1 wird versucht, die Fragen des Schreibgerüsts zu beantworten; gesammelte Stichwörter an der Tafel können nun den Kategorien des Schreibgerüsts *Wer ...?, Wen ...?, Warum ...?, Wann ...?, Wo ...? und Was ...?* zugeordnet werden
- Aufg. 3: Kinder schreiben Einladung (KV 86) unter Berücksichtigung des Schreibgerüsts aus Aufg. 2

Differenzierung

Sprachförderung
- Aufg. 3: Kinder erhalten eine Einladung mit Lücken; sie setzen passende Wörter ein und schreiben die Einladung nochmals ab (KV 87)

Fordern
- Aufg. 3: Kinder schreiben eine Einladung ohne Vorlage

Ideen für die Weiterarbeit
- Schönes Papier und Briefumschläge für die Einladung herstellen (Drucktechnik, Collagen, PC-Programm) zum Gebrauch
- Gegenseitige Überarbeitung der Einladung; *Wurden alle Punkte des Schreibgerüsts berücksichtigt?*

Schreibstudio

Ein Plakat gestalten

1. Aus welchen Ländern kommen die Kinder in eurer Klasse? Was wisst ihr über diese Länder? Erzählt.
2. Said hat ein Plakat über sein Herkunftsland Marokko gestaltet. Lest das Plakat und sprecht darüber.

3. Informiere dich bei deiner Familie, in der Bücherei und auf einer Kindersuchseite über deine Heimat. Gestalte ein Plakat.

Tipps für die Plakatgestaltung
- Schreibe deine Texte auf Zettel. Schneide Bilder aus.
- Schreibe die Überschrift mit dicken Stiften und in großer Schrift.
- Verteile deine Wörter, Sätze, Bilder, Zeichnungen und Fotos übersichtlich auf dem Plakat.
- Klebe alles sorgfältig auf das Plakat.

4. Was ist dein Ziel für dein nächstes Plakat?

Aufgabe 3

89

Kompetenzen/Lernziele
- Sprechanlass „Schule in aller Welt“
- Zusammenarbeit in der Gruppe gemeinsam reflektieren
- Gestalten eines Themenplakats anhand verschiedener Kriterien

Vorbereitung und Material
- Weltkugel, Landkarte
- Vorausgehende Hausaufgabe: Kinder bringen Bildmaterial aus ihrem Herkunftsland mit
- Plakate in verschiedenen Farben, Scheren, Kleber, verschiedene Stifte, Wortkarten
- Lexika oder PC zu Recherche

Allgemeine Hinweise
Die Gestaltung eines gemeinsamen Plakats erfordert von den Kindern verschiedene Kompetenzen: Die Zusammenarbeit soll koordiniert, fair und planvoll ablaufen. Die Aufteilung der Arbeit, das gemeinsame Gespräch sowie die zufriedenstellende Fertigstellung sind grundlegende Arbeitsschritte. Die Wirkung des Plakats als Gesamtwerk steht im Vordergrund.

Einstieg
- Die Lehrkraft präsentiert den Kindern eine Weltkugel/eine Landkarte, mit einem roten Klebepunkt hat sie ihr Herkunftsland markiert

Hinweise zu den Aufgaben
- Aufg. 1: Nun sind die Kinder an der Reihe, mit weiteren Klebepunkten markieren sie ihre Herkunftsländer, die anderen Kinder erzählen, was sie zu diesen Ländern schon wissen
- Aufg. 2: Betrachtung des vorgegebenen Plakats; gemeinsam wird über die Gestaltung gesprochen (Verteilung, Übersichtlichkeit, Lesbarkeit der Wörter/Texte ...)
- Aufg. 3: Kinder sammeln Informationen zu ihrer Heimat (Familie, Bücher, Internet ...) und gestalten passend dazu ein Plakat

Differenzierung

Sprachförderung
- Wortkarten zur Gestaltung des Plakats werden den Kindern vorgegeben:

Das esse und trinke ich gern: | Ich spreche ...

Das ist ... | Unsere Kleidung:

Das ist unsere Flagge:

- Tipps zur Plakatgestaltung in einfacher Sprache ggf. mit Piktogrammen auf einem großen Plakat festhalten:
  Bsp: *deine Texte auf Zettel.*

Fördern
- Kinder aus dem gleichen Herkunftsland gestalten gemeinsam ein Plakat und unterstützen sich gegenseitig, Lehrkraft steht den Kindern helfend zur Seite

Ideen für die Weiterarbeit
- Präsentation der verschiedenen Plakate in einer Ausstellung/im Plenum

Seite 90

Kompetenzen/Lernziele
- Texte lesen und Informationen entnehmen
- Präsentieren eines Themenplakats mit anschließender Reflexion

Vorbereitung und Material
- Selbstgestaltete Plakate zu eigenem Herkunftsland mitbringen (siehe Schreibstudio S. 89)
- Plakat und Stifte
- Zeigestab

- KV 88: Rückmeldebogen

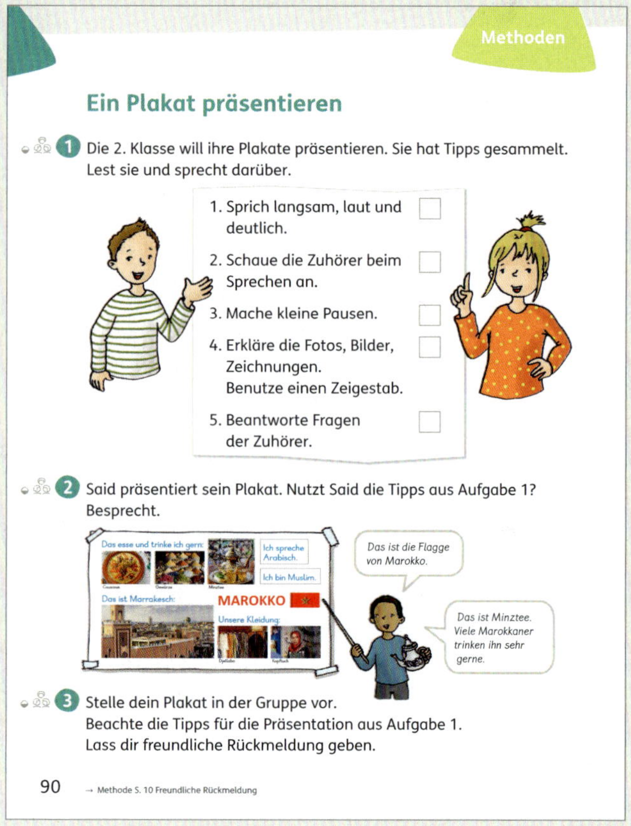
Methoden

Ein Plakat präsentieren

1 Die 2. Klasse will ihre Plakate präsentieren. Sie hat Tipps gesammelt. Lest sie und sprecht darüber.

1. Sprich langsam, laut und deutlich.
2. Schaue die Zuhörer beim Sprechen an.
3. Mache kleine Pausen.
4. Erkläre die Fotos, Bilder, Zeichnungen. Benutze einen Zeigestab.
5. Beantworte Fragen der Zuhörer.

2 Said präsentiert sein Plakat. Nutzt Said die Tipps aus Aufgabe 1? Besprecht.

3 Stelle dein Plakat in der Gruppe vor. Beachte die Tipps für die Präsentation aus Aufgabe 1. Lass dir freundliche Rückmeldung geben.

90 → Methode S. 10 Freundliche Rückmeldung

Allgemeine Hinweise
Auf S. 89 haben die Kinder Plakate zu ihrem Herkunftsland erstellt. Schon bei der Erstellung der Plakate haben die Kinder verschiedene Kriterien beachtet (Übersichtlichkeit, Schriftgröße, Lesbarkeit der Wörter und Texte ...). Gemeinsam wird nun erarbeitet, wie auch die Präsentation gut gelingen kann.

Einstieg
- Lehrkraft stellt beispielhaft ihr Herkunftsplakat vor; mit dem Partnerkind wird besprochen, was ihnen bei der Präsentation aufgefallen ist/was ihnen gut gefallen hat; im Plenum werden Tipps zum Gelingen einer Präsentation gesammelt (ggf. auf Wortkärtchen festhalten und an der Tafel befestigen)

Hinweise zu den Aufgaben
- Aufg. 1: Nun lesen die Kinder die Tipps zur Plakatpräsentation im Buch, sie sprechen darüber und vergleichen sie mit ihren Tipps; die Liste an der Tafel kann um die Tipps aus dem Buch erweitert werden
- Aufg. 2: Das Plakat von Said kennen die SuS schon von S. 89, nun sehen sie, wie er es präsentiert. *(Was fällt dir auf? Nutzt Said die Tipps aus Aufg. 1? Was meinst du?)*
- Aufg. 3: Die Kinder stellen ihr Plakat in der Gruppe vor, sie nutzen die gesammelten Tipps zur Plakatpräsentation und erhalten eine Rückmeldung von ihren Mitschülern (mündlich oder KV 88)

Differenzierung
Sprachförderung
- Kindern Satzanfänge für eine Präsentation zum Herkunftsland vorgeben: *Das ist die Flagge von ..., Hier seht ihr ein Bild von ..., In meiner Heimat ..., Das ist ein beliebtes ...*
- Kinder üben ihre Präsentation mit einem Partnerkind oder in einer kleinen Gruppe, Rückmeldungen seitens der Lehrkraft und der Mitschüler helfen, die Präsentation sprachlich und inhaltlich zu verbessern

Ideen für die Weiterarbeit
- Kinder nutzen die Tipps zur Präsentation von Plakaten auch für andere Themen und Fächer
- Plakate werden einem größeren Zuhörerkreis präsentiert (ggf. Ausstellung zum Thema „Schule in aller Welt“)

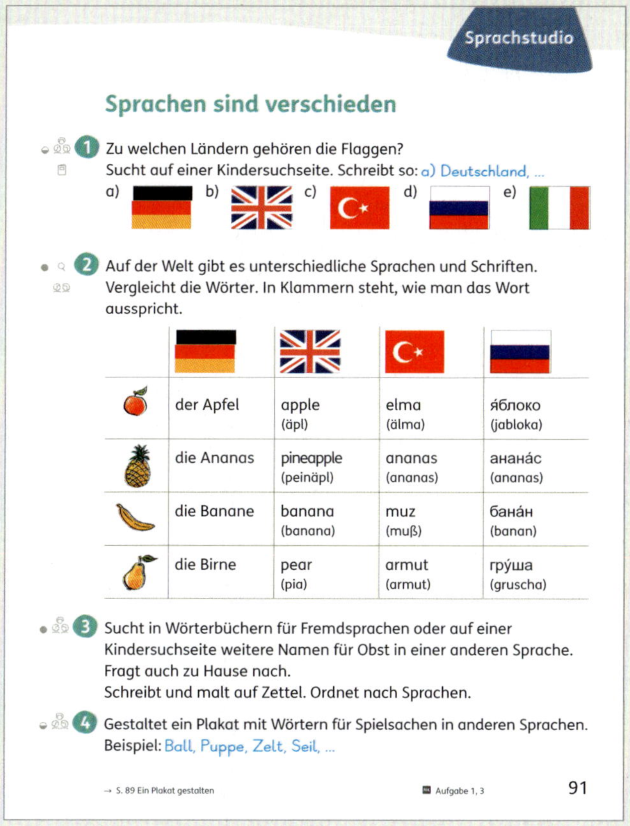
Sprachstudio

Sprachen sind verschieden

1 Zu welchen Ländern gehören die Flaggen?
Sucht auf einer Kindersuchseite. Schreibt so: a) Deutschland, …
a) b) c) d) e)

2 Auf der Welt gibt es unterschiedliche Sprachen und Schriften.
Vergleicht die Wörter. In Klammern steht, wie man das Wort ausspricht.

	der Apfel	apple (äpl)	elma (älma)	яблоко (jabloka)
	die Ananas	pineapple (peinäpl)	ananas (ananas)	ананáс (ananas)
	die Banane	banana (banana)	muz (muß)	банáн (banan)
	die Birne	pear (pia)	armut (armut)	грýша (gruscha)

3 Sucht in Wörterbüchern für Fremdsprachen oder auf einer Kindersuchseite weitere Namen für Obst in einer anderen Sprache.
Fragt auch zu Hause nach.
Schreibt und malt auf Zettel. Ordnet nach Sprachen.

4 Gestaltet ein Plakat mit Wörtern für Spielsachen in anderen Sprachen.
Beispiel: Ball, Puppe, Zelt, Seil, …

→ S. 89 Ein Plakat gestalten Aufgabe 1, 3 91

Kompetenzen/Lernziele
- Vielfalt der Sprache ekennen

Vorbereitung und Material
- Mitbringen verschiedener Gegenstände, die typisch für das Herkunftsland der Kinder sind
- Wörterbuch oder Internet (Kindersuchseite)
- Plakate, Bilder und Stifte

- KV 89: Sprachen sind verschieden 1
- KV 90: Sprachen sind verschieden 2

Allgemeine Hinweise
Kinder erfahren, dass jede Kultur ihre eigene Sprache hat. Aufgrund unterschiedlichster kultureller Klassenzusammensetzungen können vor allem Kinder mit nichtdeutscher Muttersprache von ihrem eigenen Land bzw. dem Land ihrer Eltern erzählen und Wörter aus ihrer Sprache einbringen.

Einstieg
- Im Sitzkreis werden Kisten mit Landesnamen präsentiert (z. B. Deutschland, Russland, Türkei); die von den Kindern mitgebrachten Gegenstände werden ausgelegt und dem passenden Land zugeordnet; es erfolgt eine freie Aussprache, die eigenen Erfahrungen der Kinder werden gesammelt

Hinweise zu den Aufgaben
- Aufg. 1, 2: Spielerische Zuordnung zu Ländern (Flaggen), Sprachen und Schriften (Wörter) (KV 89)
  Was ist bei den Wörtern ähnlich? Warum kannst du manche Wörter leichter zuordnen als andere?
- Aufg. 3: Namen für Obstsorten in anderen Sprachen suchen (Wörterbuch oder Internet), schreiben, malen und ordnen
- Aufg. 4: Kinder gestalten ein Plakat zu Spielsachen in anderen Sprachen

Differenzierung
Fördern
- Aufg. 1 und Aufg. 2: Wörter sind bereits in der korrekten Ordnung vorgegeben und werden verschriftet (KV 90)

Fordern
- Aufg. 1 und Aufg. 2: Kinder ergänzen zusätzlich entsprechE Wörter in einer weiteren Sprache

Ideen für die Weiterarbeit
- Verschriften des eigenen Namens in einer anderen Schrift (z. B. kyrillisch)
- Zu anderen Themen (Tiere, Hobbys usw.) ein Plakat erstellen mit den Namen in vielen verschiedenen Sprachen

Seite 92

Kompetenzen/Lernziele

- Vielfalt der Sprache erkennen
- Fragesätze und Antwortsätze bilden

Vorbereitung und Material

- Vorausgehende Hausaufgabe: Kinder bringen für ihre Sprach-Schatzkisten Geschichten, Bücher, Fotos und Postkarten mit
- Kisten für die Sprach-Schatzkisten

- KV 91: So sagt man in ...
- KV 92: So bereite ich meine Länderkiste vor
- KV 93: Mein Sprachen-Steckbrief

Sprachstudio

Sprachen in unserer Klasse

1 Stellt euch gegenseitig die Fragen. Antwortet darauf.

- Welche Sprachen möchtest du gern lernen?
- Welche Sprachen sprecht ihr in eurer Familie?
- Kannst du in einer anderen Sprache zählen? In welcher?
- In welchen Sprachen kannst du „Bitte“ und „Danke“ sagen?
- Warst du schon einmal in einem anderen Land?
- In welchen Sprachen kannst du „Guten Tag“ und „Auf Wiedersehen“ sagen?

2 Lest die Wörter und Sätze in verschiedenen Sprachen.
In Klammern steht, wie man das Wort ausspricht.

Hallo!	Hello! (hällou)	Selam! (selamm)	Ciao! (tschau)
Danke!	Thanks! (sänks)	Teşekkür ederim! (teschekür äderimm)	Grazie! (gratsie)
Bitte!	Please! (pließ)	Lütfen! (lütfann)	Prego! (prägo)

3 Erstellt Sprach-Schatzkisten. Sammelt darin Wörter, Sätze, Gedichte, Lieder, Geschichten, Bücher, Postkarten, Fotos ...

92

→ S. 139 Wortende b, d, g bei Nomen und Adjektiven
→ S. 140 d oder t, g oder k, b oder p bei Verben

Allgemeine Hinweise

Die Kinder lernen verschiedene Fremdsprachen kennen und vergleichen diese miteinander. Dabei entdecken sie Gemeinsamkeiten und Unterschiede und beschreiben diese. Dies führt zu einer Erweiterung von Sprachbewusstheit und der individuellen Ausdrucks- und Verständnisfähigkeiten.

Einstieg

- Lied in einer anderen Sprache singen, ggf. entsprechende Lieder/Reime als Begrüßungsritual einführen

Hinweise zu den Aufgaben

- Aufg. 1: Beantworten von Fragen zu eigenen Erfahrungen mit anderen Ländern und Sprachen
- Aufg. 2: Lesen und Sprechen von Begrüßungen und zentralen Sätzen in verschiedenen Sprachen; Weiterer Impuls zum Thema „Begrüßung“: Verstehen ohne Worte – Begrüßungen in anderen Ländern, z. B.: Grönland – Nase reiben, Japan – Verbeugung, Frankreich – drei Wangenküsse (KV 91)
- Aufg. 3: Länderkisten erstellen und evtl. eine Ausstellung/Präsentation für andere Klassen gestalten (KV 92)

Differenzierung

Fördern

- Kinder gestalten eigenen, individuellen „Sprachen-Steckbrief“ (KV 93), dieser kann in der Klasse präsentiert und aufgehängt werden

Ideen für die Weiterarbeit

- Planen und Veranstalten eines Länderfests (landestypische Gerichte, Steckbriefe aufhängen, Lieder singen, Eltern/andere Klassen einladen)

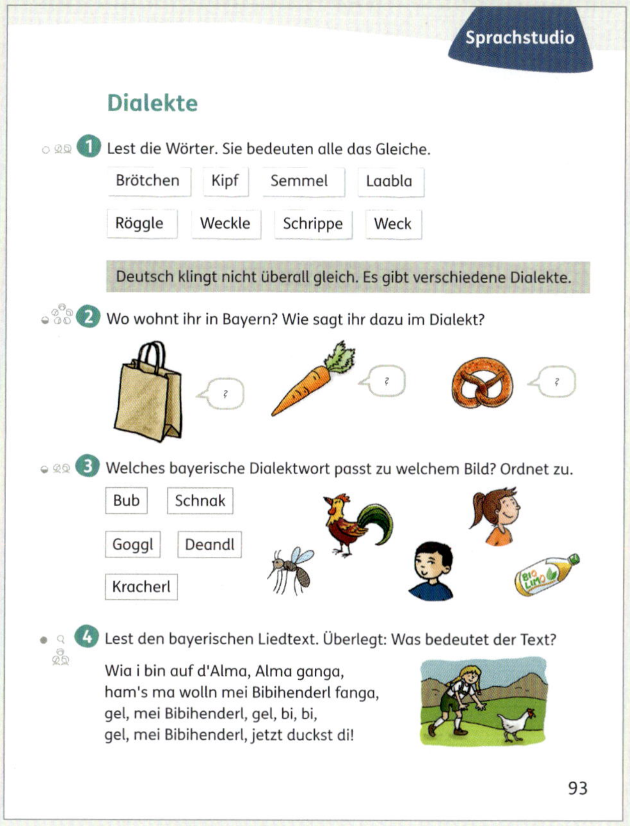
Sprachstudio

Dialekte

1 Lest die Wörter. Sie bedeuten alle das Gleiche.

Brötchen | Kipf | Semmel | Laabla
Röggle | Weckle | Schrippe | Weck

Deutsch klingt nicht überall gleich. Es gibt verschiedene Dialekte.

2 Wo wohnt ihr in Bayern? Wie sagt ihr dazu im Dialekt?

3 Welches bayerische Dialektwort passt zu welchem Bild? Ordnet zu.

Bub | Schnak | Goggl | Deandl | Kracherl

4 Lest den bayerischen Liedtext. Überlegt: Was bedeutet der Text?

Wia i bin auf d'Alma, Alma ganga,
ham's ma wolln mei Bibihenderl fanga,
gel, mei Bibihenderl, gel, bi, bi,
gel, mei Bibihenderl, jetzt duckst di!

93

Kompetenzen/Lernziele

- Gemeinsamkeiten und Unterschiede von Sprachen (Dialekt) kennen: Dialekte lesen, „übersetzen" und vergleichen
- Eigene Sprachbewusstheit erweitern

Allgemeine Hinweise

Die Kinder lernen verschiedene Dialekte des bayerischen/deutschen Sprachraums kennen und vergleichen diese miteinander. Dabei entdecken sie Gemeinsamkeiten und Unterschiede und beschreiben diese. Dies führt zu einer Erweiterung von Sprachbewusstheit und der individuellen Ausdrucks- und Verständnisfähigkeiten.

Einstieg

- Lehrkraft präsentiert den Kindern verschiedene Begrüßungen (unterschiedliche Dialekte, z. B.):
  Griaß di! Wie got's dir heit den so? Mir got's guat.
  Wie jeht et dir denn so? Mir jeht et jut.
  Griaß God! Wia gohds immr? Es gohd guad.
  Gerne können diese noch durch den eigenen Dialekt erweitert werden

Hinweise zu den Aufgaben

- Aufg. 1: Unterrichtsgespräch zu den Wörtern und gemeinsames Lesen: *Wie sagt man in deinem Dialekt dazu?*; es können hier schon erste Vermutungen angestellt werden, welcher Begriff wohl zu welchem Dialekt gehört
- Aufg. 2: Die Aufgabe wird mündlich gelöst; Gespräch darüber, wie diese Dinge im jeweiligen Dialekt benannt werden (oft gibt es regional, also von Dorf zu Dorf, schon große Unterschiede)
- Aufg. 3: Kinder ordnen das Dialektwort dem passenden Bild zu (*Warum passen dieses Bild und dieses Wort zusammen, woran erkennst du das?*)
- Aufg. 4: Gemeinsames Lesen des Liedtexts im Schulbuch, die Kinder versuchen den Text in die hochdeutsche Form zu „übersetzen"

Differenzierung

Fordern

- Aufg. 3: Kinder erarbeiten zu den Bildern aus Aufg. 3 ein Dialekt-Quartett: *Mädchen – Deandl – Mädle – Deern*

Ideen für die Weiterarbeit

- Kinder sammeln weitere Wörter aus dem eigenen Dialekt
- *Im Dialekt haben die Wochentage oft besondere Namen. Wie heißen sie bei euch?*

Seite 94

Kompetenzen/Lernziele

- Über Märchen sprechen
- Von einer Lieblingsfigur aus einem Märchen erzählen
- Ein Buch/eine Geschichte vorstellen

Vorbereitung und Material

- Märchenbücher sammeln und mitbringen (auch als vorbereitende Hausaufgabe): Vorstellung und Ausstellung der Bücher im Klassenzimmer
- Märchenfiguren (Handpuppen) mitbringen
- Zeit zum Vorlesen einplanen
- Filme und Hörbücher von Märchen

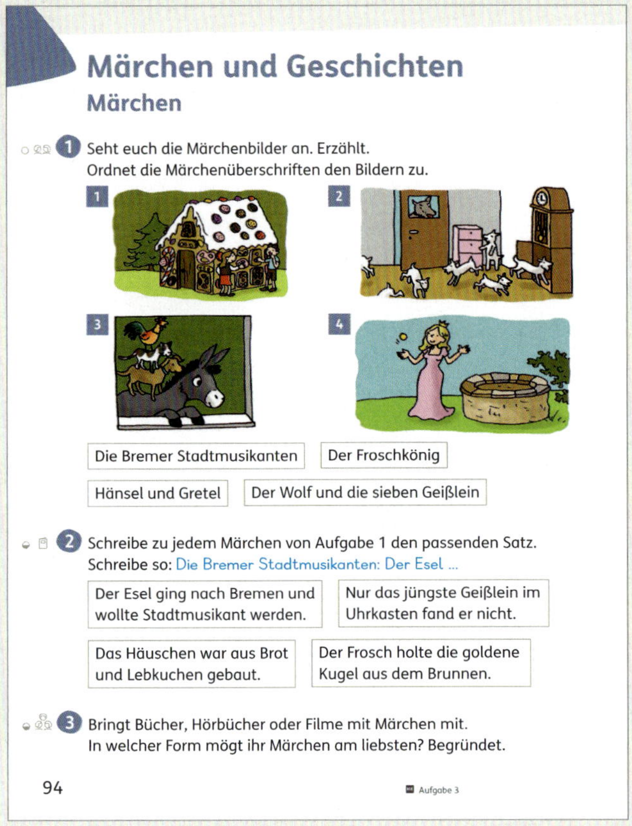

Märchen und Geschichten

Märchen

1 Seht euch die Märchenbilder an. Erzählt. Ordnet die Märchenüberschriften den Bildern zu.

Die Bremer Stadtmusikanten | Der Froschkönig | Hänsel und Gretel | Der Wolf und die sieben Geißlein

2 Schreibe zu jedem Märchen von Aufgabe 1 den passenden Satz. Schreibe so: Die Bremer Stadtmusikanten: Der Esel ...

Der Esel ging nach Bremen und wollte Stadtmusikant werden. | Nur das jüngste Geißlein im Uhrkasten fand er nicht. | Das Häuschen war aus Brot und Lebkuchen gebaut. | Der Frosch holte die goldene Kugel aus dem Brunnen.

3 Bringt Bücher, Hörbücher oder Filme mit Märchen mit. In welcher Form mögt ihr Märchen am liebsten? Begründet.

94

Aufgabe 3

Allgemeine Hinweise

Die Darstellungen zeigen Figuren aus Märchen. Die SuS sollen die Figuren kennenlernen bzw. ihre eigenen Erfahrungen zu Lieblingsmärchen und Figuren einbringen und weitere sammeln.

Einstieg

- Gesprächsimpuls: *Wie heißt dein Lieblingsmärchen? Welche Figuren kommen darin vor? Was ist deine Lieblingsstelle? Was magst du nicht an manchen Märchen?*

Hinweise zu den Aufgaben

- Aufg. 1: Erzählen zu den Bildern, Zuordnen der passenden Überschriften
- Aufg. 2: Zuordnen der Sätze zu den passenden Bildern aus Aufg. 1
- Aufg. 3: Unterrichtsgespräch über mitgebrachte Bücher und Filme: *Was magst du an Märchen am liebsten? Was gefällt dir nicht?*

Differenzierung

Sprachförderung

- Hilfreich ist es hier, wenn die Lehrkraft oder ein stärkeres Kind gemeinsam mit einem sprachschwächeren Kind arbeitet, damit unbekannte Wörter gleich erklärt werden können.
- Von Märchen aus anderen Ländern/Muttersprache der Kinder erzählen lassen

Fordern

- Aufg. 2: Weitere Sätze zu den Bildern ergänzen

Ideen für die Weiterarbeit

- Vorlesen von Märchen
- Märchenfilme gemeinsam anschauen
- Fächerübergreifende Projekte, z.B. im Kunstunterricht

Dich kenne ich

1 Wer ist das? Seht euch das Schattenbild an. Die Stichwörter geben euch Hinweise. Beschreibt die Figur genau und in ganzen Sätzen.

Wer bin ich?

Kopf
- Nase wie ein Rüssel
- blaue Punkte
- rote Haare

Kleidung
- Taucheranzug
- Flossen

Körper
- Bauch wie eine Trommel
- Füße wie ein Frosch

Besonderes
- kann Wünsche erfüllen
- kann reimen

2 Wähle ein Schattenbild aus. Welche Stichwörter passen dazu? Beschreibe die Figur.

Kopf: rote Borstenhaare, Wuschelkopf, blonde Haare, Pferdeschwanz, rote Schleife, ...

Körper: klein, so groß wie ein Kind, ...

Kleidung: grünes Kleid, weiße Socken, spitzer schwarzer Hut, gelber Pulli, grüne Hose, ...

Besonderes: sehr frech, Kobold, erfindet lustige Geschichten, lebt bei Meister Eder, für andere Menschen unsichtbar, Hexenmädchen, kann vieles zaubern, erfüllt viele Wünsche, denkt sich Streiche aus, ...

3 Welche Figur findest du besonders interessant? Bibi Blocksberg, Pumuckl oder eine ganz andere? Schreibe warum.

→ S. 141 Rechtschreibgespräche

95

Kompetenzen/Lernziele

- Über Lieblingsfiguren aus Kinderbüchern erzählen und diese genau beschreiben können

Vorbereitung und Material

- Vorbereitende Hausaufgabe: Lieblingsbuch für eine Ausstellung mitbringen
- Kinderbücher oder Bilder: Das Sams, Pumuckel, Bibi Blocksberg vorbereiten

- KV 94: Mein Lieblingsbuch
- KV 95: Meine Lieblingsfigur

Allgemeine Hinweise

Die Kinder lernen weitere Figuren aus der Kinderliteratur kennen und beschreiben diese. Erfahrungen werden ausgetauscht und das Interesse für weitere Kinderbücher geweckt. Die Kinderbuchfiguren bieten die Möglichkeit zum gestalterischen und schriftlichen Ausdruck.

Einstieg

- Schattenbilder von Kinderbuchfiguren präsentieren und darüber sprechen: *Kennst du diese Figuren? Woran hast du sie erkannt?* (Schulbuch S. 95 oder DUA)

Hinweise zu den Aufgaben

- Aufg. 1: Das Schattenbild mithilfe der Stichwörter ganz genau beschreiben
- Aufg. 2: Passende Stichwörter zu den Schattenbildern finden und durch eigene ergänzen
- Aufg. 3: Eine eigene Lieblingsfigur malen und beschreiben

Differenzierung

Sprachförderung

- Hilfreich ist es hier, wenn die Lehrkraft oder ein stärkeres Kind gemeinsam mit einem sprachschwächeren Kind arbeitet, damit unbekannte Wörter gleich erklärt werden können
- Lieblingsfiguren aus Kinderbüchern anderer Länder vorstellen

Fördern

- Aufg. 3: Meine Lieblingsfigur (KV 95)

Ideen für die Weiterarbeit

- Bücherausstellung im Klassenzimmer
- Klassenbücherei/Bücherei kennenlernen
- Anfertigen eines Lesetagebuchs/einer Leserolle zu einem ausgewählten Buch; mögliche Inhalte: Informationen zum Autor sammeln, neues Titelblatt entwerfen, Steckbrief zur Lieblingsfigur erstellen, Inhaltsangabe schreiben, besonders lustige/traurige/spannende Stelle nacherzählen, Brief an Lieblingsfigur schreiben: *Wenn ich für einen Tag Figur XY wäre, dann ...;* Buchempfehlung und Bewertung schreiben; Lieblingsstelle malen oder beschreiben; Akrostichon/Abecedarium zum Buch erstellen
- KV 94: Mein Lieblingsbuch

Seite 96

Kompetenzen/Lernziele

- Bild betrachten, sich dazu äußern und austauschen
- In Zuhör- und Gesprächssituationen Aufmerksamkeit bewusst auf das Gesagte richten
- Wertschätzende Rückmeldung geben
- Texte nach Impulsen schreiben

Vorbereitung und Material

- Vorbereitende Hausaufgabe: Mitbringen von Comics

Schreibstudio

Die Schildbürger bauen ein Rathaus

1 Vor fünfhundert Jahren gab es mitten in Deutschland eine Stadt, die Schilda hieß. Ihre Einwohner nannte man deshalb Schildbürger. Das waren merkwürdige Leute. Von ihnen werden seltsame Geschichten erzählt.
Betrachtet die Bilder auf Seite 96 und 97. Lest die Sprechblasen. Vermutet, was hier wohl passiert.

96

Allgemeine Hinweise

Auf dieser Sprachbuchseite lernen die Kinder eine Geschichte der Schildbürger in Form eines Comics kennen. Anhand der Comic-Bilder und Sprechblasen erzählen die Kinder sich gegenseitig die Geschichte der Schildbürger und nutzen ausgewählte Bilder als Schreibanlass. Außerdem geben die Kinder sich Rückmeldungen zu ihren eigenen Texten.

Einstieg

- Unterrichtsgespräch: *Wer kennt einen Comic? Was macht einen Comic aus? Was gefällt dir besonders an Comics? Hast du einen Lieblings-Comic?*

Hinweise zu den Aufgaben

- Aufg. 1, 2: Kennenlernen der Schildbürger mit kurzen Hintergrundinformationen
- Unterrichtsgespräch: *Wer kennt Geschichten der Schildbürger?*; Betrachten der Bilder des Comics und lesen der Sprechblasen; Kinder äußern ihre Vermutungen über den Verlauf der Geschichte

Differenzierung

Sprachförderung

- Hilfreich ist es hier, wenn die Lehrkraft oder ein stärkeres Kind gemeinsam mit einem sprachschwächeren Kind arbeitet, damit unbekannte Wörter gleich erklärt werden können

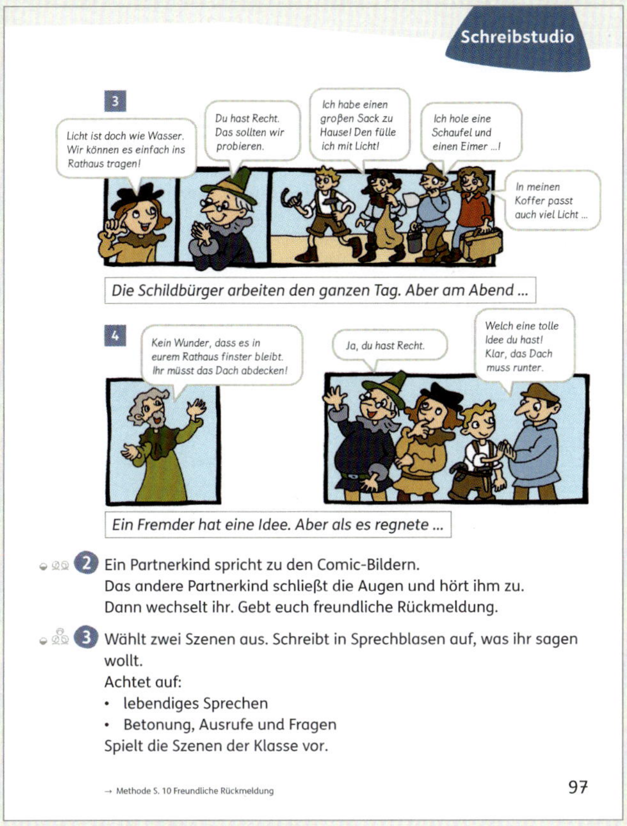
Schreibstudio

3

Die Schildbürger arbeiten den ganzen Tag. Aber am Abend ...

4

Ein Fremder hat eine Idee. Aber als es regnete ...

2 Ein Partnerkind spricht zu den Comic-Bildern.
Das andere Partnerkind schließt die Augen und hört ihm zu.
Dann wechselt ihr. Gebt euch freundliche Rückmeldung.

3 Wählt zwei Szenen aus. Schreibt in Sprechblasen auf, was ihr sagen wollt.
Achtet auf:
- lebendiges Sprechen
- Betonung, Ausrufe und Fragen

Spielt die Szenen der Klasse vor.

→ Methode S. 10 Freundliche Rückmeldung

97

Kompetenzen/Lernziele

- Bild betrachten, sich dazu äußern und austauschen
- In Zuhör- und Gesprächssituationen Aufmerksamkeit bewusst auf das Gesagte richten
- Wertschätzende Rückmeldung geben
- Texte nach Impulsen schreiben

Hinweise zu den Aufgaben

- Aufg. 2: In Partnerarbeit erzählen sich die Kinder gegenseitig mithilfe des Comics die Geschichte der Schildbürger nach und geben sich anschließend eine freundliche Rückmeldung
- Aufg. 3: Auswählen zweier Szenen des Comics und Schreiben eines Textes

Differenzierung

Sprachförderung

- Satzanfänge für ein einfacheres Feedback: *Deine Geschichte hat mit gut gefallen, weil ..., Du hattest bei Bild ... eine gute Idee ..., Du hast lustig, ... erzählt*
- Zusammenarbeit eines sprachlich schwachen Kindes mit einem sprachlich starken Kind

Fördern

- Schreiben zu Comic-Bildern; den Kindern einzelne Comic-Bilder ohne Sprechblasen präsentieren und eigene Sätze und Texte in Sprechblasen schreiben lassen

Fordern

- Nachspielen und Darstellen der Szene

Ideen für die Weiterarbeit

- Vorstellung weiterer Comics
- Zeichnen und Schreiben von Sprechblasen zu eigenen Comics (auch fächerübergreifend mit dem Fach Kunst möglich)

Seite 98

Kompetenzen/Lernziele

- Sich verständlich an einem Gespräch in der Gruppe beteiligen; Erfundenes erzählen, Vorschläge für die Lösung einer gemeinsamen Lernaufgabe machen
- Eigene gestalterische Ideen im szenischen Spiel entfalten
- Eine Rolle durch passenden Einsatz von Stimme, Körperhaltung, Gestik und Mimik und Sprache interpretieren
- Andere im szenischen Spiel beobachten und die Wirkung, z. B. von Stimme/Gestik beschreiben

Vorbereitung und Material

- Kostüme und Requisiten
- Bilder und Sprechblasen von S. 96, 97

- KV 96, 97: Theaterwerkstatt

Methoden

Rollenspiel: Licht für das Rathaus

1 Überlegt:
- Wer begrüßt die Zuschauer und erklärt, was sie sehen werden?
- Wer erzählt, was in den beiden ersten Szenen passiert?
- Wer spielt in der 3. Szene den Hufschmied und wer die Schildbürger?
- Welche Gegenstände (Requisiten) und Geräusche braucht ihr?

2 Beginnt das Spiel so:
- ***Erzähler:*** „Alle Schildbürger waren enttäuscht. Wie kann es im Rathaus hell werden? Da hatte der Hufschmied eine großartige Idee."
- ***Hufschmied:*** „Licht ist doch genauso wie Wasser! Wir könnten es einfach in Eimer füllen und ins Rathaus hineintragen!"
- ***Erzähler:*** „Die Schildbürger machten viele Vorschläge, wie sie das Licht ins Rathaus bringen wollten."

3 Spielt weiter.

Was sagst du in deiner Rolle? – Schreibe deinen Text auf.
Lerne ihn auswendig.
Wie bewegst du dich? – mutig, ängstlich …?
Welche Gefühle zeigst du? – traurig, begeistert, lustig …?
Welche Requisite hast du? – Eimer, Sack, Koffer, Mausefalle, …?
Was ziehst du an? – alte Jacke, Arbeitsmantel, Hut, Kappe …?

98 Aufgabe 1-3

Allgemeine Hinweise

Das szenische Spielen bzw. Darstellen gehört als Teilbereich zur Kompetenz *Sprechen und Zuhören*. Die Kinder erzählen die Geschichte der Schildbürger, sie stellen spielerisch dar und beobachten/beschreiben die Wirkung ihres Spiels. Sie erproben Körperhaltung, Mimik und Stimme, um das Verhalten und die Gefühle der Darsteller richtig interpretieren zu können.

Einstieg

- Kinder erzählen, was sie von der Geschichte der Schildbürger noch wissen; ggf. Bilder und Sprechblasen von den Seiten 96 und 97 als Gedankenstütze nutzen

Hinweise zu den Aufgaben

- Aufg. 1: Kinder überlegen gemeinsam und sammeln Ideen für die Umsetzung des Rollenspiels; Rollen werden ggf. verteilt und es wird notiert, wer für welchen Bereich zuständig ist (Kostüme, Gegenstände, Geräusche/Erzähler usw.)
- Aufg. 2: Kinder proben ihr Rollenspiel mit verteilten Rollen, sie können dazu auch die selbstgeschriebenen Theatertexte zu den Szenen aus dem Schreibstudio S. 96, 97 nutzen
- Aufg. 3. Kinder berücksichtigen für ihre Rolle die aufgeführten Fragestellungen

Differenzierung

Fördern

- Aufg. 3: „Theaterwerkstatt" (KV 96, 97) unterstützt die Kinder bei der Umsetzung des Rollenspiels; sie üben vor allem die passende Körpersprache, Mimik, Gestik und Stimmlage; die „Theaterwerkstatt" besteht aus vier Arbeitsplätzen, Bilder auf den Kopiervorlagen ausschneiden und bereitlegen, Arbeitsaufträge in Form von Klappkarten anbieten

Ideen für die Weiterarbeit

- Rollenspiel einem größeren Publikum präsentieren
- Andere Geschichten in einem Rollenspiel wiedergeben

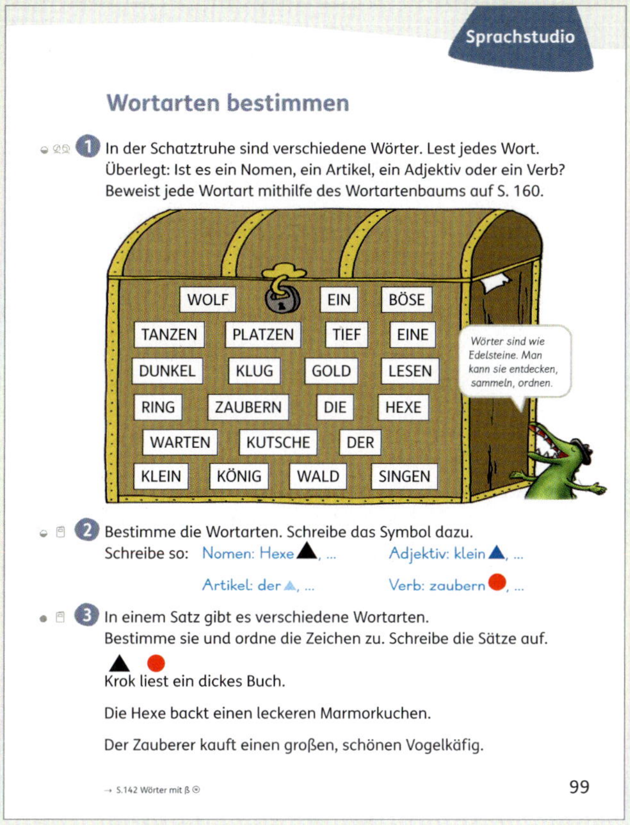
Sprachstudio

Wortarten bestimmen

1 In der Schatztruhe sind verschiedene Wörter. Lest jedes Wort. Überlegt: Ist es ein Nomen, ein Artikel, ein Adjektiv oder ein Verb? Beweist jede Wortart mithilfe des Wortartenbaums auf S. 160.

2 Bestimme die Wortarten. Schreibe das Symbol dazu.
Schreibe so: Nomen: Hexe ▲, … Adjektiv: klein ▲, …
Artikel: der ▲, … Verb: zaubern ●, …

3 In einem Satz gibt es verschiedene Wortarten.
Bestimme sie und ordne die Zeichen zu. Schreibe die Sätze auf.

▲ ●
Krok liest ein dickes Buch.

Die Hexe backt einen leckeren Marmorkuchen.

Der Zauberer kauft einen großen, schönen Vogelkäfig.

→ S. 142 Wörter mit ß

99

Kompetenzen/Lernziele

- Wortarten: Merkmale der Wortarten „Nomen“, „Verben“, „Adjektive“, „Artikel“ kennen und bei Wörtern anwenden

Vorbereitung und Material

- Wortartensymbole und Beispielwörter auf Wortkärtchen
- Wortartenbaum ggf. verkleinert am Tisch der Kinder
- KV 98: Wortarten bestimmen

Allgemeine Hinweise

Die Kinder üben das Bestimmen der Merkmale von Nomen, Verben, Adjektiven und Artikeln. Dabei werden die einzelnen Beweise für die einzelnen Wortarten gefestigt.

Einstieg

- An der Tafel befinden sich die Wortartensymbole von Nomen, Verben, Adjektiven und Artikeln sowie vier Wörter in Versalien geschrieben (GOLD, DIE, WARTEN, TIEF), gemeinsam werden die Bedeutung der einzelnen Zeichen sowie deren Beweise wiederholt (Erarbeitung erfolgte bereits in vorausgegangenen Kapiteln), im Anschluss werden die Beispielwörter der passenden Wortart zugeordnet; Beweise dienen als Begründung *(Es ist ein Nomen, weil …)*

Hinweise zu den Aufgaben

- Aufg. 1: Nun werden die restlichen Wörter aus Aufg. 1 erlesen, mithilfe des Wortartenbaums auf S. 160 beweisen die Kinder mündlich die Wortart
- Aufg. 2: Nun werden die Wörter aus Aufg. 1 nach Wortarten geordnet und mit passendem Symbol ins Heft geschrieben
- Aufg. 3: Kinder bestimmen in Sätzen die verschiedenen Wortarten, die Sätze werden ins Heft geschrieben und das passende Wortartensymbol wird zugeordnet

Differenzierung

Fördern

- Den Wortartenbaum verkleinern (DIN-A5) und auf den Tisch legen/kleben/in einen Bilderrahmen stellen, so haben die Kinder die jeweiligen Beweise immer zur Hand
- Aufg. 3: Kinder bestimmen nur bei einzelnen Wörtern die Wortart (KV 98)

Ideen für die Weiterarbeit

- Wörter sammeln: Im Klassenzimmer sind mehrere Blanko-Plakate zu den einzelnen Wortarten verteilt, die Kinder gehen umher, wenn sie ein Wort zu einer Wortart wissen, bleiben sie stehen und notieren dies auf dem Plakat; andere Kinder haben so auch die Möglichkeit, bereits notierte Wörter zu lesen und sich Anregungen für eigene Wörter zu holen

Seite 100

Kompetenzen/Lernziele

- Unterschiedliche Satzarten (Aussage-, Frage-, Ausrufesatz) kennen, auch bezogen auf die Wirkung, Satzzeichen richtig setzen

Vorbereitung und Material

- KV 99: Satzarten bestimmen
- KV 100: Satzarten unterscheiden

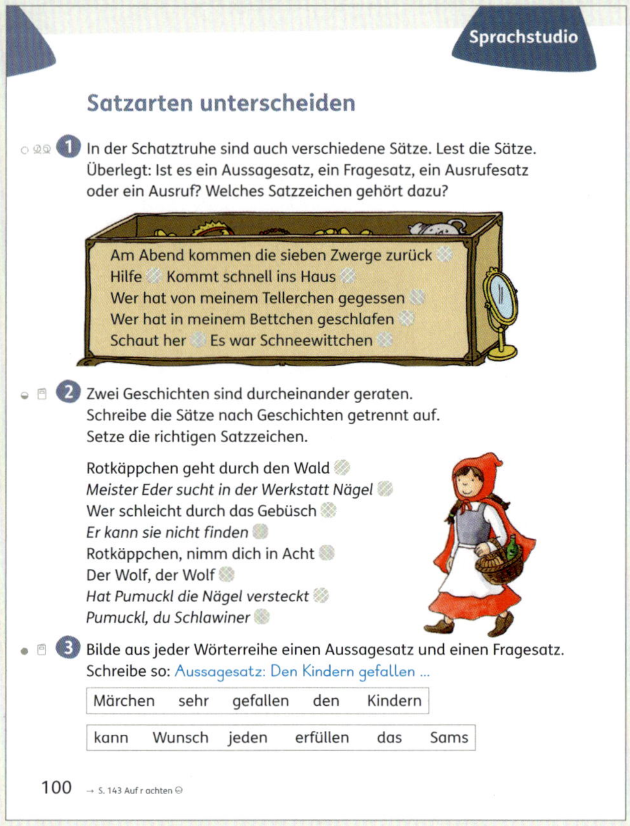

Sprachstudio

Satzarten unterscheiden

1 In der Schatztruhe sind auch verschiedene Sätze. Lest die Sätze. Überlegt: Ist es ein Aussagesatz, ein Fragesatz, ein Ausrufesatz oder ein Ausruf? Welches Satzzeichen gehört dazu?

Am Abend kommen die sieben Zwerge zurück
Hilfe Kommt schnell ins Haus
Wer hat von meinem Tellerchen gegessen
Wer hat in meinem Bettchen geschlafen
Schaut her Es war Schneewittchen

2 Zwei Geschichten sind durcheinander geraten. Schreibe die Sätze nach Geschichten getrennt auf. Setze die richtigen Satzzeichen.

Rotkäppchen geht durch den Wald
Meister Eder sucht in der Werkstatt Nägel
Wer schleicht durch das Gebüsch
Er kann sie nicht finden
Rotkäppchen, nimm dich in Acht
Der Wolf, der Wolf
Hat Pumuckl die Nägel versteckt
Pumuckl, du Schlawiner

3 Bilde aus jeder Wörterreihe einen Aussagesatz und einen Fragesatz. Schreibe so: Aussagesatz: Den Kindern gefallen …

Märchen	sehr	gefallen	den	Kindern

kann	Wunsch	jeden	erfüllen	das	Sams

100 → S. 143 Auf r achten

Allgemeine Hinweise

Kinder unterscheiden verschiedene Satzarten (Aussagesatz, Fragesatz oder Ausrufesatz) und bestimmen das passende Satzzeichen (Punkt, Fragezeichen oder Ausrufezeichen).

Einstieg

- *Kennst du die Satzarten?* – Wissensabfrage (KV 99)
- im Anschluss gemeinsame Wiederholung der drei Satzarten in einem Unterrichtsgespräch: Punkt, Fragezeichen und Ausrufezeichen sind an der Tafel zu sehen. *Wann ist ein Satz ein Aussage-, Frage-, oder Ausrufesatz?* Gemeinsam werden die Kriterien für die einzelnen Satzarten wiederholt (siehe Kapitel 5 Das will ich wissen); Beispielsätze werden zu den Satzzeichen gebildet und notiert

Hinweise zu den Aufgaben

- Aufg. 1: Kinder erlesen die Sätze, überlegen, welche Satzart vorliegt, und bestimmen gemeinsam das Satzzeichen
- Aufg. 2: Kinder schreiben die Sätze nach Geschichten getrennt auf, sie setzen die passenden Satzzeichen
- Aufg. 3: Aus einer Wörterreihe werden Aussagesätze und Fragesätze gebildet

Differenzierung

Sprachförderung

- Aufg. 1 und 2 gemeinsam lesen und unbekannte Wörter klären

Fördern

- Aufg. 3: Kinder bilden aus einer Wörterreihe einen Aussage- und einen Fragesatz, der Satzanfang ist bereits vorgegeben (KV 100)

Seite 101

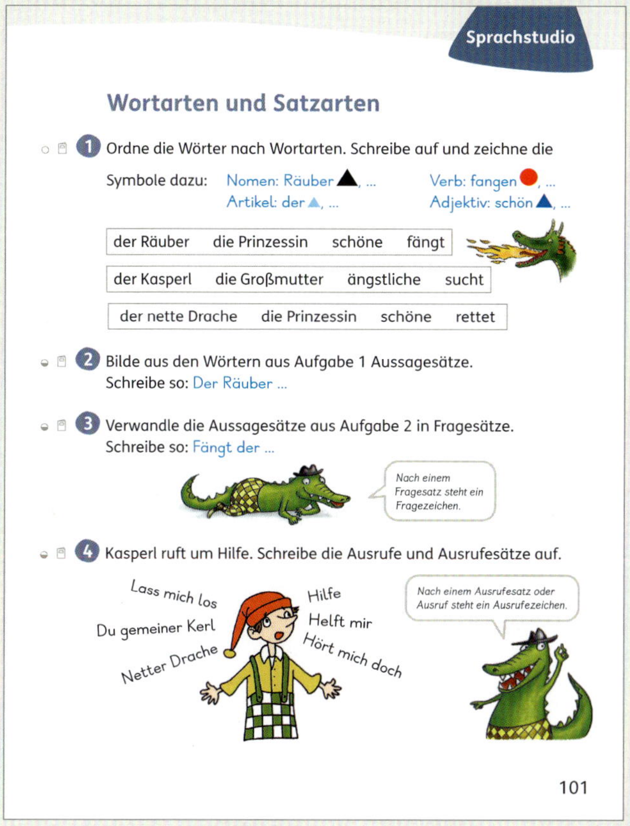

Sprachstudio

Wortarten und Satzarten

1 Ordne die Wörter nach Wortarten. Schreibe auf und zeichne die Symbole dazu: Nomen: Räuber ▲, ... Verb: fangen ●, ... Artikel: der ▲, ... Adjektiv: schön ▲, ...

der Räuber	die Prinzessin	schöne	fängt
der Kasperl	die Großmutter	ängstliche	sucht
der nette Drache	die Prinzessin	schöne	rettet

2 Bilde aus den Wörtern aus Aufgabe 1 Aussagesätze. Schreibe so: Der Räuber ...

3 Verwandle die Aussagesätze aus Aufgabe 2 in Fragesätze. Schreibe so: Fängt der ...

Nach einem Fragesatz steht ein Fragezeichen.

4 Kasperl ruft um Hilfe. Schreibe die Ausrufe und Ausrufesätze auf.

Lass mich los
Du gemeiner Kerl
Netter Drache
Hilfe
Helft mir
Hört mich doch

Nach einem Ausrufesatz oder Ausruf steht ein Ausrufezeichen.

101

Kompetenzen/Lernziele

- Wortarten: Merkmale der Wortarten Nomen, Verben, Adjektive, Artikel kennen und bei Wörtern anwenden
- Satzarten: unterschiedliche Satzarten (Aussage-, Frage-, Ausrufesatz) kennen, auch bezogen auf die Wirkung, Satzzeichen richtig setzen

Allgemeine Hinweise

Die Kinder üben das Bestimmen der Merkmale von Nomen, Verben, Adjektiven und Artikeln. Dabei werden die einzelnen Beweise für die einzelnen Wortarten gefestigt. Kinder unterscheiden verschiedene Satzarten (Aussagesatz, Fragesatz oder Ausrufesatz) und bestimmen das passende Satzzeichen (Punkt, Fragezeichen oder Ausrufezeichen).

Einstieg

- Ggf. nochmalige Wiederholung zu den Wort- und Satzarten

Hinweise zu den Aufgaben

- Aufg. 1: Wörter nach Wortarten ordnen und mit Wortartensymbol kennzeichnen
- Aufg. 2: Kinder bilden Aussagesätze zu den Wörtern aus Aufg. 1 und verwenden das korrekte Satzzeichen
- Aufg. 3: Kinder bilden Fragesätze zu den Wörtern aus Aufg. 1 und verwenden das korrekte Satzzeichen
- Aufg. 4: Kinder schreiben Ausrufe und Ausrufesätze von Kasperl ins Heft und verwenden das korrekte Satzzeichen

Differenzierung

Sprachförderung

- Wörter aus Aufg. 1 gemeinsam lesen und unbekannte Wörter klären

Fördern

- Aufg. 2 und 3: Sätze vorgeben, Kinder entscheiden, welches Satzzeichen einzusetzen ist

Seite 102

Kompetenzen/Lernziele

- Das Alphabet als solches kennen und zunehmend auswendig wissen

Vorbereitung und Material

- Lückenalphabet an der Tafel, dabei fehlen einige Buchstaben des Alphabets oder sind abgedeckt
- KV 101: Sprechweise der Buchstaben im ABC

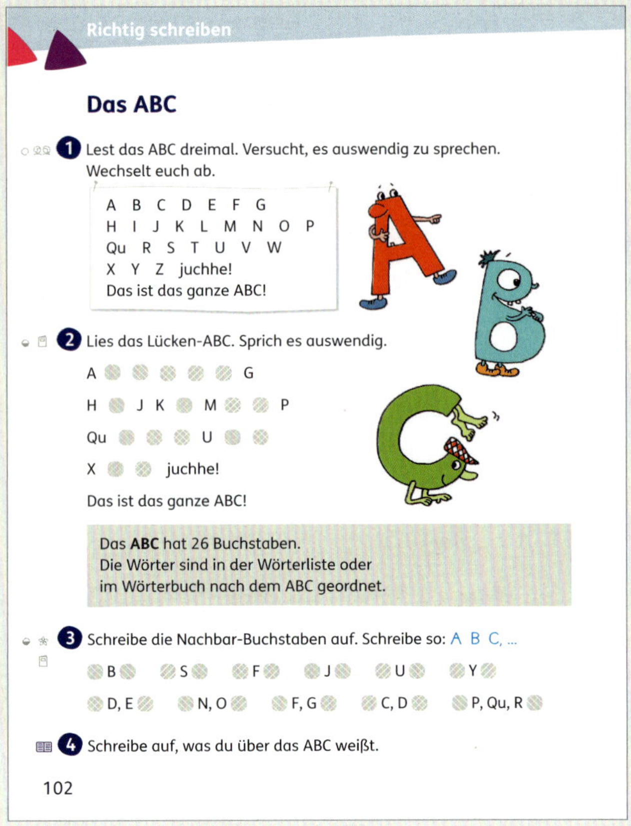
Richtig schreiben

Das ABC

1 Lest das ABC dreimal. Versucht, es auswendig zu sprechen. Wechselt euch ab.

A B C D E F G
H I J K L M N O P
Qu R S T U V W
X Y Z juchhe!
Das ist das ganze ABC!

2 Lies das Lücken-ABC. Sprich es auswendig.

A ○ ○ ○ ○ ○ G
H ○ J K ○ M ○ ○ P
Qu ○ ○ ○ U ○ ○
X ○ ○ juchhe!
Das ist das ganze ABC!

Das **ABC** hat 26 Buchstaben.
Die Wörter sind in der Wörterliste oder im Wörterbuch nach dem ABC geordnet.

3 Schreibe die Nachbar-Buchstaben auf. Schreibe so: A B C, …

○B○ ○S○ ○F○ ○J○ ○U○ ○Y○
○D, E○ ○N, O○ ○F, G○ ○C, D○ ○P, Qu, R○

4 Schreibe auf, was du über das ABC weißt.

102

Allgemeine Hinweise

Die Kinder lernen das Alphabet als solches kennen und sollen es mit zunehmender Sicherheit auch auswendig wissen. Außerdem wird thematisiert, wofür das Alphabet gebraucht wird. Dabei lernen die Kinder auch gleich die Wörterliste kennen.

Einstieg

- Unterrichtsgespräch zum Lückenalphabet an der Tafel: *Weißt du, was genau das ist? Hier fehlt etwas? Was fehlt?*
- Unterschied zur Sprechweise beim Lesen wird thematisiert

Hinweise zu den Aufgaben

- Aufg. 1: SuS lesen dabei das ABC dreimal, bevor versucht wird, es auswendig zu sprechen
- Aufg. 2: Lücken-ABC lesen, auswendig sprechen; diese Aufgabe kann gut mit dem Partnerkind bearbeitet werden
- Aufg. 3: Murmelrunde mit dem Partnerkind, Stichpunkte werden notiert, hilfreiche Fragen vorab: *Wie viele Buchstaben hat das ABC? Wozu brauchst du das ABC?;* anschließender Hefteintrag unter das bereits im Heft notierte ABC zum Merkkasten im Schulbuch
- Aufg. 4: ABC von Aufg. 1 soll erst einmal abgedeckt werden, das ABC wird im Anschluss richtig mit Großbuchstaben ins Heft notiert

Differenzierung

Sprachförderung

- Aufg. 1: Alphabet mit der tatsächlichen Sprechweise der Buchstaben im ABC (KV 101); dies ist vor allem für sprachlich schwächere Kinder wichtig, da diese meist noch nicht sicher alphabetisiert sind; dabei muss auch der Unterschied zur Sprechweise beim Lesen deutlich herausgearbeitet werden

Fördern

- Aufg. 2: ABC mit weniger Lücken vorgeben
- Aufg. 3: Immer nur ein Buchstabe fehlt

Ideen zur Weiterarbeit

- ABC mit Groß – und Kleinbuchstaben aufschreiben
- Buchstabenkarten zum Aufhängen in der Klasse erstellen

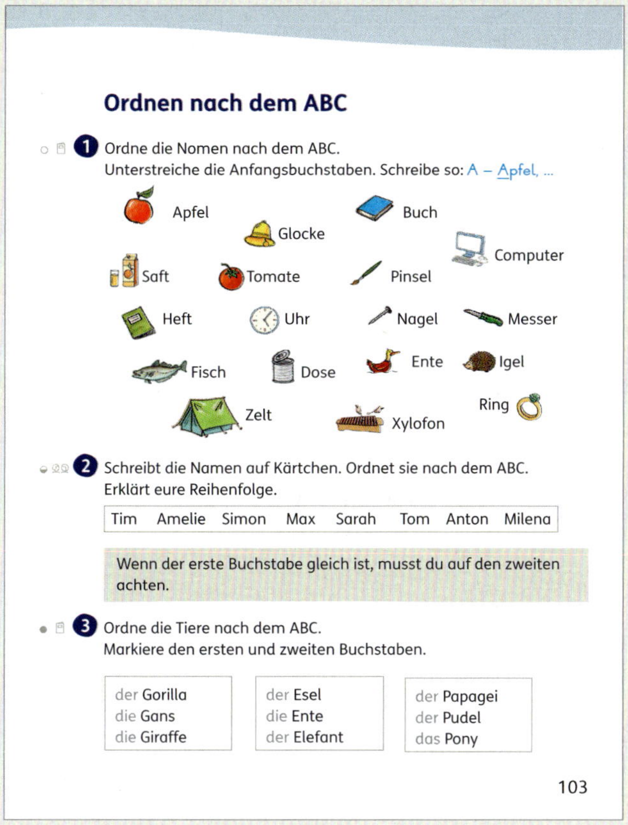

Ordnen nach dem ABC

1 Ordne die Nomen nach dem ABC.
Unterstreiche die Anfangsbuchstaben. Schreibe so: A – Apfel, ...

Apfel, Buch, Glocke, Computer, Saft, Tomate, Pinsel, Heft, Uhr, Nagel, Messer, Fisch, Dose, Ente, Igel, Zelt, Xylofon, Ring

2 Schreibt die Namen auf Kärtchen. Ordnet sie nach dem ABC.
Erklärt eure Reihenfolge.

Tim	Amelie	Simon	Max	Sarah	Tom	Anton	Milena

Wenn der erste Buchstabe gleich ist, musst du auf den zweiten achten.

3 Ordne die Tiere nach dem ABC.
Markiere den ersten und zweiten Buchstaben.

der Gorilla die Gans die Giraffe	der Esel die Ente der Elefant	der Papagei der Pudel das Pony

103

Kompetenzen/Lernziele

- Das Alphabet als unabdingbare Hilfe beim Nachschlagen in Wörterverzeichnissen und Wörterbüchern kennen
- Wörter richtig nach dem Alphabet sortieren (auch nach dem zweiten Buchstaben)

Vorbereitung und Material

- Blanko-Kärtchen
- KV 102: ABC-Profi

Allgemeine Hinweise

Die Kinder kennen das Alphabet und die Anordnung der Buchstaben in diesem. Ebenso wissen sie auch um die Notwendigkeit des Alphabets. Um sich in einem Wörterverzeichnis oder einem Wörterbuch gut und schnell orientieren zu können, muss man das Alphabet beherrschen und gleichzeitig auch Wörter danach sortieren können. Dabei erkennen die Kinder, dass nicht immer nur der erste Buchstabe eines Wortes wichtig ist, sondern dass es auch manchmal auf den zweiten Buchstaben im Wort ankommt.

Einstieg

- Wort-Bildkarten an der Tafel (oder DUA): *Ordnet die Wörter nach dem ABC.*
- Kurze Murmelrunde mit dem Partnerkind hierzu, anschließend gemeinsame Lösung im Klassenplenum

Hinweise zu den Aufgaben

- Aufg. 1: Vorgegebene Wörter werden nach dem ABC sortiert ins Heft geschrieben
- Aufg. 2: Die Partnerkinder schreiben sich die Wörter aus dem Schulbuch auf Blanko-Kärtchen und ordnen sie nun nach dem ABC, dabei versuchen sie eine logische und sinnvolle Reihenfolge zu finden und diese zu begründen; anschließend erfolgt ein Austausch darüber im Klassenplenum; anschließender Hefteintrag zum Merkkasten im Schulbuch, dazu wird das Beispiel mit den Namen notiert
- Aufg. 3: Diese Aufgabe kann als Profiaufgabe gegeben werden; wenn die Aufgabe von allen SuS bearbeitet werden soll, ist es hilfreich, ein Beispiel vorab gemeinsam zu bearbeiten

Differenzierung

Fördern

- Aufg. 3: Pro Kasten nur zwei Wörter vorgeben, die geordnet werden müssen

Fordern

- Aufg. 2: Profiauftrag: *Wo musst du die Namen Marlon und Sabine einordnen? Erkläre.*
- Aufg. 3: Pro Kasten wird ein weiteres eigenes Wort gefunden, das in die Reihe passt

Ideen zur Weiterarbeit

- ABC-Profi (KV 102)

Seite 104

Kompetenzen/Lernziele

- „Nomen“ als Begriffe für Menschen, Tiere, Pflanzen, Dinge kennen
- Erkenntnis, dass Nomen immer einen Artikel (der, die, das) haben
- Wissen, dass Nomen großgeschrieben werden

Vorbereitung und Material

- DUA: Wortkarten Nomen

Richtig schreiben

Großschreibung von Nomen

1 Schreibe die Nomen zu den Begriffen: Menschen, Tiere, Pflanzen, Dinge.
Menschen: Frau, ...

Blume, Ente, Bub, Schaf
Tanne, Frau, Kirche, Hase
Oma, Auto, Gras, Laster
Mädchen, Wolke, Rabe, Baum

2 Schreibe die Nomen aus Aufgabe 1 mit Artikel auf.
Unterstreiche die Artikel und die Anfangsbuchstaben der Nomen.
Schreibe so: die Blume, ...

3 Schreibe den Text ab. Setze die passenden Nomen ein.

Schulranzen | Füller | Pinsel | Stifte
Wasserfarben | Block | Hefte | Mäppchen

Leos ist gepackt.
Die Mutter hat und einen gekauft.
Das ist blau.
Viele und ein sind darin.
Auch und einen hat Leo dabei.

104

Allgemeine Hinweise

Nomen sind den Kindern bereits aus der 1. Jahrgangsstufe bekannt. Meist auch schon mit dem Wissen, dass Nomen großgeschrieben werden. Nun werden Strategien zum Erkennen von Nomen angebahnt und eingeübt.
Die drei Beweismöglichkeiten zu den Nomen haben die Kinder bereits im Sprachstudio kennengelernt.

Einstieg

- Wortkarten an der Tafel (oder DUA): *Welche dieser Wörter sind Nomen? Und warum?*
- Kurze Murmelrunde mit dem Partnerkind hierzu, anschließend gemeinsames Besprechen im Plenum
- Unterrichtsgespräch zur Großschreibung von Nomen; die Wortkarten, bei denen es sich um Nomen handelt, werden in der richtigen Schreibung darunter notiert

Hinweise zu den Aufgaben

- Aufg. 1: Kinder darauf hinweisen, dass sie die Wörter in der richtigen Schreibweise (also mit Groß- und Kleinbuchstaben) aufschreiben müssen
- Aufg. 2: Je nach Sprachniveau der Klasse ist es sinnvoll, die Wörter vorab gemeinsam zu den Artikeln zu sortieren, dabei bieten sich ebenfalls die Artikelsymbole und -farben an
- Aufg. 3: Anschließend erfolgt ein Heftaustausch mit einem Partnerkind zur Kontrolle, möglich ist es auch, diese Aufgabe als vertiefende Hausaufgabe zu geben

Differenzierung

Sprachförderung

- Aufg. 2: Hier ist es für sprachlich schwächere Kinder wieder hilfreich, wenn die Artikelsymbole und -farben zur Hilfe genommen werden (s. DUA Artikelsymbole)

Fordern

- Aufg. 3: Die SuS bekommen nur den Text ohne die vorgegebenen Nomen, die eingesetzt werden müssen

Ideen zur Weiterarbeit

- Partnerdiktat mit dem Wörterstudio; dabei achten die SuS besonders auf die Großschreibung der Nomen

Methoden

Die Wörterliste

1 Jeder schlägt die Wörterliste (S. 151–158) auf. Stelle deinem Partnerkind Fragen. Beispiel: *„Wo stehen die Wörter mit K?“* Dein Partnerkind sucht und liest das erste und letzte Wort mit K vor. Danach tauscht ihr.

2 Suche die Nomen in der Wörterliste. Schreibe die Nomen mit Artikel und Seitenzahl auf. Schreibe so: der Hase: S. ...,

Wenn ich unsicher bin, wie ein Wort geschrieben wird, schlage ich es in der Wörterliste nach.

3 Ordne die Nomen nach dem ABC. Achte auf den zweiten Buchstaben. Kontrolliere mit der Wörterliste.

Krone Katze Kuchen	Frau Flasche Falle	Stern Schirm Sofa

105

Kompetenzen/Lernziele

- Nachschlagen in der Wörterliste
- Rechtschreibbewusstsein zeigen, indem bei Unsicherheit bei der Schreibung eines Wortes nachgeschlagen wird

Vorbereitung und Material

- Wörterliste im Schulbuch S. 151–158
- KV 103: Wörterlisten-Profi

Allgemeine Hinweise

Das Nachschlagen in einem Wörterbuch oder in der Wörterliste ist eine grundlegende Methodenkompetenz, die die Kinder ihr Leben lang brauchen. Dabei lernen sie bereits jetzt, wie die Wörterliste aufgebaut ist und wie sie mit dieser arbeiten können.

Einstieg

- Alle SuS schlagen ihre Wörterliste (S. 151–158) im Schulbuch auf; Unterrichtsgespräch: *Was genau ist die Wörterliste? Wozu brauchst du die Wörterliste? Wie ist sie aufgebaut?*

Hinweise zu den Aufgaben

- Aufg. 1: Mögliche Fragen sind: *Wo stehen die Wörter mit K? Wie heißt das letzte Wort mit R? Wie heißt das erste Wort der Wörterliste? Wie viele Wörter stehen bei C?*
- Aufg. 2: Schnelle Kinder können sich noch drei eigene Wörter aus der Wörterliste aufschreiben und diese notieren; anschließend Austausch und gegenseitige Kontrolle mit einem Partnerkind

Differenzierung

Sprachförderung

- Aufg. 1: Einfache Suchaufträge mit immer ähnlichem Satzmuster: *Wie heißt das erste Wort mit ...? Wie heißt das letzte Wort mit ...? Wie viele Wörter stehen bei ...?*

Fordern

- Aufg. 1: Komplexere Suchaufträge: *Wie heißt das Nomen bei U? Welche Wörter stehen bei X? Welche Zahlen findest du bei Z? Welches Wort steht unter September? Welches Wort steht über Koffer?*
- Aufg. 3: Kontrollierte Wörter werden abgehakt

Ideen zur Weiterarbeit

- Wörtersuche mit dem Partnerkind in den Wochenplan einbauen
- Wörterlisten-Profi (KV 103)

Seite 106

Kompetenzen/Lernziele
- Vokale und Konsonanten als solche kennen und erkennen
- Wissen um den unterschiedlichen Klang von Vokalen (lang/kurz, betont/unbetont)

Vorbereitung und Material
- DUA: Bildkarten Laute
- KV 104: Purzelwörter schreiben

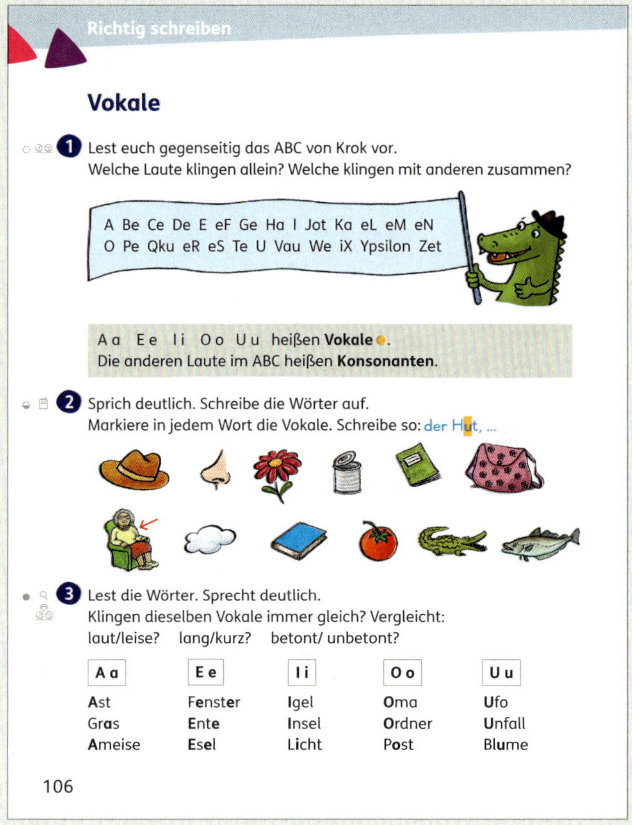
Richtig schreiben

Vokale

1 Lest euch gegenseitig das ABC von Krok vor.
Welche Laute klingen allein? Welche klingen mit anderen zusammen?

A Be Ce De E eF Ge Ha I Jot Ka eL eM eN
O Pe Qku eR eS Te U Vau We iX Ypsilon Zet

Aa Ee Ii Oo Uu heißen **Vokale**.
Die anderen Laute im ABC heißen **Konsonanten**.

2 Sprich deutlich. Schreibe die Wörter auf.
Markiere in jedem Wort die Vokale. Schreibe so: der Hut, ...

3 Lest die Wörter. Sprecht deutlich.
Klingen dieselben Vokale immer gleich? Vergleicht:
laut/leise? lang/kurz? betont/ unbetont?

Aa	Ee	Ii	Oo	Uu
Ast	Fenster	Igel	Oma	Ufo
Gras	Ente	Insel	Ordner	Unfall
Ameise	Esel	Licht	Post	Blume

106

Allgemeine Hinweise
Die Kinder untersuchen das ABC genauer. Sie erfahren, dass manche Laute Vokale und manche Konsonanten heißen und dass Vokale unterschiedliche Lautqualitäten (lang/kurz, betont/unbetont) besitzen. Dabei achten die Kinder auch auf eine deutliche Aussprache.

Einstieg
- Bildkarten zum Üben der Laute (DUA) hängen an der Tafel (ca. 6 Karten), die Wörter werden deutlich artikuliert und für jeden Laut wird ein Kreis gezeichnet, anschließend werden die passenden Buchstaben verschriftet; die Kinder erkennen: Laute schreibt man mit Buchstaben

Hinweise zu den Aufgaben
- Aufg. 1: Lesen und Austausch mit dem Partnerkind, anschließend wird der Klang der Vokale und Konsonanten im Klassenplenum noch einmal thematisiert; Merkkasten aus dem Schulbuch wird besprochen; die Vokale werden bei den Wörtern an der Tafel gelb markiert
- Aufg. 2: Austausch mit einem Partnerkind und gegenseitiges Kontrollieren, auch auf phonematisch-alphabetisch richtige Abbildung der Wörter
- Aufg. 3: Jede Gruppe erhält einen Vokal zum Vergleich der Lautqualitäten, danach Austausch in der Klasse

Differenzierung

Sprachförderung
- Aufg. 2: Wortschatz vorab klären und die Bilder der Aufgabe durchgehen, damit jedes Wort klar ist

Fördern
- Aufg. 2: Purzelwörter (KV 104): Buchstaben zu den einzelnen Bildern müssen in die richtige Reihenfolge gebracht und Vokale markiert werden

Ideen zur Weiterarbeit
- Arbeit mit den Bild-Wort-Karten des Wörterstudios: Abwechselndes Diktieren der Wörter mit einem Partnerkind und Benennen der Vokale

Seite 107

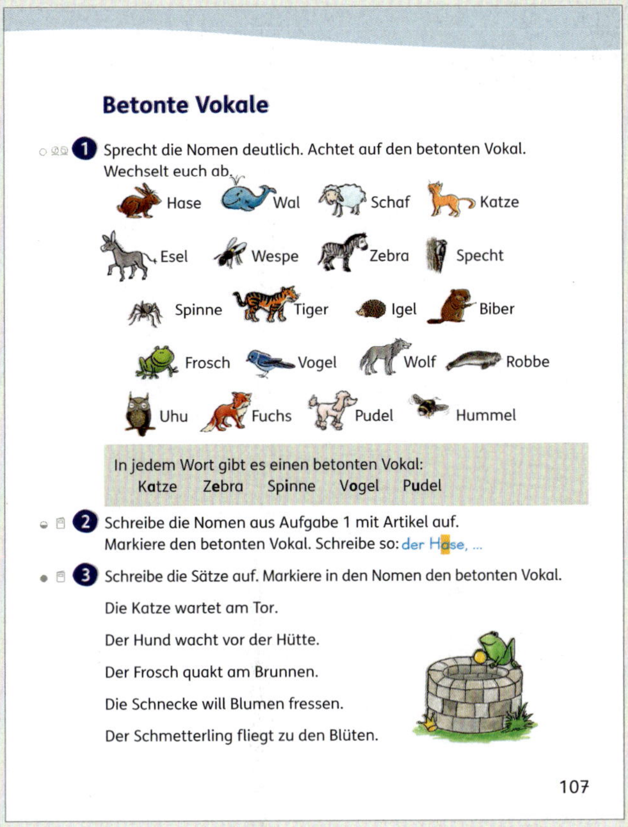

Betonte Vokale

1 Sprecht die Nomen deutlich. Achtet auf den betonten Vokal. Wechselt euch ab.

Hase Wal Schaf Katze
Esel Wespe Zebra Specht
Spinne Tiger Igel Biber
Frosch Vogel Wolf Robbe
Uhu Fuchs Pudel Hummel

In jedem Wort gibt es einen betonten Vokal:
Katze Zebra Spinne Vogel Pudel

2 Schreibe die Nomen aus Aufgabe 1 mit Artikel auf. Markiere den betonten Vokal. Schreibe so: der Hase, ...

3 Schreibe die Sätze auf. Markiere in den Nomen den betonten Vokal.

Die Katze wartet am Tor.
Der Hund wacht vor der Hütte.
Der Frosch quakt am Brunnen.
Die Schnecke will Blumen fressen.
Der Schmetterling fliegt zu den Blüten.

107

Kompetenzen/Lernziele

- Vokale und Konsonanten erkennen
- Wissen um den unterschiedlichen Klang von Vokalen (betont/unbetont)
- Betonte Vokale in einem Wort erkennen

Vorbereitung und Material

- DUA: Bildkarten Laute
- KV 105: Klang der Vokale

Allgemeine Hinweise

Die Kinder wissen nun, dass Vokale unterschiedliche Lautqualitäten haben: lang oder kurz, betont oder unbetont. Durch eine genaue Aussprache der Wörter sollen die Kinder nun die betonten Vokale im Wort herausfinden.

Einstieg

- Bildkarten zum Üben der Laute (DUA) hängen an der Tafel (ca. 4 Karten), die Wörter werden deutlich artikuliert und für jeden Laut wird ein Kreis gezeichnet, anschließend werden die passenden Buchstaben verschriftet und die Vokale gelb markiert

Hinweise zu den Aufgaben

- Aufg. 1: Wörter werden abwechselnd vorgelesen und gesprochen
- Aufg. 2: Der betonte Vokal wird gelb markiert, es ist hilfreich für die Kinder, wenn vorab einige Beispiele gemeinsam an der Tafel betrachtet werden
- Aufg. 3: Diese Aufgabe kann von stärkeren Kindern als Profiaufgabe bearbeitet werden

Differenzierung

Sprachförderung

- Aufg. 1: Ein sprachschwächeres Kind arbeitet mit einem stärkeren Kind zusammen
- Aufg. 2: Wörter vorab nach Artikeln sortieren, dabei mit den Artikelsymbolen und -farben arbeiten

Fordern

- Aufg. 2: Schnelle Kinder suchen noch eigene Wörter, schreiben diese auf und markieren den betonten Vokal

Ideen zur Weiterarbeit

- Klang der Vokale (KV 105): Karten gestalten mit Bildern und/oder Wörtern, in denen der vorgegebene Vokal betont ist

Seite 108

Kompetenzen/Lernziele

- Lauttreue Wörter schreiben und dabei silbisch mitsprechen
- Vokal als Silbenkern erkennen: Jede Silbe hat einen Vokal

Vorbereitung und Material

- KV 106: Wörtersammlung Tiere
- KV 107: Silben

Richtig schreiben

Silben

1. Zähle mit dem Vers aus. Du musst in Silben sprechen.

Himbeereis und Marmelade,
Sahneklecks und Schokolade,
Tortenguss auf Käsestangen,
ich darf laufen – du musst fangen.

Wörter kann man in **Silben** zerlegen.
Silben kann man mit Silbenbögen markieren. Marmelade
Jede Silbe enthält einen **Vokal**.
Manche Wörter haben nur eine Silbe. Ast

2. Schreibe die Nomen ab. Zeichne die Silbenbögen.
Markiere die Vokale.
Schreibe so: Vater, ...

Vater | Vogel | Blume | Schule | Stift | Feder
Telefon | Ast | Hund | Dose | Vase | Tomate

3. Die Silben sind durcheinandergeraten. Setze sie zu Tiernamen zusammen. Markiere die Vokale.

Ka ge | Pu se | Ze del | Zie bra | Ha mel

4. Erfinde mit Silben Fantasietiere. Schreibe und male.

108

Allgemeine Hinweise

Die Kinder nutzen das phonologische und silbische Prinzip zur korrekten Schreibung von Wörtern. Sie trennen diese nach Schreibsilben und erkennen und markieren den Vokal als Silbenkern. Durch das spielerische Zusammensetzen von Silben zu neuen Wortschöpfungen gehen sie kreativ mit Sprache um.

Einstieg

- Aufg. 1: Lesen des Auszählverses in Vierergruppen und in Silbensprechweise, Vorstellen der Ergebnisse im Klassenplenum
- Auszählvers an der Tafel: Silbenbögen werden unter den Wörtern markiert, außerdem werden die Vokale in den Silben gelb markiert, die Kinder erkennen so, dass in jeder Silbe immer ein Vokal ist (Vokal als Silbenkern)

Hinweise zu den Aufgaben

- Aufg. 1: Übertrag des Merkkastens ins Heft
- Aufg. 2: Wörter werden unter den Merkeintrag im Heft notiert, anschließend kann noch eine Partnerkontrolle erfolgen
- Aufg. 3: Vorab kurzes Besprechen, um welche Tiere es sich handelt und ein Beispiel gemeinsam bearbeiten
- Aufg. 4: Diese Aufgabe kann als vertiefende Hausaufgabe gegeben werden

Differenzierung

Sprachförderung

- Aufg. 3, 4: Wörtersammlung Tiere (KV 106): mit dieser haben auch sprachschwächere SuS die Möglichkeit, eigene Fantasietiere zu erfinden, da sie auf einen Wortspeicher zurückgreifen können

Fördern

- Aufg. 4: Wortkarten mit Tieren zum Zerschneiden und neu Zusammensetzen; so können ebenfalls eigene Fantasietiere erfunden werden, diese werden anschließend ins Heft notiert (KV 107)

Ideen zur Weiterarbeit

- Kindernamen aus der Klasse in Silben zerlegen und die Vokale markieren
- KV 107: Silben

Seite 109

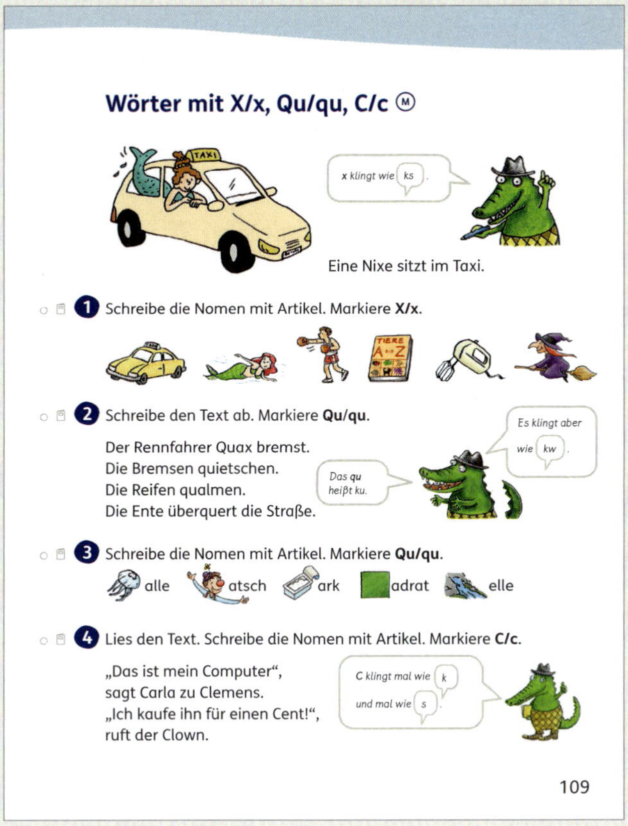
Wörter mit X/x, Qu/qu, C/c Ⓜ

Eine Nixe sitzt im Taxi.

1 Schreibe die Nomen mit Artikel. Markiere **X/x**.

2 Schreibe den Text ab. Markiere **Qu/qu**.

Der Rennfahrer Quax bremst.
Die Bremsen quietschen.
Die Reifen qualmen.
Die Ente überquert die Straße.

3 Schreibe die Nomen mit Artikel. Markiere **Qu/qu**.

alle atsch ark adrat elle

4 Lies den Text. Schreibe die Nomen mit Artikel. Markiere **C/c**.

„Das ist mein Computer“,
sagt Carla zu Clemens.
„Ich kaufe ihn für einen Cent!“,
ruft der Clown.

109

Kompetenzen/Lernziele

- Verschiedenheit zwischen Buchstabennamen und Laut beachten
- Wörter mit Rechtschreibbesonderheiten kennen

Vorbereitung und Material

- KV 108: Karten Sprech- und Schreibweise
- KV 109: Wörter mit X/x, C/c, Qu/qu

Allgemeine Hinweise

Die Kinder kennen die Buchstaben/Laute X/x, Qu/qu und C/c bereits aus der 1. Jahrgangsstufe. Der Schwerpunkt der Arbeit im 2. Schuljahr liegt darin, dass die Kinder den Unterschied zwischen dem Buchstaben und dem Laut beachten und diesen beim Schreiben richtig verschriften.

Einstieg

- Bild- und Wortkarten an der Tafel (oder DUA), dabei sind Wörter mit X/x, C/c, Qu/qu abgebildet; die SuS ordnen die Wörter den Bildern zu
- Unterrichtsgespräch: *Was ist besonders bei diesen Wörtern?*
- Unterschied zwischen Sprech- und Schreibweise der Buchstaben herausarbeiten und an der Tafel visualisieren (KV 108)

Hinweise zu den Aufgaben

- Aufg. 1: Nomen mit Artikel notieren, Kontrolle durch ein Partnerkind
- Aufg. 2: Den Text nach dem Abschreiben noch einem Partnerkind vorlesen
- Aufg. 3: Wörter abschreiben, Kontrolle durch ein Partnerkind, gegenseitiges Vorlesen der Wörter
- Aufg. 4: Den Text nach dem Abschreiben der Nomen leise lesen und anschließend einem Partnerkind vorlesen

Differenzierung

Sprachförderung

- Aufg. 1: Wörter vorab klären, sodass alle Wörter bekannt sind

Fordern

- Wörter mit X/x, Qu/qu, C/c in der Wörterliste suchen und notieren

Ideen zur Weiterarbeit

- Plakate zu den einzelnen Buchstaben erstellen, diese dienen gleichzeitig als Wortsammlungen mit den entsprechenden Buchstaben und können jederzeit von den SuS erweitert werden (Wörter mit X/x, Wörter mit Qu/qu, Wörter mit C/c)

Seite 110

Kompetenzen/Lernziele

- Das Alphabet kennen und nutzen, Wörter nach dem Alphabet sortieren
- Vokale kennen und den betonten Vokal in einem Wort erkennen
- Wörter mit Rechtschreibbesonderheiten aus dem Grundwortschatz richtig schreiben

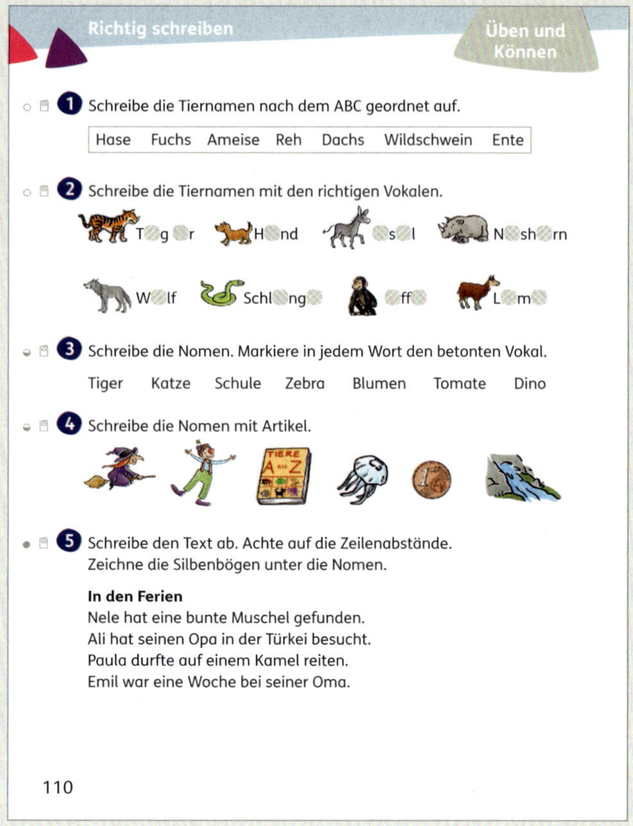
Richtig schreiben

Üben und Können

1 Schreibe die Tiernamen nach dem ABC geordnet auf.

Hase Fuchs Ameise Reh Dachs Wildschwein Ente

2 Schreibe die Tiernamen mit den richtigen Vokalen.

T g r H nd s l N sh rn

W lf Schl ng ff L m

3 Schreibe die Nomen. Markiere in jedem Wort den betonten Vokal.

Tiger Katze Schule Zebra Blumen Tomate Dino

4 Schreibe die Nomen mit Artikel.

5 Schreibe den Text ab. Achte auf die Zeilenabstände.
Zeichne die Silbenbögen unter die Nomen.

In den Ferien
Nele hat eine bunte Muschel gefunden.
Ali hat seinen Opa in der Türkei besucht.
Paula durfte auf einem Kamel reiten.
Emil war eine Woche bei seiner Oma.

110

Allgemeine Hinweise

Mit Üben und Können werden die Lernfortschritte zu den in Kapitel 1 und 2 thematisierten Inhalten festgestellt. Diese dienen als Ausgangspunkt für das weitere Lernen im Bereich *Richtig Schreiben*.

Einstieg

- Tiernamen mit fehlenden Vokalen an der Tafel: *Puma, Pinguin, Katze, Löwe, Lama, Kuh*
- Unterrichtsgespräch: *Welche Vokale fehlen bei den Tiernamen? Ordnet die Tiernamen nach dem ABC.*
- Dabei wird noch einmal thematisiert, worauf es beim Ordnen nach dem ABC ankommt

Hinweise zu den Aufgaben

- Aufg. 1: Tiernamen nach ABC geordnet aufschreiben, erster Buchstabe wird unterstrichen
- Aufg. 2: Die Tiernamen können auch mit dem passenden Artikel notiert werden
- Aufg. 3: Nomen aufschreiben, betonter Vokal wird gelb markiert
- Aufg. 4: Vorab die Wörter klären, sodass alle Wörter klar sind, dann mit Artikel aufschreiben
- Aufg. 5: Immer eine Zeile beim Schreiben frei lassen, sodass die Silbenbögen gut darunter gezeichnet werden können

Differenzierung

Sprachförderung

- Aufg. 4: Arbeit mit den Artikelsymbolen und -farben

Fordern

- Aufg. 1: Zusätzliche Tiere zum Ordnen vorgeben: Rabe, Esel, Wal, Amsel, Hund
- Aufg. 2: Eigene Tiernamen mit fehlenden Vokalen schreiben und mit einem Partnerkind austauschen

Seite 111

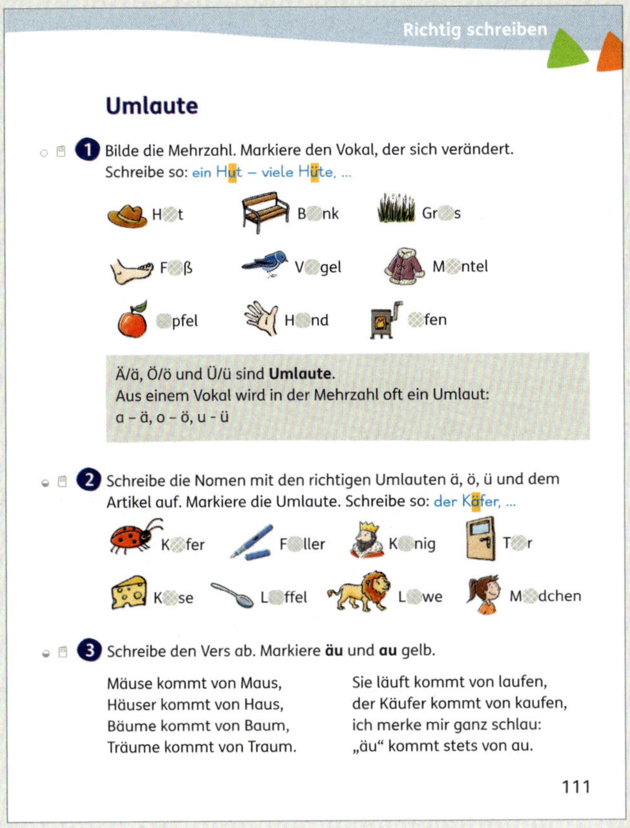

Richtig schreiben

Umlaute

1 Bilde die Mehrzahl. Markiere den Vokal, der sich verändert.
Schreibe so: ein Hut – viele Hüte, ...

H◌t B◌nk Gr◌s
F◌ß V◌gel M◌ntel
◌pfel H◌nd ◌fen

Ä/ä, Ö/ö und Ü/ü sind **Umlaute**.
Aus einem Vokal wird in der Mehrzahl oft ein Umlaut:
a – ä, o – ö, u – ü

2 Schreibe die Nomen mit den richtigen Umlauten ä, ö, ü und dem Artikel auf. Markiere die Umlaute. Schreibe so: der Käfer, ...

K◌fer F◌ller K◌nig T◌r
K◌se L◌ffel L◌we M◌dchen

3 Schreibe den Vers ab. Markiere **äu** und **au** gelb.

Mäuse kommt von Maus,
Häuser kommt von Haus,
Bäume kommt von Baum,
Träume kommt von Traum.

Sie läuft kommt von laufen,
der Käufer kommt von kaufen,
ich merke mir ganz schlau:
„äu“ kommt stets von au.

111

Kompetenzen/Lernziele

- Umlaute richtig schreiben

Vorbereitung und Material

- KV 110: Umlaute-Memory
- KV 111: Umlaute

Allgemeine Hinweise

Die Kinder untersuchen das ABC genauer. Sie erfahren, dass manche Laute Vokale und manche Konsonanten heißen. Sie erkennen, dass aus Vokalen Umlaute (ä, ö, ü) werden können, wenn z. B. Nomen in der Mehrzahl stehen (nicht alle Vokale werden dabei zu Umlauten.)

Einstieg

- An der Tafel stehen die Wörter aus Aufg. 1, gemeinsam wird der Vokal gekennzeichnet, die Lehrkraft bildet zu einem Wort (ein Hut – viele Hüte) die Mehrzahl und markiert den Umlaut

Hinweise zu den Aufgaben

- Aufg. 1: Kinder bilden zu den restlichen Wörtern die Mehrzahl, sie markieren Vokal und Umlaut farbig, sie erkennen, dass das Ä/ä, Ö/ö und Ü/ü Umlaute sind; aus einem Vokal wird in der Mehrzahl oft ein Umlaut
- Aufg. 2: Nomen werden mit den richtigen Umlauten notiert, der Umlaut farbig markiert
- Aufg. 3: Vers wird abgeschrieben, äu/au gelb markiert

Differenzierung

Sprachförderung

- Wortschatz aus Aufg. 1 und 2 vorab klären, sodass jedes Wort klar ist

Fördern

- Kinder arbeiten mit dem Umlaute-Memory, sie beschriften es, schneiden es aus und spielen Memory damit (KV 110)

Fordern

- In der Wörterliste suchen die Kinder weitere Wörter, bei denen in der Mehrzahl ein Umlaut steht (KV 111)

Ideen für die Weiterarbeit

- Wörter aus Aufg. 1 und 2 werden nach ihrem Umlaut sortiert, weitere Wörter werden aus Zeitungen und Wörterbüchern gesucht und verschriftet

Seite 112

Kompetenzen/Lernziele

- Verschiedenheit von Schreibung und Aussprache beachten: ein Laut – zwei Buchstaben
- Zwielaute kennen und verschriften

Vorbereitung und Material

- Reime für jedes Kind kopieren (KV 112)

- KV 112, 113: Zwielaute

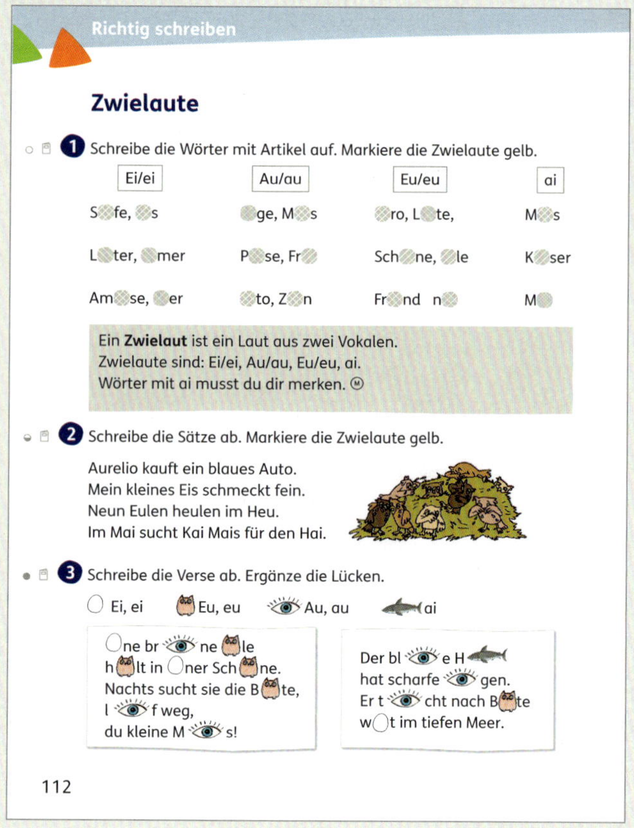
Richtig schreiben

Zwielaute

1 Schreibe die Wörter mit Artikel auf. Markiere die Zwielaute gelb.

Ei/ei	Au/au	Eu/eu	ai
S_fe, _s	_ge, M_s	_ro, L_te,	M_s
L_ter, _mer	P_se, Fr_	Sch_ne, _le	K_ser
Am_se, _er	_to, Z_n	Fr_nd n_	M_

Ein **Zwielaut** ist ein Laut aus zwei Vokalen.
Zwielaute sind: Ei/ei, Au/au, Eu/eu, ai.
Wörter mit ai musst du dir merken.

2 Schreibe die Sätze ab. Markiere die Zwielaute gelb.

Aurelio kauft ein blaues Auto.
Mein kleines Eis schmeckt fein.
Neun Eulen heulen im Heu.
Im Mai sucht Kai Mais für den Hai.

3 Schreibe die Verse ab. Ergänze die Lücken.

Ei, ei – Eu, eu – Au, au – ai

_ne br_ne _le
h_lt in _ner Sch_ne.
Nachts sucht sie die B_te,
l_f weg,
du kleine M_s!

Der bl_e H_
hat scharfe _gen.
Er t_cht nach B_te
w_t im tiefen Meer.

112

Allgemeine Hinweise

Kinder erlernen den Begriff „Zwielaute" (zwei Vokale wie au/äu, eu, ei und ai) und verschriften dazu passendes Wortmaterial.

Einstieg

- Mittels verschiedener Reime lernen die Kinder Zwielaute kennen; Zwielaute werden markiert (KV 112); Kinder erkennen, dass ein Zwielaut aus zwei Vokalen besteht, dazu zählen Ei/ei, Au/au, Eu/eu und ai; Wörter mit ai muss man sich merken

Hinweise zu den Aufgaben

- Aufg. 1: Kinder schreiben die Wörter mit Artikel auf und markieren Zwielaute gelb
- Aufg. 2: Sätze werden abgeschrieben und Zwielaute gelb markiert
- Aufg. 3: Verse werden abgeschrieben, Lücken werden passend ergänzt

Differenzierung

Sprachförderung

- Aufg. 1: Mit Artikelsymbolen und -farben arbeiten

Fordern

- Wörter mit den Zwielauten eu, au oder ei werden in der Wörterliste gesucht und geordnet (KV 113)

Ideen für die Weiterarbeit

- Wörter aus dem Einstieg/den Aufgaben 1 bis 3 werden nach dem Zwielaut sortiert und weitere Wörter gesucht
- Kinder schreiben mit Wörtern mit Zwielauten Sätze auf

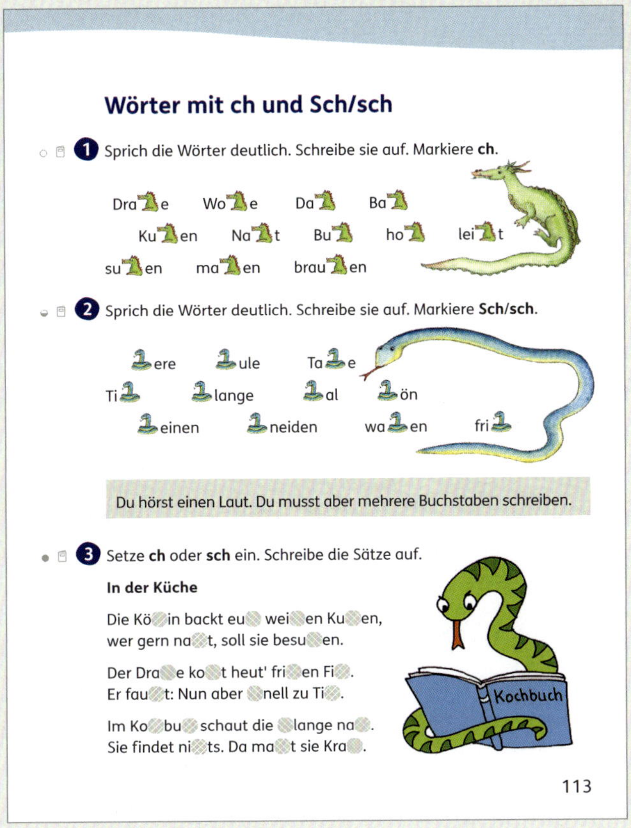
Wörter mit ch und Sch/sch

1 Sprich die Wörter deutlich. Schreibe sie auf. Markiere **ch**.

Dra_e Wo_e Da_ Ba_
Ku_en Na_t Bu_ ho_ lei_t
su_en ma_en brau_en

2 Sprich die Wörter deutlich. Schreibe sie auf. Markiere **Sch/sch**.

_ere _ule Ta_e
Ti_ _lange _al _ön
_einen _neiden wa_en fri_

Du hörst einen Laut. Du musst aber mehrere Buchstaben schreiben.

3 Setze **ch** oder **sch** ein. Schreibe die Sätze auf.

In der Küche

Die Kö_in backt eu_ wei_en Ku_en,
wer gern na_t, soll sie besu_en.

Der Dra_e ko_t heut' fri_en Fi_.
Er fau_t: Nun aber _nell zu Ti_.

Im Ko_bu_ schaut die _lange na_.
Sie findet ni_ts. Da ma_t sie Kra_.

113

Kompetenzen/Lernziele

- Verschiedenheit von Schreibung und Aussprache beachten: ein Laut – zwei Buchstaben
- Verschiedenheit zwischen Buchstabennamen und Laut beachten: ch/sch

Vorbereitung und Material

- Gegenstände Tuch und Schere
- KV 114: Wörter mit ch und Sch/sch

Allgemeine Hinweise

Bei manchen Wörtern hört man nur einen Laut, braucht aber mehrere Buchstaben bei der Schreibung (ch/sch).

Einstieg

- Lehrkraft präsentiert den Kindern zwei Gegenstände (für ch ein Tuch, für sch eine Schere), gemeinsam wird besprochen welche Laute man bei Tuch und bei Schere hören kann, schnell wird deutlich, dass man bei Tuch drei Laute und bei Schere vier Laute hören kann, schreibt man die Wörter braucht man allerdings vier bzw. sechs Buchstaben

Hinweise zu den Aufgaben

- Aufg. 1 und 2: Wörter zu Drache/Schlange zuordnen, aufschreiben und ch/sch farbig markieren
- Aufg. 3: ch oder sch werden passend eingesetzt, Sätze verschriftet

Differenzierung

Fördern

- Kinder schreiben Wörter mit ch und Sch/sch (KV 114)

Ideen für die Weiterarbeit

- Kinder gestalten selbst ch- und sch-Plakate, dazu suchen sie Wörter aus der Wörterliste, der Zeitung oder Wörterbüchern

Seite 114

Kompetenzen/Lernziele

- Kennen von Wörtern mit ng und nk, Schreibweisen unterscheiden

Vorbereitung und Material

- KV 115: Wörter mit ng
- KV 116: Wörter mit ng und nk

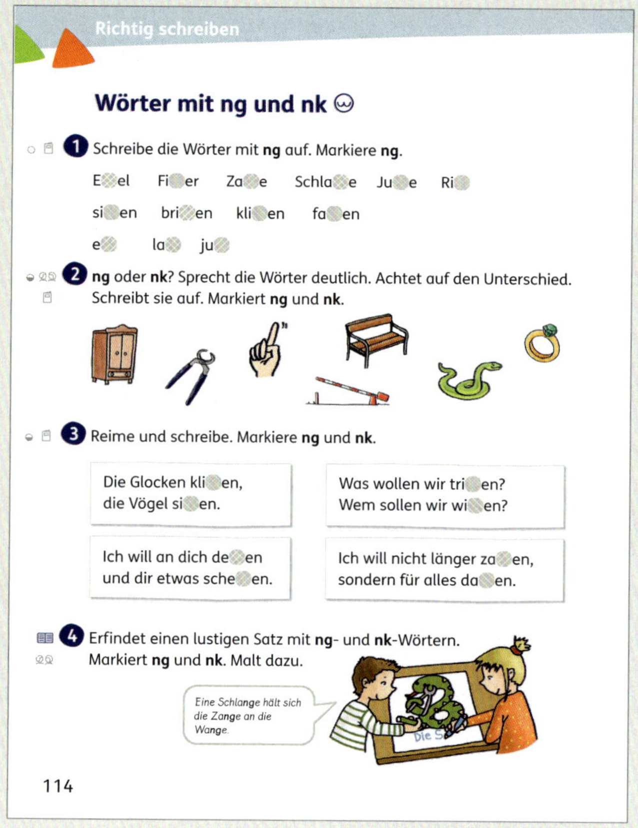
Richtig schreiben

Wörter mit ng und nk

1 Schreibe die Wörter mit **ng** auf. Markiere **ng**.

E▒el Fi▒er Za▒e Schla▒e Ju▒e Ri▒

si▒en bri▒en kli▒en fa▒en

e▒ la▒ ju▒

2 **ng** oder **nk**? Sprecht die Wörter deutlich. Achtet auf den Unterschied. Schreibt sie auf. Markiert **ng** und **nk**.

3 Reime und schreibe. Markiere **ng** und **nk**.

Die Glocken kli▒en,
die Vögel si▒en.

Was wollen wir tri▒en?
Wem sollen wir wi▒en?

Ich will an dich de▒en
und dir etwas sche▒en.

Ich will nicht länger za▒en,
sondern für alles da▒en.

4 Erfindet einen lustigen Satz mit **ng**- und **nk**-Wörtern. Markiert **ng** und **nk**. Malt dazu.

114

Allgemeine Hinweise

Oft hört man den Unterschied bei Wörtern mit ng/nk nicht sofort. Die Kinder erfahren, dass deutliches Sprechen sowie die Unterteilung in Silben helfen, die Schreibung des Wortes herauszuarbeiten.

Einstieg

- Mehrere Wörter mit dem Laut ng und nk stehen an der Tafel, die Wörter werden deutlich gesprochen; Lehrkraft: *Heute schauen wir uns Wörter mit ng/nk genauer an.*

Hinweise zu den Aufgaben

- Aufg. 1: Kinder schreiben Wörter mit ng auf und heben es farbig hervor
- Aufg. 2: Begriffe auf den Bildern werden deutlich gesprochen und in Silben unterteilt, der Unterschied zwischen ng/nk ist nun hörbar: Fin-ger/Schran-ke Wörter werden verschriftet und ng/nk werden farbig markiert
- Aufg. 3: Reime mit ng/nk bilden, ng/nk markieren
- Aufg. 4: Kinder erfinden mit ng/nk-Wörtern lustige Sätze und malen dazu

Differenzierung

Sprachförderung

- Wortschatz aus Aufg. 1–3 vorab klären, sodass jedes Wort klar ist

Fördern

- Kinder schreiben ng-Wörter (KV 115)

Fordern

- Konjugation von Verben mit ng/nk (KV 116)
- Kindern Text mit vielen ng/nk-Wörtern diktieren

Ideen für die Weiterarbeit

- In der Wörterliste werden Wörter mit ng/nk gesucht, geordnet und aufgeschrieben

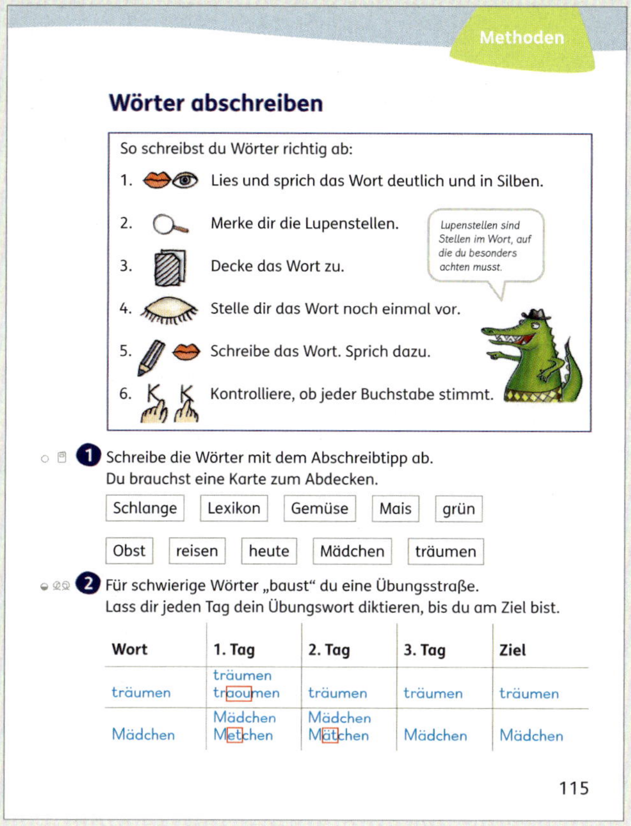
Methoden

Wörter abschreiben

So schreibst du Wörter richtig ab:

1. Lies und sprich das Wort deutlich und in Silben.
2. Merke dir die Lupenstellen.
3. Decke das Wort zu.
4. Stelle dir das Wort noch einmal vor.
5. Schreibe das Wort. Sprich dazu.
6. Kontrolliere, ob jeder Buchstabe stimmt.

1 Schreibe die Wörter mit dem Abschreibtipp ab.
Du brauchst eine Karte zum Abdecken.

Schlange | Lexikon | Gemüse | Mais | grün

Obst | reisen | heute | Mädchen | träumen

2 Für schwierige Wörter „baust" du eine Übungsstraße.
Lass dir jeden Tag dein Übungswort diktieren, bis du am Ziel bist.

Wort	1. Tag	2. Tag	3. Tag	Ziel
träumen	träumen trooumen	träumen	träumen	träumen
Mädchen	Mädchen Metchen	Mädchen Mätchen	Mädchen	Mädchen

115

Kompetenzen/Lernziele

- Planvoll und fehlerlos von einer Vorlage abschreiben (Abschreibtipps)

Vorbereitung und Material

- Abschreibtipps für den Aushang im Klassenzimmer aufbereiten
- Wortkarten
- KV 117: Abschreibtipp für Wörter

Allgemeine Hinweise

Die Kinder üben hier, routiniert, zügig und fehlerlos von einer Vorlage abzuschreiben. Sie erlernen also die Arbeitstechnik „Wörter abschreiben". So schärfen sie ihr Rechtschreibbewusstsein, achten bei eigenen Verschriftungen auf Richtigschreibung und lernen, sich selbstständig zu korrigieren.

Einstieg

- Gemeinsam werden die Abschreibtipps von Krok angeschaut und gelesen
- Die Lehrkraft präsentiert den Kindern ein beliebiges Wort, jedes Kind erhält eine Wortkarte
- Der 1. Abschreibtipp wird gemeinsam durchgeführt, am besten von mehreren Kindern genau sprechen lassen, Gespräch über Lupenstellen
- Abschreibtipp 3–6 wird von jedem Kind selbstständig durchgeführt (präsentiertes Wort bitte nun auch abdecken, erst abschließend, also zur Kontrolle wieder aufdecken); anschließend Austausch mit einem Partnerkind über die Arbeitstechnik

Hinweise zu den Aufgaben

- Aufg. 1: Abschreibtipp in Anwendung verfestigen (KV 117)
- Aufg. 2: Kinder üben schwierige Wörter mithilfe einer „Übungsstraße"

Differenzierung

Fördern

- Aufg. 1: Abschreibtipp in Anwendung verfestigen, Wortmaterial ggf. anpassen und mit Bildmaterial unterstützen

Ideen für die Weiterarbeit

- Abschreibtipps auch im Klassenzimmer präsent halten
- Jedes Kind legt zu seinen Fehlerwörtern eine eigene Kartei an, das Wort steht richtig verschriftet auf dem Kärtchen, mit den Abschreibtipps übt das Kind seine eigenen Fehlerwörter

Seite 116

Kompetenzen/Lernziele
- Wortstämme/Wortbausteine finden: Wortbausteine für Verben
- Endbausteine bei Verben kennzeichnen

Vorbereitung und Material
- Fester Karton

- KV 118: Wortbausteine für Verben
- KV 119: Verben: Wortstamm und Endbausteine

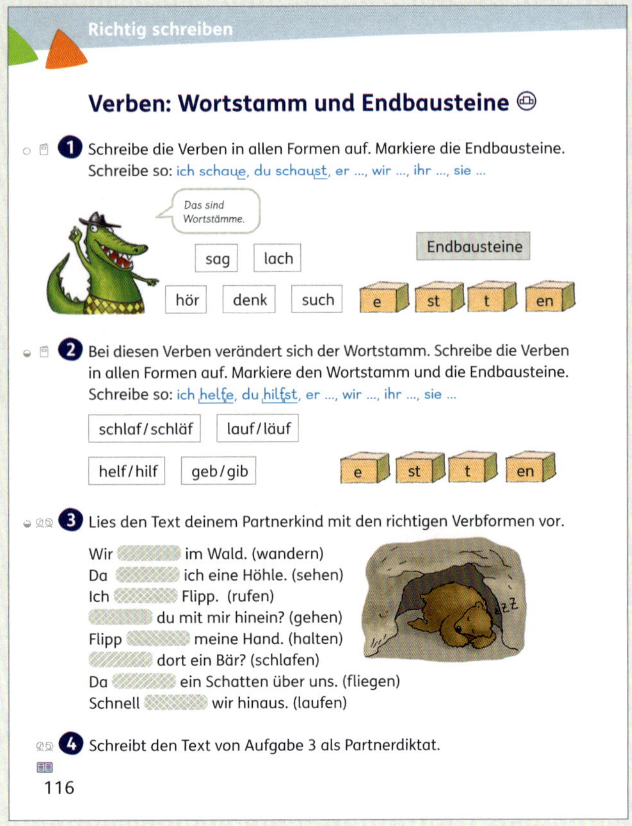
Richtig schreiben

Verben: Wortstamm und Endbausteine

1. Schreibe die Verben in allen Formen auf. Markiere die Endbausteine.
Schreibe so: ich schaue, du schaust, er ..., wir ..., ihr ..., sie ...

2. Bei diesen Verben verändert sich der Wortstamm. Schreibe die Verben in allen Formen auf. Markiere den Wortstamm und die Endbausteine.
Schreibe so: ich helfe, du hilfst, er ..., wir ..., ihr ..., sie ...

3. Lies den Text deinem Partnerkind mit den richtigen Verbformen vor.

Wir ___ im Wald. (wandern)
Da ___ ich eine Höhle. (sehen)
Ich ___ Flipp. (rufen)
___ du mit mir hinein? (gehen)
Flipp ___ meine Hand. (halten)
___ dort ein Bär? (schlafen)
Da ___ ein Schatten über uns. (fliegen)
Schnell ___ wir hinaus. (laufen)

4. Schreibt den Text von Aufgabe 3 als Partnerdiktat.

116

Allgemeine Hinweise
Die SuS sollen dafür sensibilisiert werden, dass bei Verben die Wortstämme meist unverändert bleiben (einige Ausnahmen gibt es). Außerdem erfahren sie in vielfältigen Formen verschiedene Endbausteine für Verben (abhängig von der Personalform).

Einstieg
- Lehrkraft präsentiert das Verb „malen“ in der Grundform, der Wortstamm ist markiert, zudem sehen die Kinder die verschiedenen Personalformen
- Fixieren des Verbs „malen“ in allen Formen und Markieren der Endbausteine (ich male, du malst ...)

Hinweise zu den Aufgaben
- Aufg. 1: Nun werden weitere Wortstämme und Endbausteine präsentiert (zweifarbig) und Verben in Personalformen gebaut (KV 118)
- Aufg. 2: Verben in allen Formen aufschreiben, auf veränderten Wortstamm eingehen
- Aufg. 3: Text mit richtiger Verbform vorlesen
- Aufg. 4: Kinder schreiben den Text von Aufg. 3 als Partnerdiktat

Differenzierung

Sprachförderung
- Zeichen und Bedeutungen der Personalformen üben, ggf. mit gestischer Unterstützung (KV 118)

Fordern
- Kinder suchen sich weitere Verben aus der Wörterliste und schreiben sie in allen Formen auf

Ideen für die Weiterarbeit
- Würfelspiel zu Verben in Partnerarbeit: Aus einem Stapel vorgegebener Wortkarten (am besten aus festem Karton) ein Kärtchen ziehen, würfeln mit dem Personalformenwürfel und Wörter ins Heft schreiben (KV 119)

Seite 117

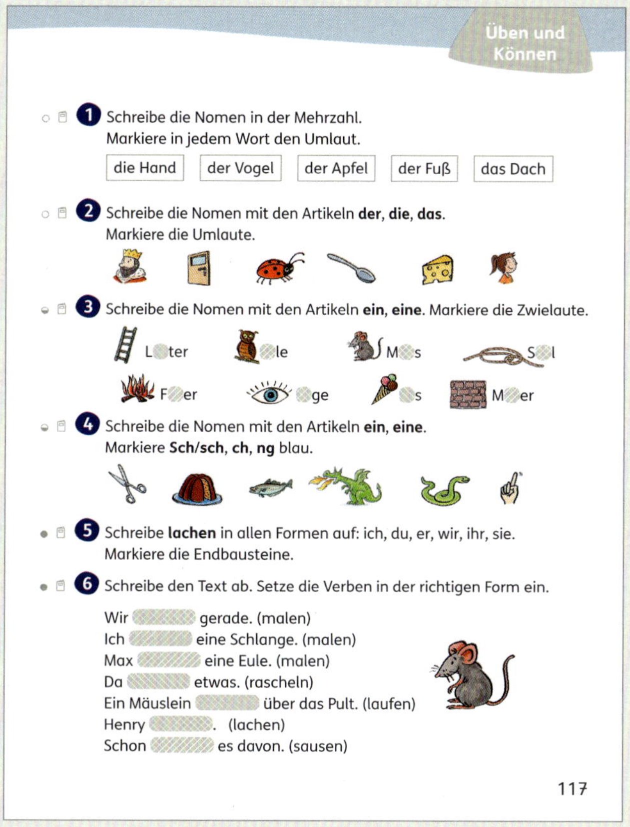

Üben und Können

1 Schreibe die Nomen in der Mehrzahl.
Markiere in jedem Wort den Umlaut.

die Hand | der Vogel | der Apfel | der Fuß | das Dach

2 Schreibe die Nomen mit den Artikeln **der**, **die**, **das**.
Markiere die Umlaute.

3 Schreibe die Nomen mit den Artikeln **ein**, **eine**. Markiere die Zwielaute.

L ter | le | M s | S l
F er | ge | s | M er

4 Schreibe die Nomen mit den Artikeln **ein**, **eine**.
Markiere **Sch/sch**, **ch**, **ng** blau.

5 Schreibe **lachen** in allen Formen auf: ich, du, er, wir, ihr, sie.
Markiere die Endbausteine.

6 Schreibe den Text ab. Setze die Verben in der richtigen Form ein.

Wir gerade. (malen)
Ich eine Schlange. (malen)
Max eine Eule. (malen)
Da etwas. (rascheln)
Ein Mäuslein über das Pult. (laufen)
Henry . (lachen)
Schon es davon. (sausen)

117

Kompetenzen/Lernziele

- Umlaute richtig schreiben
- Verschiedenheit von Schreibung und Aussprache beachten: ein Laut – zwei Buchstaben
- Zwielaute festigen
- Verschiedenheit zwischen Buchstabennamen und Laut beachten: ch/sch
- Wörter mit ng und nk
- Wortstämme/Wortbausteine finden: Wortbausteine für Verben
- Endbausteine bei Verben kennzeichnen

Allgemeine Hinweise

Mit Üben und Können werden die Lernfortschritte zu den in den Kapiteln 3 und 4 thematisierten Inhalten festgestellt. Diese dienen als Ausgangspunkt für das weitere Lernen im Bereich *Richtig Schreiben*.

Hinweise zu den Aufgaben

Bei Schwierigkeiten in den einzelnen Bereichen kann anhand der Aufgaben 1–6 individuell weitergeübt werden.

- Aufg. 1: Nomen in der Mehrzahl verschriften, Umlaut markieren
- Aufg. 2: Zu Bildern Nomen mit Artikel verschriften, Umlaut markieren
- Aufg. 3: Kinder ergänzen Nomen mit Zwielauten und schreiben sie mit Artikel auf
- Aufg. 4: Zu Bildern Nomen mit Artikel aufschreiben Sch/sch – ch – ng werden markiert
- Aufg. 5: Verb „lachen“ wird in allen Formen notiert, Endbausteine markiert
- Aufg. 6: Verben werden in der richtigen Form in einen Lückentext eingetragen

Seite 118

Kompetenzen/Lernziele

- Unterscheidung von Lautqualitäten durch die Gegenüberstellung von harten und weichen Lauten
- Nachschlagen in der Wörterliste

Vorbereitung und Material

- KV 120: Bildkarten PeKaTe

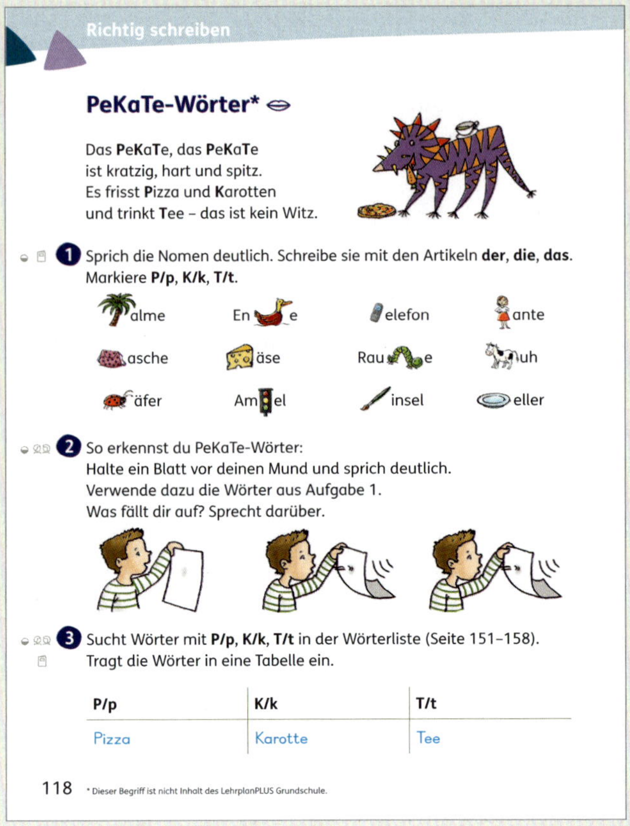
Richtig schreiben

PeKaTe-Wörter*

Das **PeKaTe**, das **PeKaTe**
ist kratzig, hart und spitz.
Es frisst **Pizza** und **Karotten**
und trinkt **Tee** – das ist kein Witz.

1 Sprich die Nomen deutlich. Schreibe sie mit den Artikeln **der**, **die**, **das**. Markiere **P/p**, **K/k**, **T/t**.

alme · En e · elefon · ante
asche · äse · Rau e · uh
äfer · Am el · insel · eller

2 So erkennst du PeKaTe-Wörter:
Halte ein Blatt vor deinen Mund und sprich deutlich.
Verwende dazu die Wörter aus Aufgabe 1.
Was fällt dir auf? Sprecht darüber.

3 Sucht Wörter mit **P/p**, **K/k**, **T/t** in der Wörterliste (Seite 151–158).
Tragt die Wörter in eine Tabelle ein.

P/p	K/k	T/t
Pizza	Karotte	Tee

118 * Dieser Begriff ist nicht Inhalt des LehrplanPLUS Grundschule.

Allgemeine Hinweise

Die Kinder lernen, gezielt Wörter mit harten und weichen Lauten durch ihre Lautqualität zu unterscheiden. Dafür müssen die Kinder deutlich sprechen und achten ganz genau auf den Luftstrom, der sich bei der Aussprache von weichen und harten Lauten unterscheidet.

Einstieg

- Das Gedicht vorlesen und erarbeiten, welche Laute im Mittelpunkt stehen
- Bildkarten (KV 120) an der Tafel präsentieren und gemeinsam die Wörter mit harten Konsonanten heraussortieren

Hinweise zu den Aufgaben

- Aufg. 1: Aufschreiben der Wörter mit hartem Konsonant und dem passenden Artikel, Unterstützung der Graphem-Phonem-Zuordnung durch Markieren der Laute
- Aufg. 2: Unterschiede zwischen weichen und harten Lauten mithilfe eines Papiers oder Spiegels verdeutlichen
- Aufg. 3: Arbeit mit der Wörterliste (S. 151–158), Darstellung der Wörter in einer Tabelle

Differenzierung

Sprachförderung

- Wortschatz der Bildkarten an der Tafel vor dem Ordnen klären
- Aufg. 1: Kindern bei der richtigen Bestimmung der Artikel durch die Lehrkraft oder ein Helferkind unterstützen (Artikelsymbole DUA nutzen)

Fördern

- Aufg. 2: Um den Luftstrom für die Kinder spürbar zu machen, können sie auch ihre Hand bei der Unterscheidung vor den Mund halten

Fordern

- Aufg. 3: Eigene Wörter in der Tabelle ergänzen; aus den gefundenen Wörtern Sätze schreiben

Ideen für die Weiterarbeit

- Fächerübergreifend im Kunstunterricht ein PeKaTe gestalten
- Das PeKaTe-Gedicht umschreiben

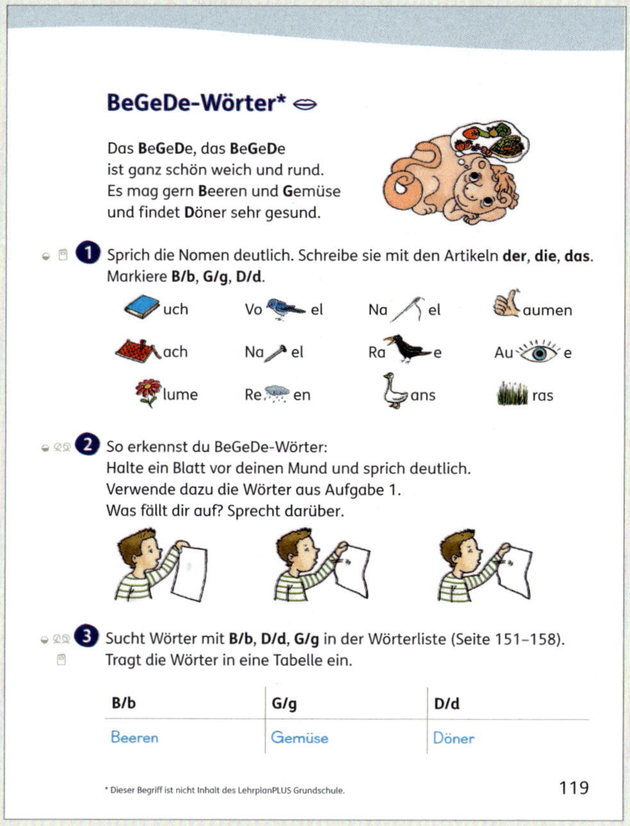

BeGeDe-Wörter*

Das **BeGeDe**, das **BeGeDe**
ist ganz schön weich und rund.
Es mag gern **B**eeren und **G**emüse
und findet **D**öner sehr gesund.

1 Sprich die Nomen deutlich. Schreibe sie mit den Artikeln **der**, **die**, **das**. Markiere **B/b**, **G/g**, **D/d**.

uch	Vo el	Na el	aumen
ach	Na el	Ra e	Au e
lume	Re en	ans	ras

2 So erkennst du BeGeDe-Wörter:
Halte ein Blatt vor deinen Mund und sprich deutlich.
Verwende dazu die Wörter aus Aufgabe 1.
Was fällt dir auf? Sprecht darüber.

3 Sucht Wörter mit **B/b**, **D/d**, **G/g** in der Wörterliste (Seite 151–158).
Tragt die Wörter in eine Tabelle ein.

B/b	G/g	D/d
Beeren	Gemüse	Döner

* Dieser Begriff ist nicht Inhalt des LehrplanPLUS Grundschule.

119

Kompetenzen/Lernziele
- Unterscheidung von Lautqualitäten durch die Gegenüberstellung von harten und weichen Lauten
- Nachschlagen in der Wörterliste

Vorbereitung und Material
- KV 121: Bildkarten BeGeDe

Allgemeine Hinweise
Die Kinder lernen, gezielt Wörter mit harten und weichen Lauten durch ihre Lautqualität zu unterscheiden. Dafür müssen die Kinder deutlich sprechen und achten ganz genau auf den Luftstrom, der sich bei der Aussprache von weichen und harten Lauten unterscheidet.

Einstieg
- Das Gedicht vorlesen und erarbeiten, welche Laute im Mittelpunkt stehen
- Bildkarten (KV 121) an der Tafel präsentieren und gemeinsam die Wörter mit harten Konsonanten heraussortieren

Hinweise zu den Aufgaben
- Aufg. 1: Aufschreiben der Wörter mit weichem Konsonant und dem passenden Artikel, Unterstützung der Graphem-Phonem-Zuordnung durch Markieren der Laute
- Aufg. 2: Unterschiede zwischen weichen und harten Lauten mithilfe eines Papiers oder Spiegels verdeutlichen
- Aufg. 3: Arbeit mit der Wörterliste (S. 151–158), Darstellung der Wörter in einer Tabelle

Differenzierung

Sprachförderung
- Wortschatz der Bildkarten an der Tafel vor dem Ordnen klären
- Aufg. 1: Kindern bei der richtigen Bestimmung der Artikel durch die Lehrkraft oder ein Helferkind unterstützen (Artikelsymbole DUA nutzen)

Fordern
- Aufg. 3: Eigene Wörter in der Tabelle ergänzen
- Aus den gefundenen Wörtern Sätze schreiben

Ideen für die Weiterarbeit
- Fächerübergreifend im Kunstunterricht ein BeGeDe gestalten
- Das BeGeDe-Gedicht umschreiben

Seite 120

Kompetenzen/Lernziele
- Orthografische Merkstellen in Wörtern kennen
- Wörter mit V/v kennen und schreiben

Vorbereitung und Material
- Leere Wortkarten (Sammlung der Wörter mit V/v an der Tafel)
- Plakate und Stifte
- Ggf. leere Karteikarten
- KV 122: Wörter mit V/v

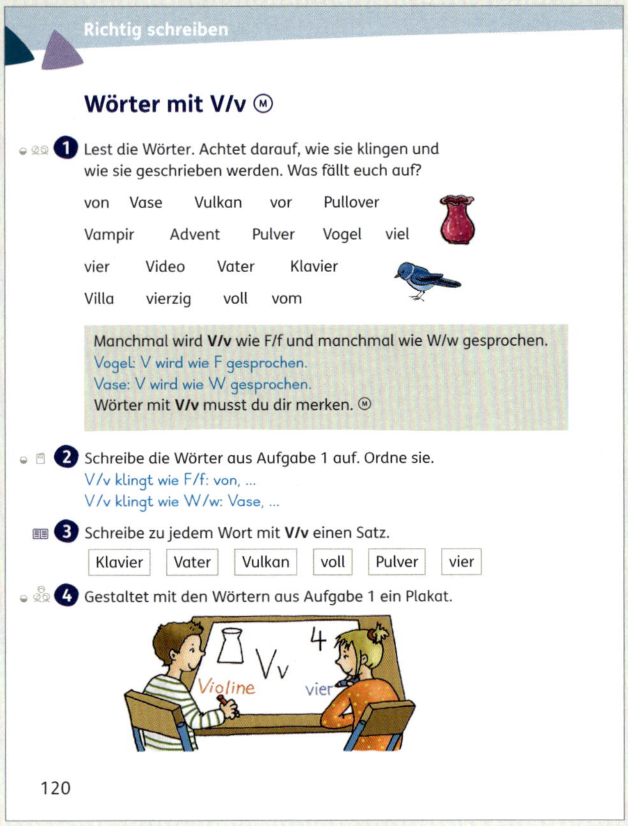

Richtig schreiben

Wörter mit V/v Ⓜ

1 Lest die Wörter. Achtet darauf, wie sie klingen und wie sie geschrieben werden. Was fällt euch auf?

von Vase Vulkan vor Pullover
Vampir Advent Pulver Vogel viel
vier Video Vater Klavier
Villa vierzig voll vom

Manchmal wird **V/v** wie F/f und manchmal wie W/w gesprochen.
Vogel: V wird wie F gesprochen.
Vase: V wird wie W gesprochen.
Wörter mit **V/v** musst du dir merken. Ⓜ

2 Schreibe die Wörter aus Aufgabe 1 auf. Ordne sie.
V/v klingt wie F/f: von, …
V/v klingt wie W/w: Vase, …

3 Schreibe zu jedem Wort mit **V/v** einen Satz.
Klavier | Vater | Vulkan | voll | Pulver | vier

4 Gestaltet mit den Wörtern aus Aufgabe 1 ein Plakat.

120

Allgemeine Hinweise
Die Kinder erfahren, dass sich nicht alle Schreibungen durch Strategien erschließen lassen. Sie üben die Wörter mit Rechtschreibbesonderheiten ein (Wörter mit V/v) und bauen so eine rechtschreibbewusste Haltung auf.

Einstieg
- Unterrichtsgespräch: *Welche Wörter kennt ihr schon, die mit V/v geschrieben werden?*
- Lehrkraft notiert die Wörter der Kinder auf Wortkarten und befestigt diese an der Tafel

Hinweise zu den Aufgaben
- Aufg. 1: Lesen der Wörter, Austausch zuerst in Partnerarbeit, anschließend im Plenum: *Was fällt euch auf?;* Wörter auf Wortkarten an der Tafel ergänzen, gemeinsame Besprechung der Regeln für Wörter mit V/v
- Aufg. 2: Ordnung der Wörter mit V/v nach ihrer Aussprache, kann gemeinsam mit den Wortkarten an der Tafel erfolgen
- Aufg. 3: Sätze zu den Wörtern mit V/v schreiben
- Aufg. 4: Gestaltung eines Plakats

Differenzierung

Sprachförderung
- Klärung unbekannter Wörter

Fördern
- Bearbeitung KV 122: Wörter mit V/v

Fordern
- Weitere Sätze (evtl. Quatschsätze) zu Wörtern mit V/v schreiben lassen

Ideen für die Weiterarbeit
- Präsentation der Plakate
- Karteikarten zu Wörtern mit V/v erstellen und im Rahmen der Morgen- oder Wochenplanarbeit in Partnerarbeit diktieren und üben lassen

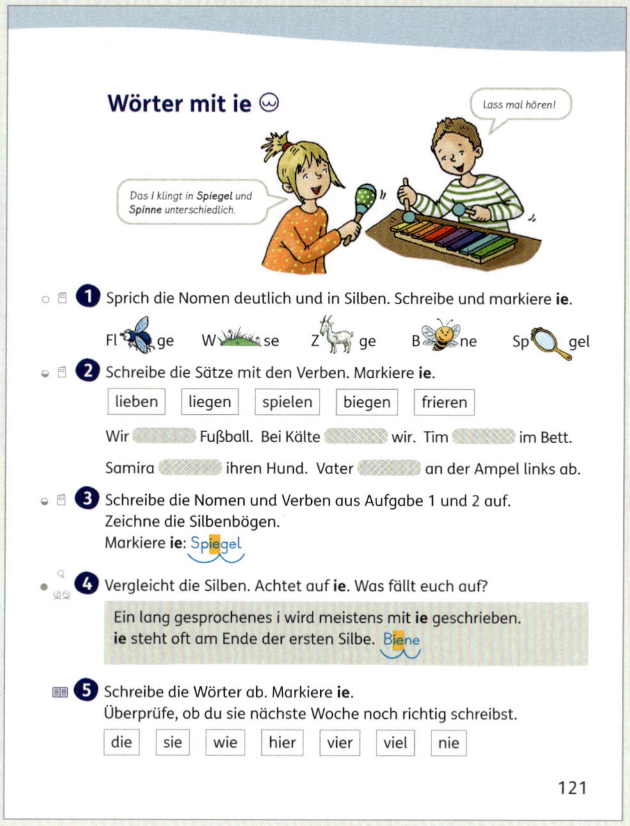
Wörter mit ie

Lass mal hören!

Das i klingt in **Spiegel** und **Spinne** unterschiedlich.

1 Sprich die Nomen deutlich und in Silben. Schreibe und markiere **ie**.

Fl ge W se Z ge B ne Sp gel

2 Schreibe die Sätze mit den Verben. Markiere **ie**.

lieben liegen spielen biegen frieren

Wir Fußball. Bei Kälte wir. Tim im Bett.

Samira ihren Hund. Vater an der Ampel links ab.

3 Schreibe die Nomen und Verben aus Aufgabe 1 und 2 auf. Zeichne die Silbenbögen. Markiere **ie**: Spiegel

4 Vergleicht die Silben. Achtet auf **ie**. Was fällt euch auf?

Ein lang gesprochenes i wird meistens mit **ie** geschrieben. **ie** steht oft am Ende der ersten Silbe. Biene

5 Schreibe die Wörter ab. Markiere **ie**. Überprüfe, ob du sie nächste Woche noch richtig schreibst.

die sie wie hier vier viel nie

121

Kompetenzen/Lernziele

- Wörter des Grundwortschatzes mit ie regelgerecht schreiben
- Wörter des Häufigkeitswortschatzes richtig schreiben

Vorbereitung und Material

- Ggf. Plakate und Stifte
- Ggf. leere Karteikarten
- KV 123: Bildkarten langes ie, kurzes i
- KV 124: Wörter mit ie
- KV 125: Reimwörter-Domino

Allgemeine Hinweise

Die Kinder lernen Wörter mit ie kennen und unterscheiden Wörter mit i und ie durch die Länge der Aussprache des Vokales. Sie erweitern ihr Rechtschreibwissen durch die Regeln, Erkennen Wörter mit ie und schreiben diese richtig.

Einstieg

- Präsentation der Bildkarten (KV 123) an der Tafel; Ordnen der Bildkarten nach der Aussprache „kurzes i“ und „langes ie“; gemeinsame Verschriftung einiger Bilder, Markieren der ie-Stelle

Hinweise zu den Aufgaben

- Aufg. 1: Sprechen und Schreiben der Wörter, Markieren der ie-Stelle
- Aufg. 2: Verben mit ie passend in Lückensätze einsetzen aufschreiben und ie markieren
- Aufg. 3: Wörter mit ie aufschreiben, ie markieren und Silbenbögen einzeichnen
- Aufg. 4: Austausch und Regelbesprechung
- Aufg. 5: Wörter abschreiben und ie markieren

Differenzierung

Sprachförderung

- Klärung unbekannter Wörter

Fördern

- KV 124 Wörter mit ie

Fordern

- Aus den Wörtern von Aufg. 1 und 5 Sätze schreiben

Ideen für die Weiterarbeit

- Plakate zu Wörtern mit ie erstellen
- Karteikarten zu Wörtern mit ie erstellen und im Rahmen der Morgen- oder Wochenplanarbeit in Partnerarbeit diktieren und üben lassen
- Reimwörter-Domino spielen (KV 125)

Seite 122

Kompetenzen/Lernziele

- Orthografische Merkstellen in Wörtern kennen
- Wörter mit stummem -h kennen und schreiben

Vorbereitung und Material

- Wortkarten Wörter mit stummem -h
- Ggf. Plakate und Stifte
- Ggf. leere Karteikarten
- KV 126, 127: Wörter mit stummem -h

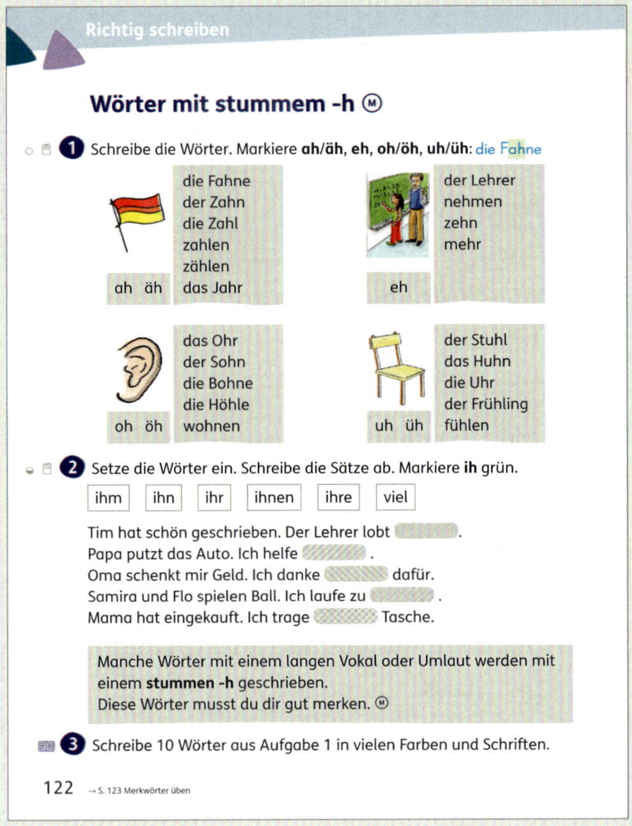

Richtig schreiben

Wörter mit stummem -h

1 Schreibe die Wörter. Markiere **ah/äh, eh, oh/öh, uh/üh**: die Fahne

ah äh	die Fahne der Zahn die Zahl zahlen zählen das Jahr
eh	der Lehrer nehmen zehn mehr
oh öh	das Ohr der Sohn die Bohne die Höhle wohnen
uh üh	der Stuhl das Huhn die Uhr der Frühling fühlen

2 Setze die Wörter ein. Schreibe die Sätze ab. Markiere **ih** grün.

ihm | ihn | ihr | ihnen | ihre | viel

Tim hat schön geschrieben. Der Lehrer lobt ___.
Papa putzt das Auto. Ich helfe ___.
Oma schenkt mir Geld. Ich danke ___ dafür.
Samira und Flo spielen Ball. Ich laufe zu ___.
Mama hat eingekauft. Ich trage ___ Tasche.

Manche Wörter mit einem langen Vokal oder Umlaut werden mit einem **stummen -h** geschrieben.
Diese Wörter musst du dir gut merken.

3 Schreibe 10 Wörter aus Aufgabe 1 in vielen Farben und Schriften.

122 → S. 123 Merkwörter üben

Allgemeine Hinweise

Die Kinder lernen weitere Wörter mit Rechtschreibbesonderheiten kennen (Wörter mit stummem -h) und bauen damit ihr Rechtschreibbewusstsein weiter aus.

Einstieg

- Die Lehrkraft präsentiert den Kindern einige Wörter aus Aufg. 1 als Wortkarten an der Tafel, Unterrichtsgespräch: *Was fällt dir auf? Was haben alle Wörter gemeinsam?*; Merkstellen der Wörter farbig markieren

Hinweise zu den Aufgaben

- Aufg. 1: Aufschreiben der Wörter; Markieren der Merkstellen
- Aufg. 2: Wörter in die Lückensätze einsetzen; Merkstellen markieren
- Aufg. 3: Wörter in verschiedenen Farben und Schriften aufschreiben

Differenzierung

Fördern

- Aufg. 3: Kindern einige Vorschläge für verschiedene Schriften zeigen: Ganz klein oder ganz großgeschrieben, Groß- und Kleinbuchstaben abwechseln, schief, krakelig, gewellt, ...

Fördern

- KV 126: Wörter mit stummem -h

Fordern

- Aufg. 2: Weitere Sätze zu den vorgegebenen Wörtern erfinden und aufschreiben

Ideen für die Weiterarbeit

- Weitere Wörter mit stummem -h in der Wörterliste suchen
- Plakate zu Wörtern mit stummem -h gestalten
- Karteikarten zu Wörtern mit stummem -h erstellen und im Rahmen der Morgen- oder Wochenplanarbeit in Partnerarbeit diktieren und üben lassen
- Bearbeitung KV 127: Wörter mit stummem -h

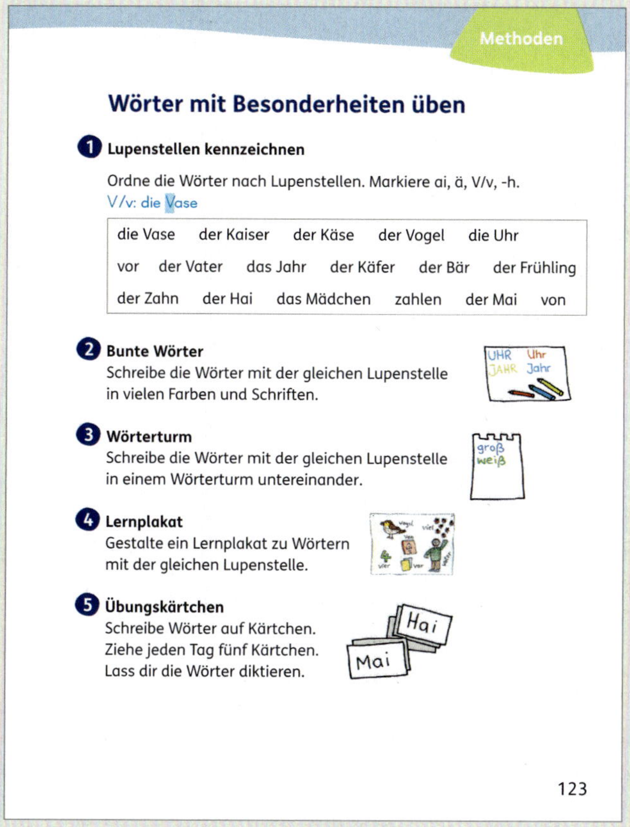
Methoden

Wörter mit Besonderheiten üben

1 Lupenstellen kennzeichnen

Ordne die Wörter nach Lupenstellen. Markiere ai, ä, V/v, -h.
V/v: die Vase

die Vase	der Kaiser	der Käse	der Vogel	die Uhr	
vor	der Vater	das Jahr	der Käfer	der Bär	der Frühling
der Zahn	der Hai	das Mädchen	zahlen	der Mai	von

2 Bunte Wörter
Schreibe die Wörter mit der gleichen Lupenstelle in vielen Farben und Schriften.

3 Wörterturm
Schreibe die Wörter mit der gleichen Lupenstelle in einem Wörterturm untereinander.

4 Lernplakat
Gestalte ein Lernplakat zu Wörtern mit der gleichen Lupenstelle.

5 Übungskärtchen
Schreibe Wörter auf Kärtchen.
Ziehe jeden Tag fünf Kärtchen.
Lass dir die Wörter diktieren.

123

Kompetenzen/Lernziele
- Über Lern- und Einprägetechniken verfügen

Vorbereitung und Material
- Zettel als Wörtertürme
- Plakate und Stifte
- Leere Karteikarten

Differenzierung
- Vorschläge verschiedene Schriften

Allgemeine Hinweise
Da sich nicht alle Wörter durch Rechtschreibstrategien ableiten und damit richtig schreiben lassen, lernen die Kinder auf dieser Sprachbuchseite verschiedene Methoden kennen, um Wörter mit Rechtschreibbesonderheiten besser üben und sich einprägen zu können. Im Vordergrund steht dabei das wiederholte Verschriften der Merkwörter.

Einstieg
- Unterrichtsgespräch: *Welche Merkwörter haben wir bisher schon kennengelernt? Was ist die Besonderheit an Merkwörtern?*

Hinweise zu den Aufgaben
- Aufg. 1: Wörter nach Lupenstellen ordnen; Wörter geordnet aufschreiben, Lupenstellen markieren
- Aufg. 2: Wörter in verschiedenen Farben und Schriften aufschreiben
- Aufg. 3: Wörterturm gestalten
- Aufg. 4: Lernplakate gestalten
- Aufg. 5: Übungskärtchen schreiben; Wörter diktieren lassen

Differenzierung

Fördern
- Aufg. 2: Kindern einige Vorschläge für verschiedene Schriften zeigen: Ganz klein oder ganz großgeschrieben, Groß- und Kleinbuchstaben abwechseln, schief, krakelig, gewellt ...

Fordern
- Wörter einer Lupenstelle in Sätze einbauen oder kleine Geschichten dazu erfinden lassen

Ideen für die Weiterarbeit
- Alle Übungsformate lassen sich gut regelmäßig in die Morgen -oder Wochenplanarbeit integrieren
- Aufg. 5: Hier lässt sich auch gut ein Karteikasten mit den Kindern anlegen

Seite 124

Kompetenzen/Lernziele

- Unterscheidung von Lautqualitäten durch die Gegenüberstellung von harten und weichen Lauten
- Orthografische Merkstellen in Wörtern kennen
- Regelgerechtes Schreiben von Wörtern des Grundwortschatzes mit ie und V/v (?)
- Planvolles und fehlerloses Abschreiben

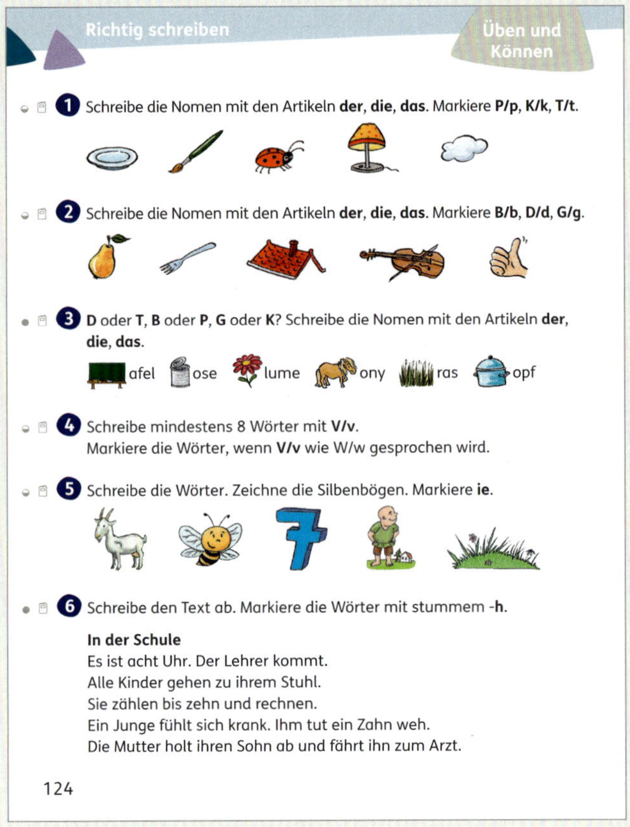

Richtig schreiben

Üben und Können

1 Schreibe die Nomen mit den Artikeln **der**, **die**, **das**. Markiere **P/p**, **K/k**, **T/t**.

2 Schreibe die Nomen mit den Artikeln **der**, **die**, **das**. Markiere **B/b**, **D/d**, **G/g**.

3 **D** oder **T**, **B** oder **P**, **G** oder **K**? Schreibe die Nomen mit den Artikeln **der**, **die**, **das**.

afel ose lume ony ras opf

4 Schreibe mindestens 8 Wörter mit **V/v**.
Markiere die Wörter, wenn **V/v** wie W/w gesprochen wird.

5 Schreibe die Wörter. Zeichne die Silbenbögen. Markiere **ie**.

6 Schreibe den Text ab. Markiere die Wörter mit stummem **-h**.

In der Schule
Es ist acht Uhr. Der Lehrer kommt.
Alle Kinder gehen zu ihrem Stuhl.
Sie zählen bis zehn und rechnen.
Ein Junge fühlt sich krank. Ihm tut ein Zahn weh.
Die Mutter holt ihren Sohn ab und fährt ihn zum Arzt.

124

Allgemeine Hinweise

Mit *Üben und Können* werden die Lernfortschritte zu den in Kapitel 5 und 6 thematisierten Inhalten festgestellt. Diese dienen als Ausgangspunkt für das weitere Lernen im Bereich *Richtig Schreiben*.

Hinweise zu den Aufgaben

Bei Schwierigkeiten in den einzelnen Bereichen kann anhand der Aufgaben 1–6 individuell weitergeübt werden.

- Aufg. 1: Schreiben der Nomen mit Artikel, P/p, K/k, T/t markieren
- Aufg. 2: Schreiben der Nomen mit Artikel, B/b, G/g, D/d markieren
- Aufg. 3: Passende Buchstaben einsetzen und Wörter mit Artikel aufschreiben
- Aufg. 4: 8 Wörter mit V/v aufschreiben
- Aufg. 5: Wörter aufschreiben, Silbenbögen einzeichnen und ie markieren
- Aufg. 6: Text abschreiben und Wörter mit stummem -h markieren

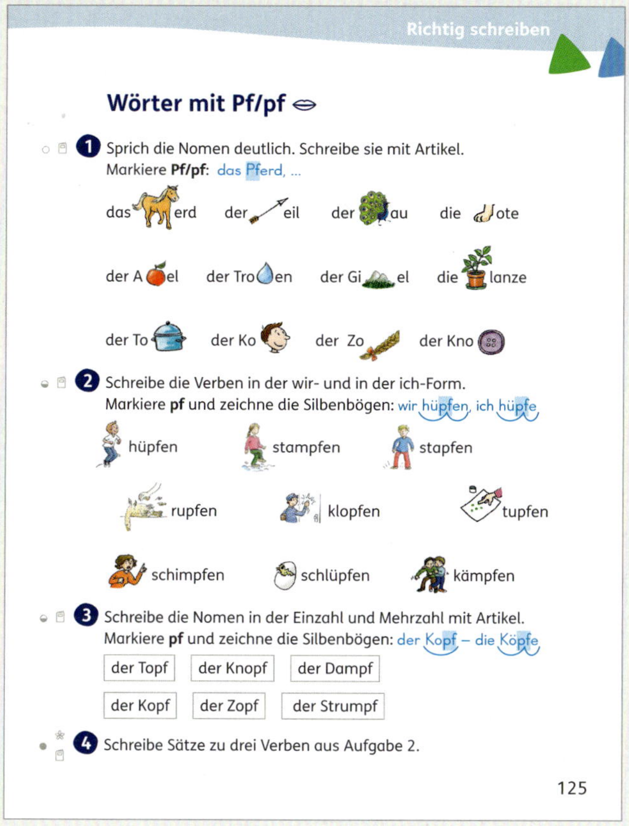

Richtig schreiben

Wörter mit Pf/pf

1 Sprich die Nomen deutlich. Schreibe sie mit Artikel.
Markiere **Pf/pf**: das Pferd, ...

das ___erd der ___eil der ___au die ___ote

der A___el der Tro___en der Gi___el die ___lanze

der To___ der Ko___ der Zo___ der Kno___

2 Schreibe die Verben in der wir- und in der ich-Form.
Markiere **pf** und zeichne die Silbenbögen: wir hüpfen, ich hüpfe

hüpfen stampfen stapfen

rupfen klopfen tupfen

schimpfen schlüpfen kämpfen

3 Schreibe die Nomen in der Einzahl und Mehrzahl mit Artikel.
Markiere **pf** und zeichne die Silbenbögen: der Kopf – die Köpfe

der Topf | der Knopf | der Dampf

der Kopf | der Zopf | der Strumpf

4 Schreibe Sätze zu drei Verben aus Aufgabe 2.

125

Kompetenzen/Lernziele

- Wörter aus dem Grundwortschatz mit Rechtschreibbesonderheiten kennen und richtig schreiben
- Lautgetreue Wörter durch silbisches Mitsprechen richtig schreiben

Vorbereitung und Material

- DUA: Bild-Wortkarten Wörter mit Pf/pf
- KV 128: Wörter mit Pf/pf

Allgemeine Hinweise

Die Kinder kennen die Lautverbindung Pf/pf bereits aus der 1. Jahrgangsstufe. Nun lernen sie eine Vielzahl an Wörtern mit diesem besonderen Laut kennen (Nomen und Verben). Dabei geht es vor allem auch darum, dass die Kinder den pf-Laut auch mit zwei Buchstaben abbilden. Beim Zerlesen eines Wortes in Silben wird der pf-Laut deutlich hörbar.

Einstieg

- Bild- und Wortkarten an der Tafel (oder DUA), dabei sind Wörter mit Pf/pf abgebildet; die SuS ordnen die Wörter den Bildern zu
- Unterrichtsgespräch: *Was ist besonders bei diesen Wörtern? Welchen Laut haben alle Wörter gleich?*
- Die Kinder erkennen, dass der pf-Laut mit zwei Buchstaben abgebildet werden muss

Hinweise zu den Aufgaben

- Aufg. 1: Wörter deutlich sprechen, aufschreiben, Kontrolle durch ein Partnerkind, gegenseitiges Vorlesen der Wörter
- Aufg. 2: Vorab zwei Beispiele gemeinsam erarbeiten, Wörter in der wir- und in der ich-Form aufschreiben, pf markieren, Silbenbögen zeichnen
- Aufg. 3: Nomen in Einzahl und Mehrzahl notieren, pf markieren, Silbenbögen zeichnen; Wörter in der Mehrzahl werden vorab im Klassenplenum besprochen
- Aufg. 4: Diese Aufgabe kann als vertiefende Hausaufgabe gegeben werden, bei den Verben im Satz wird das pf farbig markiert

Differenzierung

Fordern

- Aufg. 4: Sätze mit Verben von Aufg. 2 und Nomen von Aufg. 1 schreiben
- Weitere Wörter mit Pf/pf in der Wörterliste suchen

Ideen zur Weiterarbeit

- Wörter mit Pf/pf (KV 128)
- Plakat zu Wörtern mit Pf/pf erstellen und im Klassenzimmer aufhängen, diese kann dann jederzeit von den SuS mit neuen Wörtern ergänzt werden

Seite 126

Kompetenzen/Lernziele

- Vokale und Konsonanten unterscheiden können
- Lautqualität (lang/kurz) bei Vokalen bestimmen
- Wörter in Silben zerlegen und die Lautqualität des ersten Vokals im Wort prüfen

Vorbereitung und Material

- DUA: Bildkarten: lange und kurze Vokale
- KV 129: Betonte Vokale klingen lang oder kurz
- KV 130: Kurze und lange Vokale unterscheiden

Richtig schreiben

Lange und kurze Vokale

Vokale können kurz oder lang klingen.
Lange Vokale markiere ich mit –.
Kurze Vokale markiere ich mit •.

1 Sprich die Nomen. Schreibe sie mit Artikel. Zeichne die Silbenbögen. Markiere die Vokale in der 1. Silbe mit — oder •: der Hase, die Lampe

Hase, Lampe, Gabel, Wasser, Kasse
Regen, Esel, Messer, Heft, Brett
Igel, Kind, Tiger, Himmel, Biber
Stoff, Wort, Vogel, Brot, Sonne
Kuss, Hut, Blume, Puppe, Luft

126

Allgemeine Hinweise

Die Kinder lernen, dass Vokale im Wort unterschiedlich klingen können (lang oder kurz). Dies unterscheiden zu können, ist wichtig bei der späteren Anwendung von vielen Rechtschreibstrategien zur richtigen Schreibung von Wörtern (z.B. Wörter mit Doppelkonsonanten, Wörter mit ie). Diverse „Werkzeuge“ (Ball, Instrument, Hände) helfen, die Lautqualität herauszuarbeiten.

Einstieg

- Übungswörter an der Tafel (oder DUA) analysieren: Wörter in Silben zerlegen, Lautqualität des ersten Vokals bestimmen und kennzeichnen (• oder –)
- mögliche Werkzeuge zur Verdeutlichung der Lautqualität: Glockenspiel (lang) – Schellen (kurz), Hände auseinanderziehen (lang) – Faust (kurz), Ball werfen (lang) – Ball auf den Boden werfen (kurz), Bild Gummi (lang) – Bild Stein (kurz)

Hinweise zu den Aufgaben

- Aufg. 1: Gegenseitiges Kontrollieren mit einem Partnerkind, dabei sprechen die Kinder den Vokal in der 1. Silbe bewusst lang oder kurz aus, hierzu können sie ebenfalls die Werkzeuge nutzen

Differenzierung

Fördern

- Lautqualität wird gemeinsam mit der Lehrkraft herausgearbeitet, dabei nutzen die Kinder ein „Werkzeug“

Fordern

- Weitere eigene Wörter finden und den ersten Vokal auf die Lautqualität hin prüfen
- Profifrage: *Was folgt auf einen kurzen Vokal? Was folgt auf einen langen Vokal?*
- SuS notieren ihre „Entdeckungen“ im Heft, diese können zum Abschluss noch dem Klassenplenum vorgestellt und erklärt werden

Ideen zur Weiterarbeit

- Betonte Vokale klingen lang oder kurz (KV 129)
- Kurze und lange Vokale unterscheiden (KV 130)

Offene und geschlossene Silben

1 Schreibe die Nomen auf Kärtchen. Zeichne die Silbenbögen. Markiere den Vokal in der 1. Silbe. Schreibe so: die Blume, ...

Blume	Tulpe	Klasse	Feder
Stunde	Hose	Wasser	Schere
Sonne	Name	Käfig	Pflanze

2 Ordnet die Nomen aus Aufgabe 1.

Die 1. Silbe endet mit einem Vokal oder Umlaut.	Die 1. Silbe endet mit einem Konsonanten.
Blume	Tulpe

3 Schreibe die Nomen aus Aufgabe 2 geordnet auf.
1. Silbe Vokal/Umlaut: Blume, ...
1. Silbe Konsonant: Tulpe, ...

Die 1. Silbe endet mit einem Vokal oder Umlaut. Sie ist **offen**. Blume

Die 1. Silbe endet mit einem Konsonanten. Sie ist **geschlossen**. Tulpe

4 Ordne die Wörter. Schreibe wie in Aufgabe 3.

baden	Baby	wünschen	Mädchen	suchen
Stunde	hören	Tasche	trinken	Füller

127

Kompetenzen/Lernziele
- Vokale und Konsonanten unterscheiden
- Offene und geschlossene Silben unterscheiden
- Wörter in Silben zerlegen und nach offener und geschlossener Silbe ordnen

Vorbereitung und Material
- DUA: Bildkarten offene und geschlossene Silbe
- 12 Blanko-Kärtchen für alle SuS
- KV 131: Silben-Profi

Allgemeine Hinweise
Im Rahmen des phonologischen und silbischen Prinzips nutzen die Kinder Silben und Lautqualitäten der Vokale, um sich später die Schreibung eines Wortes zu erschließen. Die Unterscheidung zwischen offener und geschlossener Silbe ist dabei eine wichtige Voraussetzung.
Verschiedene Symbole (Bildkarten, Handzeichen) helfen den Kindern, die Unterschiede zwischen offener und geschlossener Silbe herauszuarbeiten.

Einstieg
- An der Tafel befinden sich zwei Wörter (Blume und Sonne), diese werden deutlich gesprochen, darunter die Silbenbögen gezeichnet und der erste Vokal wird markiert; Gemeinsamkeiten und Unterschiede werden im Unterrichtsgespräch erörtert
  Die Kinder erkennen:
  - Blu – me: Erste Silbe endet mit einem Vokal,
  - Son – ne: Erste Silbe endet mit einem Konsonanten
- Verdeutlichung dieser Erkenntnis mit Bildkarten (DUA), evtl. noch zwei weitere Wörter auf die gleiche Art und Weise erarbeiten und zuordnen (Hase und Wasser)

Hinweise zu den Aufgaben
- Aufg. 1: Den Vokal in der ersten Silbe gelb markieren, so entsteht keine Verwechslungsgefahr mit den Zeichen zur Kennzeichnung der Lautqualität eines Vokals
- Aufg. 2: Die Kinder ordnen die Kärtchen den Türsymbolen zu, dabei verbalisieren sie wie folgt:
  - *Blu – me: Die erste Silbe endet mit einem u. Also lege ich das Wort zur offenen Tür.*
  - *Tul – pe: Die erste Silbe endet mit einem l. Also lege ich das Wort zur geschlossenen Tür.*
- Aufg. 3: Merkkasten wird gemeinsam besprochen und ins Heft übertragen
- Aufg. 4: Hier ist es sinnvoll, wenn die Kinder die Türsymbole in Klein erhalten, diese in ihr Heft einkleben und anschließend die Wörter richtig zuordnen

Differenzierung
Fordern
- Silben-Profi (KV 131)

Ideen zur Weiterarbeit
- Tiernamen sammeln und nach offener und geschlossener Silbe sortieren

Seite 128

Kompetenzen/Lernziele

- Wörter des Grundwortschatzes mit Doppelkonsonanten richtig schreiben
- Bei der Schreibung von Wörtern mit Doppelkonsonanten auf die Lautqualität des Vokals achten

Vorbereitung und Material

- KV 132: Wörter mit Doppelkonsonanten

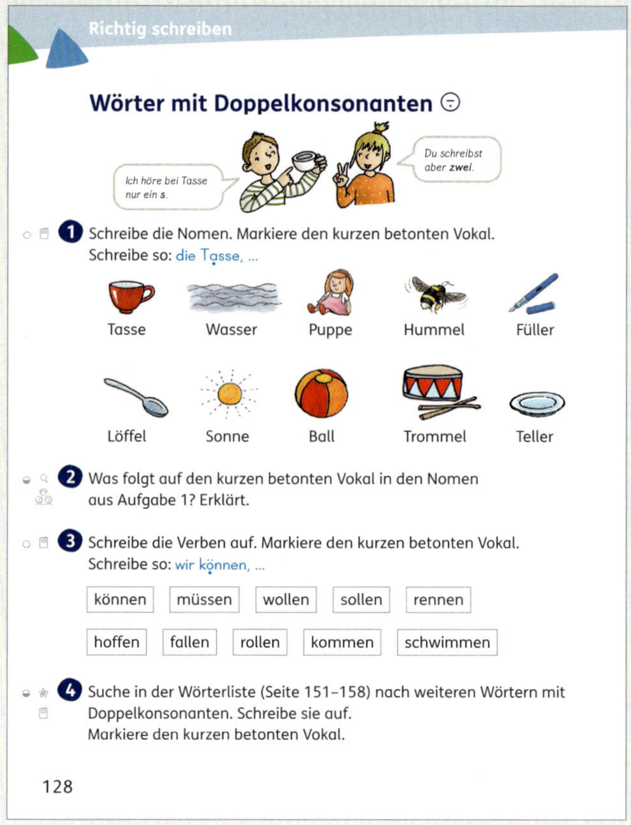
Richtig schreiben

Wörter mit Doppelkonsonanten

1 Schreibe die Nomen. Markiere den kurzen betonten Vokal.
Schreibe so: die Tasse, ...

2 Was folgt auf den kurzen betonten Vokal in den Nomen aus Aufgabe 1? Erklärt.

3 Schreibe die Verben auf. Markiere den kurzen betonten Vokal.
Schreibe so: wir können, ...

können | müssen | wollen | sollen | rennen

hoffen | fallen | rollen | kommen | schwimmen

4 Suche in der Wörterliste (Seite 151–158) nach weiteren Wörtern mit Doppelkonsonanten. Schreibe sie auf.
Markiere den kurzen betonten Vokal.

128

Allgemeine Hinweise

Im Rahmen des phonologischen und silbischen Prinzips nutzen die Kinder Silben und Lautqualitäten der Vokale, um sich die Schreibung von Wörtern mit Doppelkonsonanten zu erschließen. Wörter mit Doppelkonsonanten können sie ableiten, wenn sie ein- oder zweisilbige Wortformen haben. Dabei achten sie auf den kurzen betonten Vokal in den Wörtern.
Die SuS verbalisieren in ihren eigenen Worten Erkenntnisse zu Wörtern mit Doppelkonsonanten.

Einstieg

- Aufg. 1: Jeder SuS arbeitet für sich; Sammeln der Ergebnisse an der Tafel, der kurze betonte Vokal wird bei den Wörtern an der Tafel markiert

Hinweise zu den Aufgaben

- Aufg. 2: Kurze Murmelrunde in der Gruppe, ein SuS erklärt anschließend die Erkenntnisse aus der Gruppe im Plenum; Visualisierung der Erkenntnis an der Tafel:
  - Kurzer Vokal → zwei gleiche Konsonanten
- Aufg. 3: Kontrolle durch ein Partnerkind
- Aufg. 4: Diese Aufgabe kann als vertiefende Hausaufgabe oder Aufgabe im Wochenplan gegeben werden

Differenzierung

Fordern

- Aufg. 3: Schnelle Kinder können noch eigene Verben suchen und so ihre Liste im Heft ergänzen

Ideen zur Weiterarbeit

- Wörter mit Doppelkonsonanten (KV 132)

Wörter mit Doppelkonsonanten

1 Setze die Silben zusammen. Schreibe die Nomen mit Artikel. Zeichne die Silbenbögen. Schreibe so: die Lippen, ...

Lip	Mes	Rol	Som	Don	Wel	Mut
ser	le	ler	ner	ter	pen	mer

2 Überlegt: Wie endet die erste Silbe bei den Wörtern aus Aufgabe 1?

1. Silbe: offen   1. Silbe: geschlossen

Nach einem kurz gesprochenen Vokal oder Umlaut kommt ein Doppelkonsonant. Hütte

3 Bilde die Mehrzahl. Zeichne die Silbenbögen. Schreibe so: der Kamm – die Kämme

der Kamm	der Ball	der Damm	der Kuss	die Nuss
der Mann	der Stall	das Bett	der Fluss	das Lamm

129

Kompetenzen/Lernziele

- Wörter des Grundwortschatzes mit Doppelkonsonanten richtig schreiben
- Bei der Schreibung von Wörtern mit Doppelkonsonanten auf silbisches Mitsprechen achten
- Bei der Schreibung von Wörtern mit Doppelkonsonanten auf die Lautqualität des Vokals achten

Vorbereitung und Material

- KV 133: Silbenkarten zu Doppelkonsonanten
- KV 134: Wörter mit Doppelkonsonanten

Allgemeine Hinweise

Im Rahmen des phonologischen und silbischen Prinzips nutzen die Kinder Silben und Lautqualitäten der Vokale, um sich die Schreibung von Wörtern mit Doppelkonsonanten zu erschließen. Wörter mit Doppelkonsonanten können sie ableiten, wenn sie ein- oder zweisilbige Wortformen haben. Dabei achten sie auf das silbische Mitsprechen und auf den kurzen betonten Vokal in der ersten Silbe.

Einstieg

- Aufg. 1: Darauf achten, dass beim Schreiben im Heft immer eine Zeile freigelassen wird, so können die Silbenbögen einfacher und besser gezeichnet werden

Hinweise zu den Aufgaben

- Aufg. 2: Kurze Murmelrunde in der Kleingruppe; Wiederholung von offenen und geschlossenen Silben, hierfür können wieder die Türsymbolkarten verwendet werden, die Wörter aus Aufg. 1 werden zu den Symbolen an der Tafel geordnet; Visualisierung der Erkenntnis an der Tafel:
  - 1. Silbe geschlossen → zwei gleiche Konsonanten
- Gemeinsam werden weitere Beispiele gesucht und an der Tafel notiert
- Aufg. 3: Hinweis: Hat ein Wort nur eine Silbe, muss es in die Mehrzahl gesetzt werden, um herauszufinden, ob die erste Silbe offen oder geschlossen ist; vorab evtl. einige Beispiele gemeinsam erarbeiten

Differenzierung

Sprachförderung

- Aufg. 3: Richtige Mehrzahl der Wörter vorgeben (Kamm – Kämme, Ball – Bälle, Damm – Dämme, Kuss – Küsse, Nuss – Nüsse, Mann – Männer, Stall – Ställe, Bett – Betten, Fluss – Flüsse, Lamm – Lämmer)

Fördern

- Aufg. 1: Silbenkarten (KV 133) zusammensetzen und mit Silbenbögen ins Heft abschreiben
- Wörter mit Doppelkonsonanten (KV 134)

Ideen zur Weiterarbeit

- Weitere Wörter mit Doppelkonsonanten aus der Wörterliste heraussuchen, silbisch sprechen und schreiben und den Vokal der ersten Silbe kennzeichnen

Seite 130

Kompetenzen/Lernziele

- Sätze mithilfe der Abschreibtipps planvoll und fehlerfrei abschreiben
- Fehler durch Vergleichen mit der Vorlage finden

Vorbereitung und Material

- DUA: Abschreibtipps
- Blanko-Satzstreifen für alle SuS
- KV 135: Kurze Sätze abschreiben

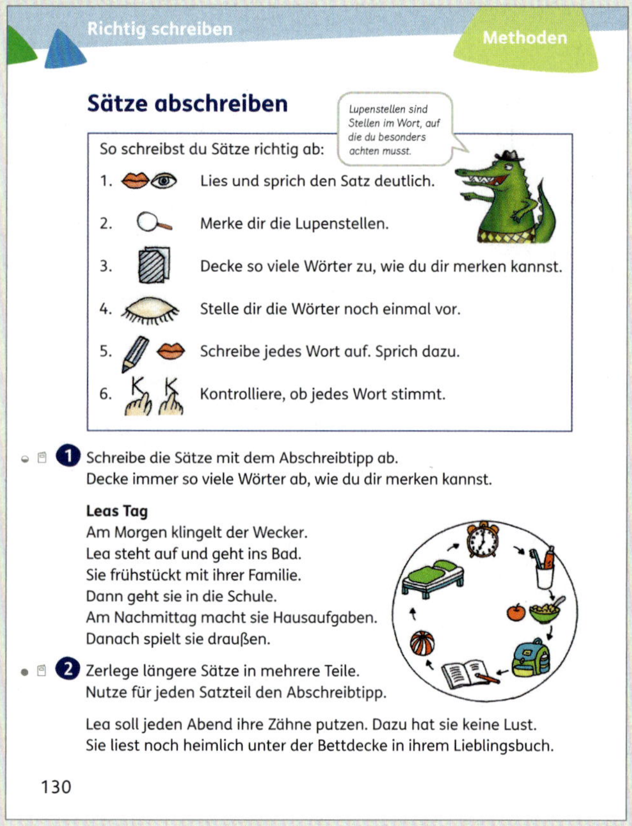
Richtig schreiben

Methoden

Sätze abschreiben

Lupenstellen sind Stellen im Wort, auf die du besonders achten musst.

So schreibst du Sätze richtig ab:

1. Lies und sprich den Satz deutlich.
2. Merke dir die Lupenstellen.
3. Decke so viele Wörter zu, wie du dir merken kannst.
4. Stelle dir die Wörter noch einmal vor.
5. Schreibe jedes Wort auf. Sprich dazu.
6. Kontrolliere, ob jedes Wort stimmt.

1 Schreibe die Sätze mit dem Abschreibtipp ab.
Decke immer so viele Wörter ab, wie du dir merken kannst.

Leas Tag
Am Morgen klingelt der Wecker.
Lea steht auf und geht ins Bad.
Sie frühstückt mit ihrer Familie.
Dann geht sie in die Schule.
Am Nachmittag macht sie Hausaufgaben.
Danach spielt sie draußen.

2 Zerlege längere Sätze in mehrere Teile.
Nutze für jeden Satzteil den Abschreibtipp.

Lea soll jeden Abend ihre Zähne putzen. Dazu hat sie keine Lust.
Sie liest noch heimlich unter der Bettdecke in ihrem Lieblingsbuch.

130

Allgemeine Hinweise

Die Kinder üben hier, routiniert und fehlerlos von einer Vorlage abzuschreiben. Sie erlernen die Methode „Sätze abschreiben“ und können diese mithilfe von Abschreibtipps allmählich verinnerlichen. Außerdem schärfen sie so ihr Rechtschreibbewusstsein, achten bei eigenen Verschriftungen auf Richtigschreibung und lernen, sich selbstständig zu korrigieren.

Einstieg

- An der Tafel befinden sich die Abschreibtipps von Krok (DUA); die Lehrkraft präsentiert einen Satz auf dem OHP/ an der Tafel, jedes Kind erhält einen Satzstreifen: *Lisa fährt mit dem Roller auf der Straße.* Der 1. Abschreibtipp wird gemeinsam durchgeführt, am besten von mehreren Kindern genau sprechen lassen, anschließend Unterrichtsgespräch über Lupenstellen (2. Abschreibtipp) und diese im Text evtl. farbig kennzeichnen; Abschreibtipp 3, 4, 5, 6 wird von jedem Kind selbstständig durchgeführt

Hinweise zu den Aufgaben

- Aufg. 1: Jedes Kind arbeitet selbstständig und nutzt dabei die Abschreibtipps

Differenzierung

Fördern

- Aufg. 1: Kurze Sätze abschreiben (KV 135)

Fordern

- Aufg. 2: Längere Sätze richtig abschreiben

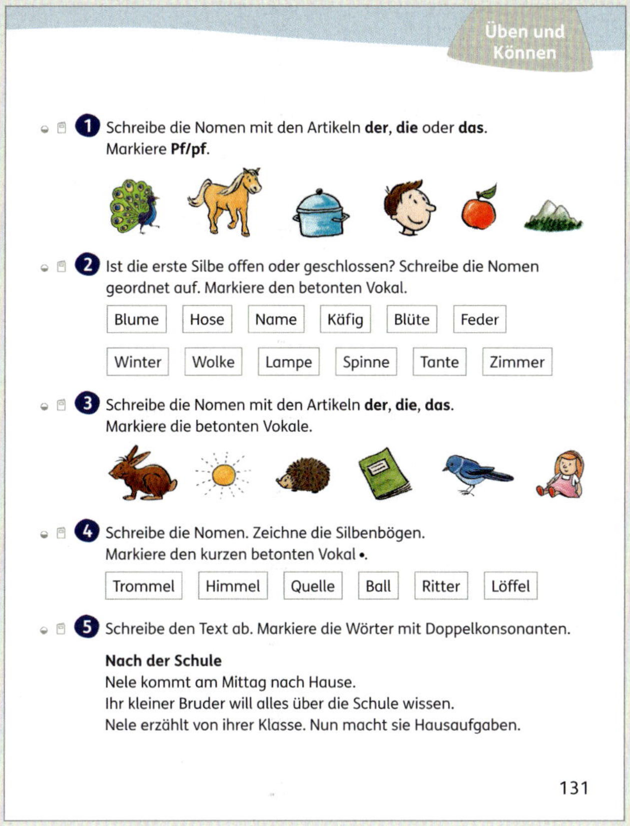

Üben und Können

1 Schreibe die Nomen mit den Artikeln **der**, **die** oder **das**.
Markiere **Pf/pf**.

2 Ist die erste Silbe offen oder geschlossen? Schreibe die Nomen geordnet auf. Markiere den betonten Vokal.

Blume | Hose | Name | Käfig | Blüte | Feder

Winter | Wolke | Lampe | Spinne | Tante | Zimmer

3 Schreibe die Nomen mit den Artikeln **der**, **die**, **das**.
Markiere die betonten Vokale.

4 Schreibe die Nomen. Zeichne die Silbenbögen.
Markiere den kurzen betonten Vokal •.

Trommel | Himmel | Quelle | Ball | Ritter | Löffel

5 Schreibe den Text ab. Markiere die Wörter mit Doppelkonsonanten.

Nach der Schule
Nele kommt am Mittag nach Hause.
Ihr kleiner Bruder will alles über die Schule wissen.
Nele erzählt von ihrer Klasse. Nun macht sie Hausaufgaben.

131

Kompetenzen/Lernziele

- Wörter mit Pf/pf schreiben
- Offene und geschlossene Silben unterscheiden
- Die Lautqualität von Vokalen bestimmen
- Sätze fehlerlos abschreiben und Fehler durch Vergleichen mit der Vorlage finden

Allgemeine Hinweise

Mit *Üben und Können* werden die Lernfortschritte zu den in Kapitel 7 und 8 thematisierten Inhalten festgestellt. Diese dienen als Ausgangspunkt für das weitere Lernen im Bereich *Richtig Schreiben*.

Einstieg

- Unterrichtsgespräch zur Wiederholung verschiedener Begrifflichkeiten: Vokal/Konsonant, lange und kurze Vokale, offene und geschlossene Silbe
- Dabei wird auf die Symbole und Werkzeuge zu den Begrifflichkeiten zurückgegriffen

Hinweise zu den Aufgaben

- Aufg. 1: Vorab die Wörter kurz besprechen, sodass diese für alle Kinder klar sind
- Aufg. 2: Nomen nach offener und geschlossener Silbe ordnen; hier helfen die Türsymbolkarten
- Aufg. 3: Nomen mit bestimmtem Artikel aufschreiben, betonter Vokal wird gelb markiert
- Aufg. 4: Beim Schreiben im Heft eine Zeile frei lassen, sodass die Silbenbögen problemlos gezeichnet werden können
- Aufg. 5: Hinweis auf die Abschreibtipps geben, vorab kurze Wiederholung des Begriffs „Doppelkonsonanten"

Differenzierung

Sprachförderung

- Aufg. 1–3: Arbeit mit den Artikelsymbolen und -farben

Fordern

- Aufg. 1: Weitere eigene Wörter mit Pf/pf finden, evtl. in der Wörterliste suchen
- Aufg. 4: Weitere Wörter mit Doppelkonsonanten finden, die Silbenbögen zeichnen und den kurzen betonten Vokal markieren

Seite 132

Kompetenzen/Lernziele

- Verschiedenheit von Schreibung und Aussprache beachten: Buchstabengruppen St/st und Sp/sp

Vorbereitung und Material

- KV 136, 137: Wörter mit St/st und St/st
- KV 138: Kreuz und quer mit Sp und St

Richtig schreiben

Wörter mit St/st und Sp/sp

1 Sprich die Wörter mit **St** und **Sp** laut und deutlich.

Spinne, Storch, Stamm, Spiegel, Sport, Stange, Stein, Stift, Spiel, Stiefel, Specht, Stern, Stuhl, Stunde, Stirn

2 Schreibe die Nomen aus Aufgabe 1 mit Artikel. Markiere **St** und **Sp**. Schreibe so: die Spinne, der Storch, ...

Man spricht scht oder schp. Man schreibt **St/st** oder **Sp/sp**.

3 Schreibe die Sätze auf. Setze Verben mit **st** oder **sp** ein. Markiere **st** und **sp**.

stellen | sprechen | stehen | sparen | spucken | spielen

Am Morgen ___ wir auf. Ich ___ mich beim Bäcker an. Wir ___ gern Fußball. Viele Kinder ___ ihr Taschengeld. Ich kann Kirschkerne weit ___. Vater ___ mit der Lehrerin.

4 Schreibe mit einem Partnerkind Sätze, in denen möglichst viele Wörter mit **St/st** und **Sp/sp** vorkommen.

132

Allgemeine Hinweise

Die Kinder nutzen den Mitsprechtipp „Deutlich sprechen“, um die Wörter mit der phonologischen Regelhaftigkeit *st/sp* korrekt zu schreiben.

Einstieg

- Wörter aus Aufg. 1 stehen an der Tafel, zusammen wird besprochen, was die Wörter gemeinsam haben: *Alle Wörter haben ein St/st bzw. ein Sp/sp.*

Hinweise zu den Aufgaben

- Aufg. 1: Genaues Sprechen und Hinhören führen zur Schreibweise: *Man spricht scht oder schp. Man schreibt St/st oder Sp/sp.*
- Aufg. 2: Nomen mit Artikeln schreiben, St/st und Sp/sp werden markiert
- Aufg. 3: Sätze schreiben, passende Verben mit St/st und Sp/sp einsetzen und entsprechend markieren
- Aufg. 4: Kinder schreiben mit dem Partnerkind Sätze mit möglichst vielen Wörtern mit St/st und Sp/sp

Differenzierung

Sprachförderung

- Wortschatz aus Aufg. 1 vorab klären, sodass jedes Wort klar ist

Fördern

- Differenziertes Übungsblatt zu Wörtern mit St/st und Sp/sp (KV 136)
- Kinder ergänzen St/st bzw. Sp/sp (KV 137)

Fordern

- Kinder lösen Kreuzworträtsel zu Wörtern mit St/st und Sp/sp (KV 138)

Ideen für die Weiterarbeit

- Kinder gestalten zu Wörtern mit St/st und Sp/sp ein Plakat (Wörterlandschaft, Wörterbild)
- Kinder gestalten Rätselkarten zu Wörtern mit St/st und Sp/sp (In meinem Mäppchen gibt es viele davon. – Lösung: Stifte)

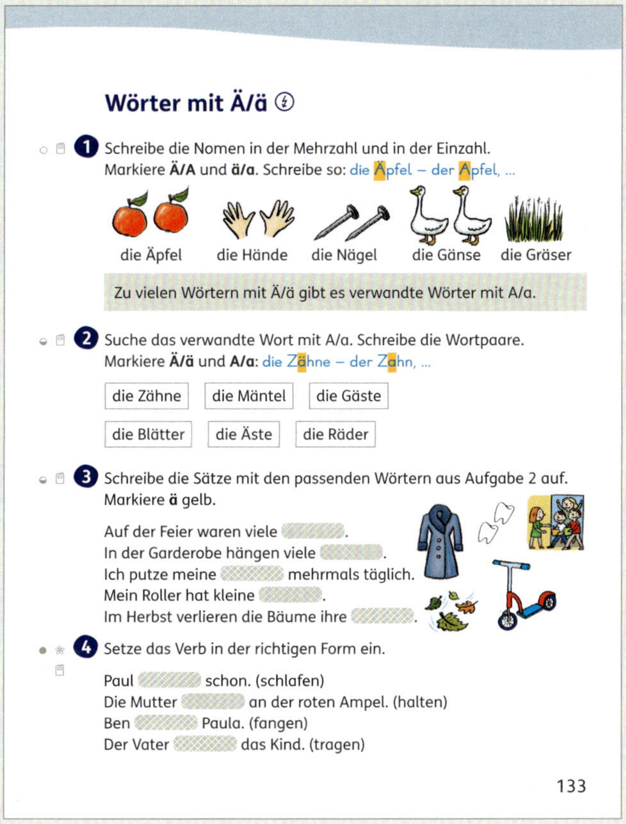

Wörter mit Ä/ä

1 Schreibe die Nomen in der Mehrzahl und in der Einzahl.
Markiere **Ä/A** und **ä/a**. Schreibe so: die Äpfel – der Apfel, ...

die Äpfel die Hände die Nägel die Gänse die Gräser

Zu vielen Wörtern mit Ä/ä gibt es verwandte Wörter mit A/a.

2 Suche das verwandte Wort mit A/a. Schreibe die Wortpaare.
Markiere **Ä/ä** und **A/a**: die Zähne – der Zahn, ...

die Zähne | die Mäntel | die Gäste
die Blätter | die Äste | die Räder

3 Schreibe die Sätze mit den passenden Wörtern aus Aufgabe 2 auf.
Markiere **ä** gelb.

Auf der Feier waren viele ___.
In der Garderobe hängen viele ___.
Ich putze meine ___ mehrmals täglich.
Mein Roller hat kleine ___.
Im Herbst verlieren die Bäume ihre ___.

4 Setze das Verb in der richtigen Form ein.

Paul ___ schon. (schlafen)
Die Mutter ___ an der roten Ampel. (halten)
Ben ___ Paula. (fangen)
Der Vater ___ das Kind. (tragen)

133

Kompetenzen/Lernziele

- Wortbausteine und morphematische Regel der Ableitung von ä nutzen

Vorbereitung und Material

- Bildkarten Wörter mit Ä/ä
- ggf. Karteikarten

- KV 139: Wörter mit Ä/ä
- KV 140: Die Gänse träumen von ...

Allgemeine Hinweise

Die Kinder erarbeiten sich im Rahmen des morphologischen Prinzips die Strategie des Ableitens. Sie erfahren, dass es zu vielen Ä/ä-Wörtern ein verwandtes Wort mit A/a gibt. Dazu verbinden sie ein- und zweisilbige Wortformen: das Dach – die Dächer.

Einstieg

- Bildkarten mit Ä/ä-Wörtern werden an der Tafel präsentiert, die Schreibweise der Wörter wird besprochen, die Lupenstelle Ä/ä wird farbig markiert und die Regel wird gemeinsam erarbeitet

Hinweise zu den Aufgaben

- Aufg. 1/2: zu Ä/ä-Wörtern bilden die Kinder Einzahl und Mehrzahl und markieren die Lupenstelle farbig
- Aufg. 3: Der Text wird vervollständigt durch Ä/ä-Wörter aus Aufg. 2
- Aufg. 4: a/ä-Verben werden konjugiert und in einen Lückentext eingesetzt

Differenzierung

Sprachförderung

- Wortschatz aus Aufg. 1–4 vorab klären, sodass jedes Wort klar ist
- Kinder ergänzen Wortpaare und suchen das verwandte Wort mit a (KV 139)

Fördern

- Kinder üben die Schreibung von Ä/ä-Wörtern (KV 140)

Ideen für die Weiterarbeit

- Kinder legen eine A/Ä- bzw. a/ä-Kartei an: Auf der Vorderseite steht das Wort mit A/a, auf der Rückseite das verwandte Wort mit Ä/a, gerne darf die Kartei durch Bilder ergänzt werden
- Kinder schreiben lustige Sätze zu Wörtern mit Ä/a

Seite 134

Kompetenzen/Lernziele
- Wortbausteine und morphematische Regel der Ableitung von äu nutzen

Vorbereitung und Material
- Bildkarten Wörter mit Ä/ä
- Ggf. Karteikarten

- KV 141: Wörter mit Äu/äu
- KV 142: Einzahl-Mehrzahl-Domino

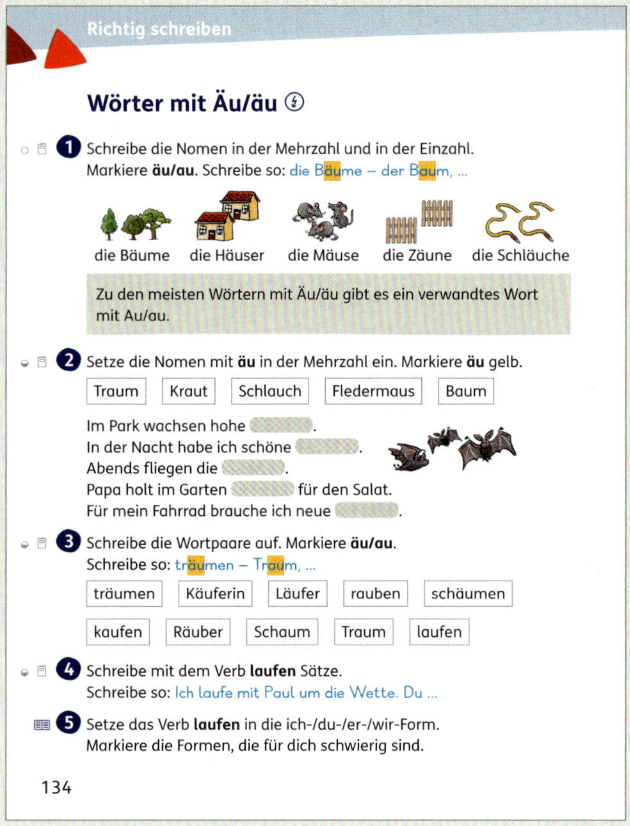

Richtig schreiben

Wörter mit Äu/äu

1 Schreibe die Nomen in der Mehrzahl und in der Einzahl. Markiere **äu/au**. Schreibe so: die Bäume – der Baum, ...

die Bäume die Häuser die Mäuse die Zäune die Schläuche

Zu den meisten Wörtern mit Äu/äu gibt es ein verwandtes Wort mit Au/au.

2 Setze die Nomen mit **äu** in der Mehrzahl ein. Markiere **äu** gelb.

Traum | Kraut | Schlauch | Fledermaus | Baum

Im Park wachsen hohe ____.
In der Nacht habe ich schöne ____.
Abends fliegen die ____.
Papa holt im Garten ____ für den Salat.
Für mein Fahrrad brauche ich neue ____.

3 Schreibe die Wortpaare auf. Markiere **äu/au**. Schreibe so: träumen – Traum, ...

träumen | Käuferin | Läufer | rauben | schäumen | kaufen | Räuber | Schaum | Traum | laufen

4 Schreibe mit dem Verb **laufen** Sätze. Schreibe so: Ich laufe mit Paul um die Wette. Du ...

5 Setze das Verb **laufen** in die ich-/du-/er-/wir-Form. Markiere die Formen, die für dich schwierig sind.

134

Allgemeine Hinweise
Die Kinder erarbeiten sich im Rahmen des morphologischen Prinzips die Strategie des Ableitens. Sie erfahren, dass es zu vielen äu-Wörtern ein verwandtes Wort mit au gibt. Dazu verbinden sie ein- und zweisilbige Wortformen: das Haus – die Häuser.

Einstieg
- Bildkarten mit äu-Wörtern werden an der Tafel präsentiert, die Schreibweise der Wörter wird besprochen, die Lupenstelle äu wird farbig markiert und die Regel wird gemeinsam erarbeitet.

Hinweise zu den Aufgaben
- Aufg. 1/2: Zu au/äu-Wörtern bilden die Kinder Einzahl und Mehrzahl und markieren die Lupenstelle farbig
- Aufg. 3: au/äu-Wörter der gleichen Wortfamilie suchen und aufschreiben, Lupenstelle markieren
- Aufg. 4/5: Kinder schreiben Sätze mit dem Verb „laufen“ ins Heft, das Verb „laufen“ wird konjugiert

Differenzierung

Sprachförderung
- Wortschatz aus Aufg. 1–3 vorab klären, sodass jedes Wort klar ist
- Kinder ergänzen Wortpaare und suchen das verwandte Wort mit au (KV 141)

Fördern
- Kinder spielen das Einzahl-Mehrzahl-Domino, gerne können dazu weitere Karten gestaltet werden (KV 142)

Ideen für die Weiterarbeit
- Weitere Verben mit au/äu konjugieren und Sätze dazu schreiben, ggf. dem Partnerkind diktieren
- Weitere Wörter Wortpaare mit au/äu finden und notieren, die Wörterliste kann hilfreich sein
- Kinder legen eine au/äu-Kartei an, auf der Vorderseite steht das Wort au, auf der Rückseite das verwandte Wort mit äu, gerne darf die Kartei durch Bilder ergänzt werden

Seite 135

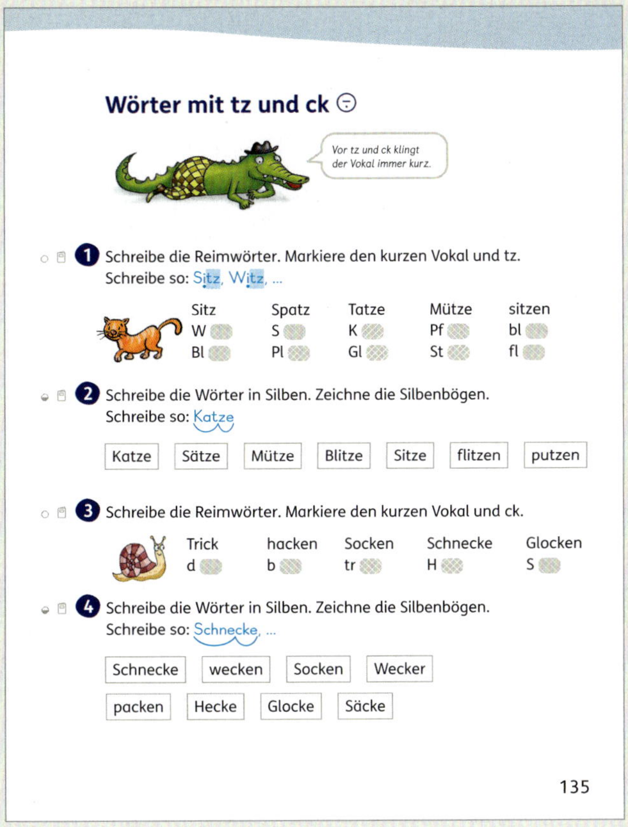
Wörter mit tz und ck

1. Schreibe die Reimwörter. Markiere den kurzen Vokal und tz.
Schreibe so: Sitz, Witz, …

Sitz	Spatz	Tatze	Mütze	sitzen
W	S	K	Pf	bl
Bl	Pl	Gl	St	fl

2. Schreibe die Wörter in Silben. Zeichne die Silbenbögen.
Schreibe so: Katze

Katze, Sätze, Mütze, Blitze, Sitze, flitzen, putzen

3. Schreibe die Reimwörter. Markiere den kurzen Vokal und ck.

Trick	hacken	Socken	Schnecke	Glocken
d	b	tr	H	S

4. Schreibe die Wörter in Silben. Zeichne die Silbenbögen.
Schreibe so: Schnecke, …

Schnecke, wecken, Socken, Wecker, packen, Hecke, Glocke, Säcke

135

Kompetenzen/Lernziele

- Phonologisches Prinzip nutzen: korrekte Schreibung von Wörtern des Grundwortschatzes mit tz und ck (z.B. indem silbisch mitgesprochen wird/die Lautqualität überprüft wird)

Vorbereitung und Material

- Bild Katze und Schnecke
- Dicker Karton

- KV 143: Wörter mit ck
- KV 144: Wörter mit tz

Allgemeine Hinweise

Die Kinder nutzen das phonologische und silbische Prinzip, um Wörter mit tz und ck zu verschriften. Sie erklären deren Schreibung über die Kurzvokalregel (Lautqualitäten erkennen und unterscheiden) und trainieren so das Wortmaterial.

Einstieg

- Bilder (Katze und Schnecke) werden den Kindern präsentiert, Wortmaterial wird dazu verschriftet; gemeinsam wird besprochen, dass vor tz und ck der Vokal immer kurz klingt, zusätzlich werden die Silben eingezeichnet → tz wird getrennt, ck nicht

Hinweise zu den Aufgaben

- Aufg. 1/3: Kinder schreiben Reimwörter zu tz/ck und markieren den kurzen Vokal und die Lupenstelle
- Aufg. 2/4: Wörter werden in Silben getrennt und mit Silbenbögen aufgeschrieben

Differenzierung

Sprachförderung

- Wortschatz aus Aufg. 1–4 vorab klären, sodass jedes Wort klar ist

Fördern

- Bilder werden mit tz/ck-Wörtern gestaltet (KV 143, 144)

Ideen für die Weiterarbeit

- Kinder gestalten tz/ck-Plakate
- Reimwörter aus Aufg. 1/3 werden nach dem ABC geordnet
- Kinder schreiben lustige Sätze zu tz/ck-Wörtern (z.B. Die Katze schwatzt auf der Decke mit der Schnecke.)
- Reimwörter aus Aufg. 1/3 werden auf Kärtchen notiert (dickeren Karton verwenden), Kinder spielen im Anschluss Paare finden

Seite 136

Kompetenzen/Lernziele

- Planvoll und fehlerlos von einer Vorlage abschreiben
- Fehler durch Vergleichen mit der Vorlage finden

Vorbereitung und Material

- Karteikarten, Karteikasten für die Kinder
- Passende Farben für die Wortartensymbole und Artikel

- KV 145, 146: Mit der Übungskartei arbeiten

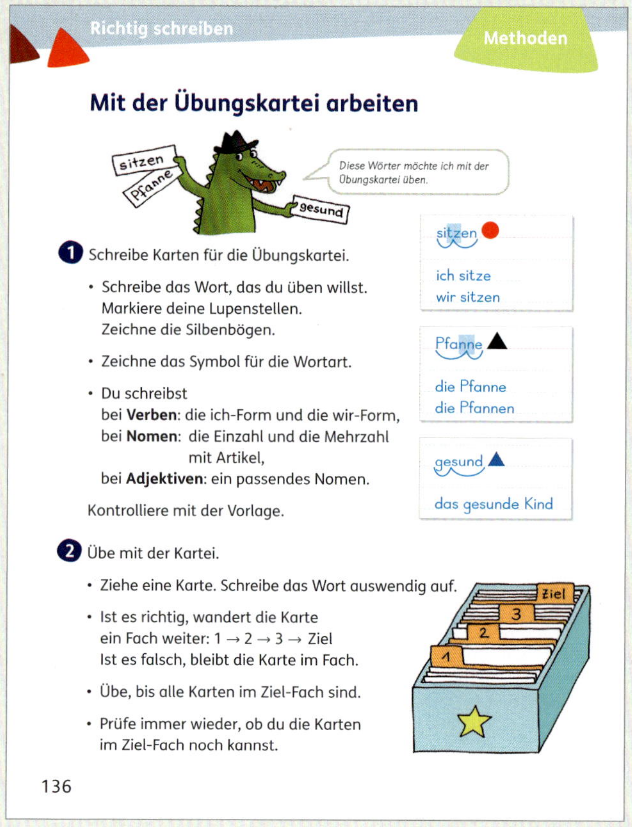
Richtig schreiben
Methoden

Mit der Übungskartei arbeiten

sitzen
Pfanne
gesund
Diese Wörter möchte ich mit der Übungskartei üben.

1 Schreibe Karten für die Übungskartei.

- Schreibe das Wort, das du üben willst. Markiere deine Lupenstellen. Zeichne die Silbenbögen.
- Zeichne das Symbol für die Wortart.
- Du schreibst
  bei **Verben**: die ich-Form und die wir-Form,
  bei **Nomen**: die Einzahl und die Mehrzahl mit Artikel,
  bei **Adjektiven**: ein passendes Nomen.

Kontrolliere mit der Vorlage.

sitzen
ich sitze
wir sitzen

Pfanne
die Pfanne
die Pfannen

gesund
das gesunde Kind

2 Übe mit der Kartei.

- Ziehe eine Karte. Schreibe das Wort auswendig auf.
- Ist es richtig, wandert die Karte ein Fach weiter: 1 → 2 → 3 → Ziel
  Ist es falsch, bleibt die Karte im Fach.
- Übe, bis alle Karten im Ziel-Fach sind.
- Prüfe immer wieder, ob du die Karten im Ziel-Fach noch kannst.

Ziel 3 2 1

136

Allgemeine Hinweise

Die Kinder lernen die Arbeit mit der Übungskartei als Methode und Arbeitstechnik kennen. Anhand dieser üben und sichern sie z. B. Wörter mit Doppelkonsonanten. Die Arbeit mit der Übungskartei kann weiterführend zur Sicherung individueller Übungswörter eingesetzt werden.

Einstieg

- Die Lehrkraft präsentiert den Kindern die drei Modellwörter aus dem Buch (sitzen, Pfanne, gesund); gemeinsam wird über die orthografischen Besonderheiten gesprochen (tz; nn; d), diese werden markiert, ebenso werden die Silbenbögen eingezeichnet; abschließend sind die Wörter noch mit den passenden Wortartensymbolen zu kennzeichnen

Hinweise zu den Aufgaben

- zu Aufg. 1: Die Lehrkraft erläutert die Arbeit mit der Übungskartei, die Kinder legen zunächst exemplarisch Karten für die oben aufgeführten Modellwörter an, sie beachten die Hinweise für Verben (ich-Form und wir-Form), Nomen (Einzahl und Mehrzahl mit Artikel) und Adjektiven (ein passendes Nomen), im Anschluss schreiben die Kinder eigene Karten für ihre Übungskartei
- Aufg. 2: Mit der Übungskartei kann nun regelmäßig, wie in Aufg. 2 beschrieben, geübt werden; die Übungskartei kann zum Üben des individuellen Wortschatzes weiterverwendet werden

Differenzierung

Sprachförderung

- Aufg. 1: neben den Wortartensymbolen auch die passenden Farben für die Artikel bei Nomen verwenden, ggf. kann ein Bild unterstützend wirken

Ideen für die Weiterarbeit

- Weitere Übungsformen: Lernplakate, Lauf- bzw. Dosendiktate, in verschiedenen Farben/Schriften schreiben, Abschreibtraining (→ Schulbuch Seite 115)
- Weitere Anregungen zur Übungskartei (KV 145, 146)

Seite 137

Üben und Können

1 Schreibe die Nomen mit den Artikeln **der**, **die**, **das**. Markiere **St** und **Sp**.

2 Schreibe die Sätze. Ergänze die Verben. Markiere **st** und **sp**.

Ich will mein Taschengeld ◌aren. Wir ◌ielen Fußball.

Serkan ◌ringt über das Seil. Ella ◌ellt sich an der Kasse an.

3 Finde verwandte Wörter mit A/a oder Au/au.
Schreibe die Wortpaare auf.

die Äpfel | die Räder | die Träume | die Bäume

der Räuber | die Fäuste | sie läuft | er schläft

4 Schreibe die Reimpaare auf. Markiere den kurzen betonten Vokal.

Katze	Pfütze	Hecke	trocken	sitzen
T◌	M◌	Schn◌	S◌	schw◌

5 Schreibe die Sätze. Setze die Verben in der richtigen Form ein.

Ein dicker Spatz ◌ auf dem Baum. (sitzen)
Er ◌ sich. (putzen)
Eine Katze ◌ durch den Garten. (flitzen)
Da ◌ sich der Spatz schnell. (verstecken)

137

Kompetenzen/Lernziele

- Verschiedenheit von Schreibung und Aussprache beachten: Buchstabengruppen St/st und Sp/sp
- Wortbausteine und morphematische Regel der Ableitung von ä/äu nutzen
- Phonologisches Prinzip nutzen: korrekte Schreibung von Wörtern des Grundwortschatzes mit tz und ck (z.B. indem silbisch mitgesprochen wird/die Lautqualität überprüft wird)

Allgemeine Hinweise

Mit Üben und Können werden die Lernfortschritte zu den in den Kapiteln 9 und 10 thematisierten Inhalten festgestellt. Diese dienen als Ausgangspunkt für das weitere Lernen im Bereich *Richtig schreiben*.

Hinweise zu den Aufgaben

Bei Schwierigkeiten in den einzelnen Bereichen kann anhand der Aufgaben 1–5 individuell weitergeübt werden.

- Aufg. 1: Nomen mit St/Sp werden mit Artikel aufgeschrieben, die Lupenstelle markiert
- Aufg. 2: Lückentext wird vervollständigt mit St/st und Sp/sp-Wörtern
- Aufg. 3: Verwandte Wörter zu a und au werden gesucht und aufgeschrieben
- Aufg. 4: Reimpaare werden aufgeschrieben, der kurze betonte Vokal markiert
- Aufg. 5: Lückentext wird vervollständigt, Verben mit tz/ck werden in der passenden Personalform eingesetzt

Seite 138

Kompetenzen/Lernziele

- Automatisiertes, korrektes Verschriften der Endungen -er und -el
- Planvoll und fehlerlos von einer Vorlage abschreiben (Abschreibtipps)

Vorbereitung und Material

- Ggf. Plakate und Stifte
- KV 147: Bildkarten – Wörter mit -er -el,
- KV 148: Nomen mit er, el

Richtig schreiben

Wörter mit er, el

1 Schreibe die Nomen mit Artikel. Markiere den Endbaustein er.
Schreibe so: der Finger, ...

Fing Fed Robot Füll Ritt
Fenst Brud Wass Tig
Wint Schwest Somm Pflast

2 Schreibe die Nomen mit Artikel. Markiere den Endbaustein el.
Schreibe so: die Gabel, ...

Gab Pins Amp Nad Stief
Neb Onk Wurz Es Spieg

3 Schreibe die Sätze richtig ab. Markiere die Endbausteine er und el.
Schreibe so: Samira hat einen Bruder.

Samira hat einen Bruder.
Die Feder fällt ins Wasser.
Im Winter ist es kalt und dunkel.
Emil malt mit einem Pinsel.
Die Nadel ist spitz.
Der Onkel isst mit der Gabel.

138

Allgemeine Hinweise

Die Kinder lernen auf dieser Sprachbuchseite die beiden schwierigen Endungen -er und -el kennen. Sie erfahren, dass Wörter mit diesen Endungen oft undeutlich ausgesprochen werden und sich somit nicht lautgetreu verschriften lassen. Für die Endung -er ist es wichtig, dass die Kinder lernen: Wenn sie am Ende des Wortes ein /a/ hören, müssen sie oft ein -er schreiben. Für die Endung -el erfahren sie, dass ein undeutliches /l/ am Wortende meist ein -el am Wortende bedeutet.

Einstieg

- Die Lehrkraft präsentiert den Kindern Bildkarten (KV 147) und lässt diese verschriften
- Gemeinsam wird die Verschriftung an der Tafel besprochen und die Besonderheiten der beiden Endungen werden genau thematisiert
- Wörter können nun noch nach den beiden Endungen sortiert werden

Hinweise zu den Aufgaben

- Aufg. 1: Nomen mit Artikel aufschreiben; Endung -er markieren
- Aufg. 2: Nomen mit Artikel aufschreiben; Endung -el markieren
- Aufg. 3: Sätze richtig abschreiben; Endbausteine markieren

Differenzierung

Sprachförderung

- Aufg. 1, 2: Kindern bei der richtigen Bestimmung der Artikel durch die Lehrkraft oder ein Helferkind unterstützen
  (Artikelsymbole DUA nutzen)

Fördern

- KV 148: Nomen mit -er, -el

Fordern

- Aufg. 1, 2: Sätze zu den Wörtern schreiben (Quatschsätze oder so viele Wörter mit den Endungen wie möglich in einen Satz bauen)

Ideen für die Weiterarbeit

- Weitere Wörter mit den Endbausteinen finden und Plakate dazu erstellen (Nutzen der Wörterliste)

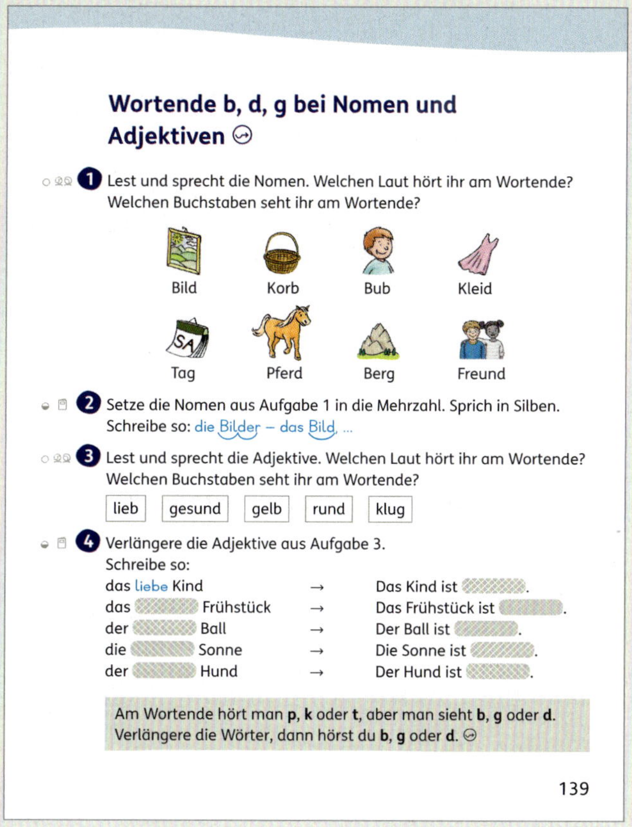

Wortende b, d, g bei Nomen und Adjektiven

1 Lest und sprecht die Nomen. Welchen Laut hört ihr am Wortende? Welchen Buchstaben seht ihr am Wortende?

2 Setze die Nomen aus Aufgabe 1 in die Mehrzahl. Sprich in Silben.
Schreibe so: die Bilder – das Bild, …

3 Lest und sprecht die Adjektive. Welchen Laut hört ihr am Wortende? Welchen Buchstaben seht ihr am Wortende?

lieb | gesund | gelb | rund | klug

4 Verlängere die Adjektive aus Aufgabe 3.
Schreibe so:

das liebe Kind	→	Das Kind ist ___.
das ___ Frühstück	→	Das Frühstück ist ___.
der ___ Ball	→	Der Ball ist ___.
die ___ Sonne	→	Die Sonne ist ___.
der ___ Hund	→	Der Hund ist ___.

Am Wortende hört man **p**, **k** oder **t**, aber man sieht **b**, **g** oder **d**.
Verlängere die Wörter, dann hörst du **b**, **g** oder **d**.

139

Kompetenzen/Lernziele

- Wörter mit Verhärtungen richtig schreiben, indem sie ein- und zweisilbige Wortformen verbinden

Vorbereitung und Material

- Ggf. Bildkarten Aufg. 1 für die Tafel
- KV 149: Auf das Wortende achten d
- KV 150: Auf das Wortende achten b
- KV 151: Auf das Wortende achten g
- KV 152: Terzett-Spiel

Allgemeine Hinweise

Die Kinder verbinden ein- und zweisilbige Wortformen, um die Schreibung von Verhärtungen (d/t, g/k, b/p) abzuleiten. Der Verlängerungstipp gilt sowohl für Nomen (Mehrzahl bilden) als auch für Adjektive (ein Nomen genauer beschreiben).

Einstieg (Aufg. 1)

- Die Lehrkraft präsentiert den Kindern Bildkarten (Schulbuch S. 139 oder DUA)
- Gemeinsam werden die unterschiedlichen Aussprachen und Verschriftungen thematisiert; die Kinder lernen den Verlängerungstipp kennen und wenden diesen mündlich am Wortmaterial an

Hinweise zu den Aufgaben

- Aufg. 2: Nomen in ihre Mehrzahl setzen; in Silben sprechen und aufschreiben
- Aufg. 3: Gemeinsames Sprechen der Adjektive; unterschiedliche Aussprache und Schreibweise thematisieren
- Aufg. 4: Adjektive verlängern und in die Lücken einsetzen

Differenzierung

Sprachförderung

- Aufg. 2: Bei dieser Aufgabe kann es hilfreich sein, wenn sprachschwächere Kinder mit einem Helferkind zusammenarbeiten, die es bei der Bildung der richtigen Form der Mehrzahl unterstützen

Fördern

- KV 149: Auf das Wortende achten d
- KV 150: Auf das Wortende achten b
- KV 151: Auf das Wortende achten g

Fordern

- Aufg. 1: Sätze zu den Wörtern schreiben (Quatschsätze oder so viele Wörter mit den Endungen wie möglich in einen Satz bauen)

Ideen für die Weiterarbeit

- Terzett-Spiel spielen (KV 152)
- Weitere Wörter in der Wörterliste suchen

Seite 140

Kompetenzen/Lernziele
- Wörter mit Auslautverhärtungen richtig schreiben, durch Verbindung ein- und zweisilbiger Wortformen
- Planvolles und fehlerlose Abschreiben vorgegebener Sätze

Vorbereitung und Material
- Impulssätze ausdenken
- KV 153, 154: Verben mit g/k und b/p

Richtig schreiben

d oder t, g oder k, b oder p bei Verben

1 Schreibe den Text richtig ab.
Setze die richtigen Buchstaben ein.

Im Garten

Der Maulwurf grä…t in der Erde.
Der Vogel flie…t durch die Luft.
Der Frosch le…t im Teich.
Ein Schmetterling flie…t durch die Luft.
Sogar ein Igel le…t in unserem Garten.

Bilde die wir-Form, wenn du nicht weißt, ob das Wort mit d oder t, g oder k, b oder p geschrieben wird.
wir fliegen – fliegt

2 Übe mit den Verben aus Aufgabe 1.
Schreibe so: wir graben – gräbt, …

3 Schreibe die Verben in der ich-Form und in der er-Form.
Schreibe so: fragen: ich frage, er fragt, …

fragen | sagen | schreiben | zeigen | geben

üben | leben | bleiben | wiegen | legen

4 Setze die richtigen Verben ein. Schreibe die Sätze auf.

Nele … den Fischen Futter.
Der Hund … sich ins Gras.
Die Biene … zu einer Blume.

140 → Methode S. 130 Sätze abschreiben
→ Methode S. 18 Partnerarbeit

Allgemeine Hinweise
Die Kinder verbinden ein- und zweisilbige Wortformen, um die Schreibung von Auslautverhärtungen (d/t, g/k, b/p) abzuleiten. Um den Verlängerungstipp bei Verben anwenden zu können, müssen die Kinder das Verb in die Grundform/wir-Form bringen.

Einstieg
- Die Lehrkraft lässt die Kinder Verben in der 3. Person durch folgende Impulse aufschreiben:
  Der Vogel ..., Der Maulwurf ... einen Tunnel, Die Lehrerin ... an die Tafel, Der Elefant ... im Zoo, Das Kind ... die Lernwörter
- Gemeinsam werden die Verschriftungen der Verben besprochen, unterschiedliche Aussprache und Schreibweise wird thematisiert
- Kinder lernen den Verlängerungstipp durch das Bilden der Grundform/wir-Form kennen

Hinweise zu den Aufgaben
- Aufg. 1: Abschreiben des Textes und Einsetzen der richtigen Buchstaben
- Aufg. 2: Verben in der wir-Form und 3. Person aufschreiben, Silbenbögen einzeichnen
- Aufg. 3: Verben in der wir-, ich- und er-Form aufschreiben
- Aufg. 4: Verben in die Lücken einsetzen

Differenzierung

Fördern
- KV 153: Verben mit g/k und b/p (1)

Fordern
- Eigene Sätze oder kleine Geschichten zu den Verben schreiben lassen

Ideen für die Weiterarbeit
- KV 154: Verben mit g/k und b/p (2)

Seite 141

Methoden

Rechtschreibgespräche

1. Zuerst forscht jeder für sich:
- Sieh dir das Wort genau an und überlege: Welche Stellen im Wort sind für dich schwierig?
- Markiere deine Lupenstellen.

2. Jetzt arbeiten beide gemeinsam:
- Markiert Lupenstellen im Wort.
- Sage dem anderen, was schwierig ist.

- Gebt euch Tipps.

- Schreibt das Wort auf.
- Findet einen Satz zum Wort.

Das Kätzchen ist süß.

141

Kompetenzen/Lernziele
- Planvoller und zielgerichteter Austausch mit einem Partnerkind
- Erweiterung der Rechtschreibkompetenz

Vorbereitung und Material
- KV 155: Ablaufplan des Rechtschreibgesprächs

Allgemeine Hinweise
Auf dieser Sprachbuchseiten lernen die Kinder die Methode des Rechtschreibgesprächs kennen. Dieser Austausch schafft Lerngelegenheiten zum Nachdenken über Wortschreibungen. Sowohl die Fehlersensibilität als auch die Reflexionsfähigkeit werden dabei gefördert. Durch diese kooperative Unterrichtsform lernen die Kinder unterschiedliche Zugriffe auf Wortstrukturen kennen und erweitern dadurch ihre Rechtschreibkompetenz.

Einstieg
- Den Kindern werden die einzelnen Schritte des Rechtschreibgesprächs an der Tafel präsentiert (KV 155); gemeinsam werden die Schritte in eine geeignete Reihenfolge gebracht; auch die jeweilige Sozialform wird mit visualisiert

Hinweise zu den Aufgaben
- Anhand des Beispielwortes „Kätzchen" werden alle Schritte und Sozialformen ausführlich besprochen und ausprobiert; anschließend wird das Rechtschreibgespräch an vielen weiteren Wörtern geübt

Differenzierung

Sprachförderung
- Hier ist es sinnvoll sprachschwächere Kinder mit sprachstarken Kindern zusammenarbeiten zu lassen, auch eine Zusammenarbeit mit der Lehrkraft ist möglich

Fördern
- Die Auswahl des richtigen Wortmaterials führt auch schwächere Kinder zu einem erfolgreichen Austausch, Wörter mit nur einer Lupenstelle sind dabei sicher hilfreich

Fordern
- Die Kinder können Wortmaterial mit mehreren oder auch noch unbekannten Lupenstellen erhalten; auch eine zusätzliche Phase der Reflexion über den Verlauf des Rechtschreibgesprächs ist denkbar

Ideen für die Weiterarbeit
- Regelmäßiges einbauen im Rechtschreibunterricht oder auch in der Morgen- oder Wochenplanarbeit

Seite 142

Kompetenzen/Lernziele

- Orthografische Merkstellen in Wörtern kennen
- Wörter mit ß
- Planvoll und fehlerlos von einer Vorlage abschreiben (Abschreibtipps)

Vorbereitung und Material

- Plakate und Stifte
- Ggf. Wortartensymbole für die Tafel
- Ggf. leere Karteikarten

Differenzierung

- KV 156: Wörter mit ß

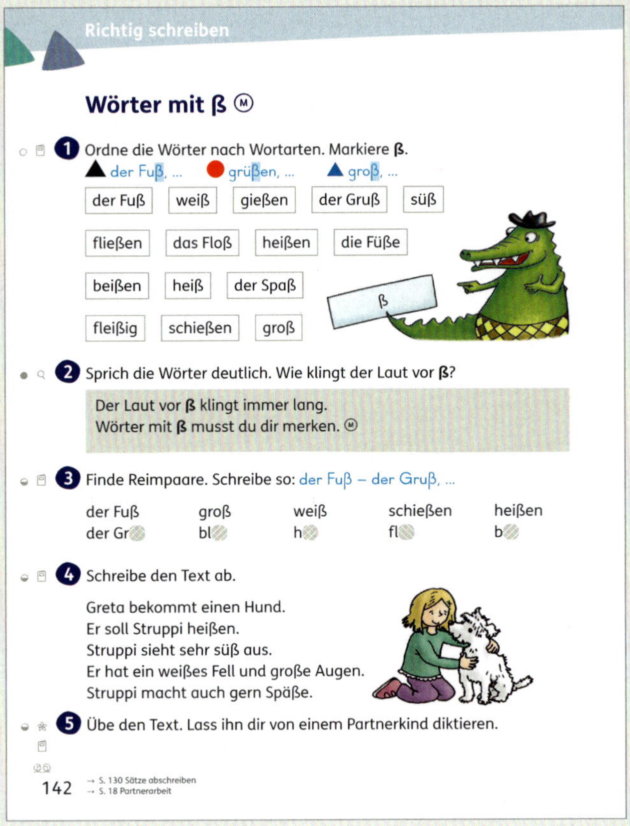

Richtig schreiben

Wörter mit ß Ⓜ

1 Ordne die Wörter nach Wortarten. Markiere **ß**.
▲ der Fuß, ... ● grüßen, ... ▲ groß, ...

der Fuß | weiß | gießen | der Gruß | süß
fließen | das Floß | heißen | die Füße
beißen | heiß | der Spaß
fleißig | schießen | groß

2 Sprich die Wörter deutlich. Wie klingt der Laut vor **ß**?

Der Laut vor **ß** klingt immer lang.
Wörter mit **ß** musst du dir merken. Ⓜ

3 Finde Reimpaare. Schreibe so: der Fuß – der Gruß, ...

der Fuß – der Gr
groß – bl
weiß – h
schießen – fl
heißen – b

4 Schreibe den Text ab.

Greta bekommt einen Hund.
Er soll Struppi heißen.
Struppi sieht sehr süß aus.
Er hat ein weißes Fell und große Augen.
Struppi macht auch gern Späße.

5 Übe den Text. Lass ihn dir von einem Partnerkind diktieren.

142
→ S. 130 Sätze abschreiben
→ S. 18 Partnerarbeit

Allgemeine Hinweise

Die Kinder erfahren, dass sich nicht alle Schreibungen durch Strategien erschließen lassen. Sie üben die Wörter mit Rechtschreibbesonderheiten ein (hier Wörter mit ß) und bauen so eine rechtschreibbewusste Haltung auf. Sie nutzen den Tipp, dass vor dem ß der Laut immer lang klingt.

Einstieg

- In Partner- oder Gruppenarbeit erhalten die Kinder die Aufgabe, Wörter mit einem ß zu finden und aufzuschreiben
- Die Kinder ordnen die Wörter nach Nomen, Verben und Adjektiven
- Im Unterrichtsgespräch erfahren die Kinder: Der Laut vor dem ß klingt immer lang.
- Gemeinsam wird der Tipp am Wortmaterial der Kinder überprüft

Hinweise zu den Aufgaben

- Aufg. 1: Ordnen der Wörter nach Nomen, Verben und Adjektiven
- Aufg. 2: Im Unterrichtsgespräch erfahren die Kinder, dass der Laut vor dem ß immer lang klingt; gemeinsam wird der Tipp am Wortmaterial der Kinder und von Aufg. 1 überprüft
- Aufg. 3: Reimpaare finden und aufschreiben
- Aufg. 4: Abschreiben des Textes
- Aufg. 5: Text als Partnerdiktat üben

Differenzierung

Sprachförderung

- Klärung unbekannter Wörter

Fördern

- KV 156: Wörter mit ß

Fordern

- Aufg. 1: Sätze zu den Wörtern schreiben (Quatschsätze oder so viele Wörter mit den Endungen wie möglich in einen Satz bauen)
- Aufg. 2: Aus den Reimwörtern kleine Gedichte schreiben lassen

Ideen für die Weiterarbeit

- Karteikarten zu Wörtern mit ß erstellen und im Rahmen der Morgen- oder Wochenplanarbeit in Partnerarbeit diktieren und üben lassen

Auf r achten

1 Sprich die Nomen in Silben. Schreibe und zeichne die Silbenbögen.
Markiere r: der Garten

der Garten die Erde die Perle die Wurzel die Birne

2 Schreibe die Nomen in der Einzahl und Mehrzahl.
Zeichne die Silbenbögen. Markiere r: der Arm – die Arme

der Arm der Wurm das Pferd das Wort das Herz

der Turm der Korb der Sturm der Schirm der Stern

3 Schreibe die Verben in der wir-Form und in der er-Form. Markiere r.
Schreibe so: lernen: wir lernen, er lernt

lernen turnen warten

arbeiten antworten

werfen werden dürfen

Sprich die Wörter deutlich und in Silben. Dann hörst du das r.

4 Lest und sprecht die Wortpaare deutlich. Achtet auf r.
Was bedeuten die Wörter?

Arm – am warten – waten Birne – Biene
Partner – Pate schwärzen – schwätzen Torte – total

143

Kompetenzen/Lernziele

- Lauttreue Wörter durch silbisches Mitsprechen richtig schreiben
- Wörter mit einem vokalisierten r kennen

Vorbereitung und Material

- KV 157: Bildkarten – Auf r achten
- KV 158: Auf r achten
- Einteilung der Partnerkinder zum Rechtschreibgespräch

Allgemeine Hinweise

Die Kinder nutzen die Tipps „Deutliches Sprechen“ und „Sprechen in Silben“ sowie die Strategie des Verlängerns, um Wörter mit der phonologischen Regelhaftigkeit vokalisiertes r korrekt zu schreiben.

Einstieg

- Die Lehrkraft präsentiert den Kindern Bildkarten (KV 157) an der Tafel
- Kinder verschriften die Wörter und tauschen sich in einem Rechtschreibgespräch mit einem Partnerkind aus
- Im Unterrichtsgespräch wird gemeinsam besprochen, dass auf das r im Wort gut geachtet werden muss
- Tipps wie sehr deutliches Sprechen, Sprechen in Silben und auch das Verlängern können bei der richtigen Schreibung hilfreich sein

Hinweise zu den Aufgaben

- Aufg. 1: Nomen aufschreiben, Silbenbögen einzeichnen, r markieren
- Aufg. 2: Nomen in Einzahl und Mehrzahl aufschreiben, Silbenbögen einzeichnen, r markieren
- Aufg. 3: Verben in der er- und wir-Form aufschreiben, r markieren
- Aufg. 4: Wortpaare deutlich lesen und sprechen, Austausch: *Was bedeuten die Wörter?*

Differenzierung

Sprachförderung

- Klärung unbekannter Wörter
- Aufg. 2: Bei dieser Aufgabe kann es hilfreich sein, wenn sprachschwächere Kinder mit einem Helferkind zusammenarbeiten, die es bei der Bildung der richtigen Form der Mehrzahl unterstützen

Fördern

- Bearbeitung KV 158: Auf r achten

Fordern

- Aus den Wörtern Sätze oder kleine Texte schreiben lassen

Ideen für die Weiterarbeit

- Weitere Wörter mit einem vokalisierten r in der Wörterliste finden lassen

Seite 144

Kompetenzen/Lernziele

- Planvoll und fehlerlos von einer Vorlage abschreiben (Abschreibtipps)

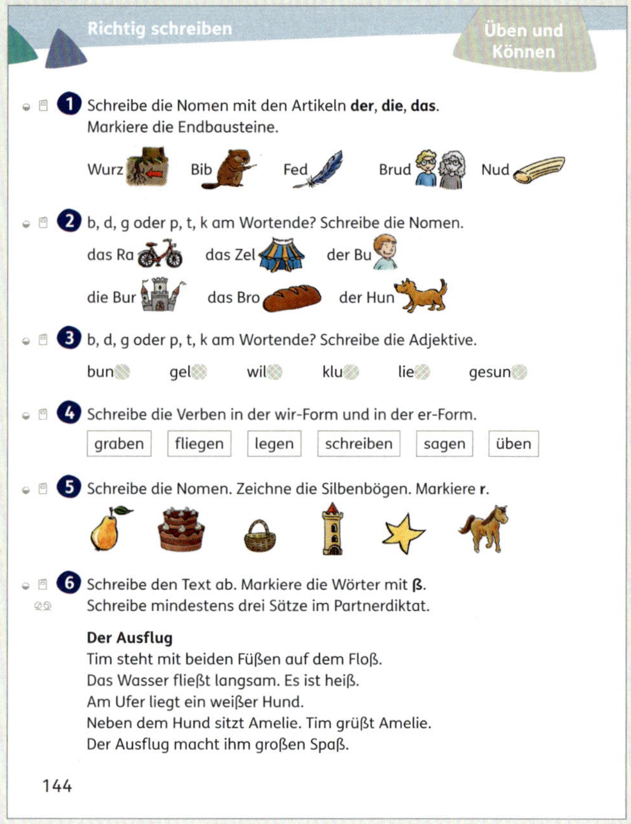

Richtig schreiben

Üben und Können

1 Schreibe die Nomen mit den Artikeln **der**, **die**, **das**.
Markiere die Endbausteine.

Wurz Bib Fed Brud Nud

2 b, d, g oder p, t, k am Wortende? Schreibe die Nomen.

das Ra das Zel der Bu

die Bur das Bro der Hun

3 b, d, g oder p, t, k am Wortende? Schreibe die Adjektive.

bun gel wil klu lie gesun

4 Schreibe die Verben in der wir-Form und in der er-Form.

graben fliegen legen schreiben sagen üben

5 Schreibe die Nomen. Zeichne die Silbenbögen. Markiere **r**.

6 Schreibe den Text ab. Markiere die Wörter mit **ß**.
Schreibe mindestens drei Sätze im Partnerdiktat.

Der Ausflug
Tim steht mit beiden Füßen auf dem Floß.
Das Wasser fließt langsam. Es ist heiß.
Am Ufer liegt ein weißer Hund.
Neben dem Hund sitzt Amelie. Tim grüßt Amelie.
Der Ausflug macht ihm großen Spaß.

144

Allgemeine Hinweise

Mit *Üben und Können* werden die Lernfortschritte zu den in Kapitel 11 und 12 thematisierten Inhalten festgestellt. Diese dienen als Ausgangspunkt für das weitere Lernen im Bereich *Richtig Schreiben*.

Hinweise zu den Aufgaben

Bei Schwierigkeiten in den einzelnen Bereichen kann anhand der Aufgaben 1–6 individuell weiter geübt werden

- Aufg. 1: Nomen mit Artikel aufschreiben; Endbausteine markieren
- Aufg. 2: Richtigen Buchstaben am Wortende einsetzen; Nomen aufschreiben
- Aufg. 3: Richtigen Buchstaben am Wortende einsetzen; Adjektive aufschreiben
- Aufg. 4: Verben in der wir- und er-Form aufschreiben
- Aufg. 5: Nomen aufschreiben, Silbenbögen einzeichnen; r markieren
- Aufg. 6: Text abschreiben; Wörter mit ß markieren; Sätze als Partnerdiktat üben

Kompetenzen in der digitalen Welt:

1. Suchen, Verarbeiten und Aufbewahren

1.1 Suchen und Filtern
- Arbeits- und Suchinteressen klären und festlegen
- Suchstrategien nutzen und weiterentwickeln
- In verschiedenen, digitalen Umgebungen suchen
- Relevante Quellen identifizieren und zusammenführen

1.2 Auswerten und Bewerten
- Informationen und Daten analysieren, interpretieren und kritisch bewerten
- Informationsquellen analysieren und kritisch bewerten

1.3 Speichern und Abrufen
- Informationen und Daten sicher speichern, wiederfinden und von verschiedenen Orten abrufen
- Informationen und Daten zusammenfassen, organisieren und strukturiert aufbewahren

2. Kommunizieren und Kooperieren

2.1 Interagieren
- Mit Hilfe digitaler Möglichkeiten kommunizieren
- Digitale Kommunikationsmöglichkeiten zielgerichtet und situationsgerecht auswählen

2.2 Teilen
- Dateien, Informationen und Links teilen
- Referenzierungspraxis beherrschen (Quellenangaben)

2.3 Zusammenarbeiten
- Digitale Werkzeuge für die Zusammenarbeit bei der Zusammenführung von Informationen, Daten und Ressourcen nutzen
- Digitale Werkzeuge bei der gemeinsamen Erarbeitung von Dokumenten nutzen

2.4 Umgangsregeln kennen und einhalten
- Verhaltensregeln bei digitaler Interaktion und Kooperation kennen und anwenden
- Kommunikation der jeweiligen Umgebung anpassen
- Ethische Prinzipien bei der Kommunikation kennen und berücksichtigen
- Kulturelle Vielfalt in digitalen Umgebungen berücksichtigen

2.5 An der Gesellschaft aktiv teilhaben
- Öffentliche und private Dienste nutzen
- Medienerfahrungen weitergeben und in kommunikative Prozesse einbringen
- Als selbstbestimmter Bürger aktiv an der Gesellschaft teilhaben

3. Produzieren und Präsentieren

3.1 Entwickeln und Produzieren
- Mehrere technische Bearbeitungswerkzeuge für digitale Medien kennen und anwenden
- Eine Produktion planen, dokumentieren und in verschiedenen Formaten gestalten, präsentieren, veröffentlichen oder teilen

3.2 Weiterverarbeiten und Integrieren
- Inhalte in verschiedenen Formaten bearbeiten, zusammenführen, präsentieren und veröffentlichen oder teilen
- Informationen, Inhalte und vorhandene digitale Produkte weiterverarbeiten und in bestehendes Wissen integrieren

3.3 Rechtliche Vorgaben beachten
- Bedeutung von Urheberrecht und geistigem Eigentum kennen
- Urheber- und Nutzungsrechte (Lizenzen) bei eigenen und fremden Werken berücksichtigen
- Persönlichkeitsrechte beachten

4. Schützen und sicheres Agieren

4.1 Sicher in digitalen Umgebungen agieren
- Risiken und Gefahren in digitalen Umgebungen kennen, reflektieren und berücksichtigen
- Strategien zum Schutz entwickeln und anwenden können

4.2 Persönliche Daten und Privatsphäre schützen
- Maßnahmen für Datensicherheit und gegen Datenmissbrauch berücksichtigen
- Privatsphäre in digitalen Umgebungen durch geeignete Maßnahmen schützen
- Sicherheitseinstellungen ständig aktualisieren
- Jugendschutz und Verbraucherschutzmaßnahmen berücksichtigen

4.3 Gesundheit schützen
- Suchtgefahren vermeiden, sich selbst und andere vor möglichen Gefahren schützen
- Digitale Technologien gesundheitsbewusst nutzen
- Digitale Technologien für soziales Wohlergehen und Eingliederung nutzen

4.4 Natur und Umwelt schützen
- Umweltauswirkungen digitale Technologien kennen und berücksichtigen

5. Problemlösen und Handeln

5.1 Technische Probleme lösen
- Anforderungen an digitale Umgebungen formulieren
- Technische Probleme identifizieren
- Bedarf für Lösungen ermitteln und Lösungen finden bzw. Lösungsstrategien entwickeln

5.2 Werkzeuge bedarfsgerecht einsetzen
- Eine Vielzahl von digitalen Werkzeugen kennen und kreativ anwenden
- Anforderungen an digitale Werkzeuge formulieren
- Passende Werkzeuge zur Lösung identifizieren
- Digitale Umgebungen und Werkzeuge zum persönlichen Gebrauch anpassen

5.3 Eigene Defizite ermitteln und nach Lösungen suchen
- Eigene Defizite bei der Nutzung digitaler Werkzeuge erkennen und Strategien zur Beseitigung entwickeln
- Eigene Strategien zur Problemlösung mit anderen teilen

5.4 Digitale Werkzeuge und Medien zum Lernen, Arbeiten, Problemlösen nutzen
- Effektive, digitale Lernmöglichkeiten finden, bewerten und nutzen
- Persönliches System von vernetzten digitalen Lernressourcen selbst organisieren

5.5 Algorithmen erkennen und formulieren
- Funktionsweisen und grundlegende Prinzipien der digitalen Welt kennen und verstehen
- Algorithmische Strukturen in genutzten digitalen Tools erkennen und formulieren
- Eine algorithmische Struktur zur Lösung eines Problems planen und verwenden

6. Analysieren und Reflektieren

6.1 Medien analysieren und bewerten
- Gestaltungsmittel von digitalen Medienangeboten kennen und bewerten
- Interessengeleitete Setzung, Verbreitung und Dominanz von Themen in digitalen Umgebungen erkennen und beurteilen
- Wirkungen von Medien in der digitalen Welt analysieren und konstruktiv damit umgehen

6.2 Medien in der digitalen Welt verstehen und reflektieren
- Vielfalt der digitalen Medienlandschaft kennen
- Chancen und Risiken des Mediengebrauchs in unterschiedlichen Lebensbereichen erkennen, eigenen Mediengebrauch reflektieren und ggf. modifizieren
- Vorteile und Risiken von Geschäftsaktivitäten und Services im Internet analysieren und beurteilen
- Wirtschaftliche Bedeutung der digitalen Medien und digitaler Technologien kennen und für eigene Geschäftsideen nutzen
- Die Bedeutung von digitalen Medien für die politische Meinungsbildung und Entscheidungsfindung kennen und nutzen
- Potenziale der Digitalisierung im Sinne sozialer Integration und sozialer Teilhabe erkennen, analysieren und reflektieren

Ernst Klett Verlag GmbH, Rotebühlstr. 77, 70178 Stuttgart, Telefon 0711 · 66 72 13 33, Telefax 0711 · 98 80 90 00 99, www.klett.de
Quelle: In Anlehnung an den Kompetenzrahmen „Kompetenzen in der digitalen Welt" der Kultusministerkonferenz

Notizen